小学館文庫

最澄と空海

——日本人の心のふるさと——

梅原 猛

小学館

目次

二部

人間弘法大師を説く十章　313

一部

たたかう求道者、最澄

最澄瞑想

第一章　桓武帝と最澄

◎晩秋の陽ざしを浴びて輝く琵琶湖《びわこ》。「ささなみの志賀の辛崎《からさき》、幸《さき》くあれど、大宮人の船待ちかねつ」と詠われた歴史の跡を見下ろして、比叡《ひえい》の山が聳えています。
奈良時代の末、伝教大師《でんぎょうだいし》最澄《さいちょう》がここに延暦寺《えんりゃくじ》のもとを開き、「日本仏教のふるさと」と呼ばれるようになりました。最澄の法灯が守り継がれて千二百年余、歴史の転変を見つづけてきたようです。

比叡の山麓、大津市坂本の一角に紅染寺《こうせんじ》跡と呼ばれる小高い丘があります。「最澄を考える旅」の第一歩は、この紅染寺跡から始まります。


ここは滋賀県大津市坂本本町の紅染寺というところですが、実は紅染寺というのは、比叡山を開いた最澄のお父さんの家があったと伝えられるところです。そのお父さんが自分の家をお寺として紅染寺という名をつけたのが、いまでも字《あざ》の名前に残っているわけです。

私は、五回にわたって、この伝教大師最澄のお話をすることになりました。最初の二回は最澄の人生について、あとの二回は最澄の思想についてお話しし、最後に、日本の歴史の中で最澄というのはいったいどんな人であったかを、みなさんと一緒に考えたいと思います。

最近、空海とか最澄がたいへん人気になっているのですが、実は、私が仏教の研究を始めた一九六〇年代初めは、最澄も空海もあまり問題になりませんでした。日本の仏教は鎌倉時代からほんとうの仏教になったので、まあ平安時代の仏教は貴族仏教、祈禱仏教――つまり、貴族が自分たちの幸福を祈禱する仏教にすぎないと、高校の教科書などでも、あっさり片づけられていたわけです。

当時私は、最澄や空海の書いた書物を読み、たいへん感動して、「そんなことはない。二人ともすばらしい宗教家である。この思想を研究しないと、日本の仏教はわからないどころか、日本の文化全体がわからない」と思いまして、そういう通説にたいする抗議の文章を書いたのです。その後、日本の文化や宗教にたいする関心が高まり最近は、高校の教科書でも最澄や空海について、かなり詳しく扱っている。そしていま、空海さんや最澄さんがたいへん人気になっているということを、私もうれしく思っています。

二人はともに奈良時代から平安時代の初めにかけて活躍した宗教家で、だいたい同時代の人です。空海は最澄よりわずか七歳年下ですが、ともに激動の時代を生きて、それぞれ新しい仏教を日本にもたらしました。空海は真言宗《しんごんしゅう》を高野山《こうやさん》に立て、最澄は天台宗《てんだいしゅう》を比叡山に立てたのです。彼らは二人とも、激動の時代を生きた、たいへん独創的な宗教家なのです。

彼らは、山が好きです。奈良時代の仏教は都会仏教ですが、平安時代から山岳仏教といって山を根拠地とする仏教に代わります。山は昔から日本では神さまのいるところであるとともに、死霊のいるところです。そういう山へ仏教が入ることによって、仏教が日本化したといえますが、彼らが好んで山へ入ったのは、孤独を好んだからです。しかし、彼らはまた別の面をもっています。彼らはあえて権力と付き合った。権力と付き合わないと、やはり一つの宗教教団はできない。もちろん権力と付き合うことは宗教にとって危険ですが、そういう道をとらないと、後世にまで続く教団を創設することは不可能です。片一方で、山へ入るような孤独な宗教性をもちながら、片一方で、あえて権力と付き合うことのできる世俗性をもっている。こういう点も二人には共通しています。しかし、共通な点をもちながら、二人はどこかちがう。どこがちがうか——。

名前がちがうではないか。あたり前です、名前はちがいます。「名は体をあらわす」

といいますが、最澄という名前は、最澄にたいへんふさわしい、「最も澄む」と書く。これは自分でつけたのではないかもしれませんが、最澄は、たいへんこの名前を気に入っていたと思います。

私は、最澄は数ある日本の宗教家の中で、もっとも澄んだ宗教家ではないかと思うのです。最澄のことを考えるとき、私は、底知れず澄んだ深い泉のようなイメージを感じます。それにたいして空海は、空と海――。多少汚いものは入るかもしれませんが、その巨大な空と海でどんな汚いものも浄められる、そういうイメージを、私は空海に感じる。果てしない広い空々漠々たる空と海。空海はそういう無限の中から生まれてきた人間ではないかと思います。

さて、そういうことを考えながら、最澄について語っていきましょう。紅染寺跡へ私ははじめて来たのですが、ここは前に琵琶湖を望み、後ろに比叡山を望む風光明媚《ふうこうめいび》なところです。そして、この一角だけ小高くなっていて、周囲にたくさんの塚がある。いかにも、ここは古代豪族の住処《すみか》にふさわしいところです。

最澄の俗姓は三津首広野《みつのおびとひろの》。先祖は応神《おうじん》天皇のときに後漢からやってきたということになっています。最澄は、そういう大陸系の血が入っていることはまちがいありませんが、もうそのときから数百年がたっていますから、この琵琶湖の西に住みついていた豪族の出身とみてよいかと思います。最澄の伝記は、彼の弟子の仁忠《にんちゅう》の『叡山《えいざん》大師伝《だいしでん》』がもっとも古く、もっとも信頼すべきものです。以下、これを中心として最澄の人生を見てゆきたいと思います。

彼のお父さんの三津首百枝《ももえ》という人は徳と学があり、とりわけ仏教の志の篤《あつ》い人で、自分の家を寺にした。それが紅染寺――寺を紅に染めたのか、どうでしょうかね、紅葉が美しかったのでしょうか。そういう寺を建てたのですが、自分に子どもがなかった。それで、日吉《ひよし》神社の右に八王子山というのがあり、そこに神宮禅院《じんぐうぜんいん》という祠《ほこら》を建てて一心に子どもの誕生を祈った。そして生まれたのが最澄だ、というふうに伝えられています。

最澄は幼いときから優れた才能を示したのですが、十二歳にして近江の国分寺に預けられて、そこで坊さんになりました。その先生は行表《ぎょうひょう》というたいへん学識の高い坊さんで、その先生について一所懸命勉強した。ちょうど十五歳のときに最寂《さいじゃく》という兄弟子が死んで、欠員ができたので、彼はそこで正式に得度して、最澄と名のったということです。

そして、ちょっとよくわからないのですが、『叡山大師伝』を読むと、「年二十歳にして進具《しんぐ》せり」とあります。「進具」というのは、東大寺の戒壇院において具足戒《ぐそくかい》を受けることですから、二十歳のときに彼は正式に僧の資格を得たということになります。ところが、彼が山に入ったのは延暦四（七八五）年七月十七日ですから、彼の十九歳のときで、山へ入ったのち、東大寺で具足戒を受けたということになる。

　これはおかしいのですが、『叡山大師伝』に一年のまちがいがあり、延暦四年、十九歳のときに近江の国分寺から奈良の都へ行って、東大寺で具足戒を受けた。具足戒を受けたときは、延暦四年四月六日という説が有力ですので、そうとすれば、彼は、具足戒を受け、せっかく正式に僧の資格を得たのに、たった三ヵ月少しで故郷に帰り山に入ったということになります。

　ここが最澄の人生の第一歩ですけれど、これはどういうことでしょうか。山は日本では昔から死者の国なんです。最澄は十九歳で、死者の国へ行ってしまったことになる。坊さんは坊さんで栄達できるんですが、いっさいの栄達の望みを捨てて、誰もいない、人間の住むような場所ではない叡山に登って、ひとり修行をしたということですから、よほどの決意が必要だったと思うのです。それがどういう理由によるのか、その謎はよくわからない。わからないのですが、あとでお話しするように、『願文《がんもん》』が、彼の謎を解く手がかりを与えると思います。私はいちおう、このようなことではなかったかと思っています。

受戒した19歳の最澄は、ひとり比叡山に入った。（延暦寺東塔）

仏教が日本へ入ったのは欽明《きんめい》十三年、五五二年のことと『日本書紀』に伝えられるのですが、ちょうどそれから二百年後、天平勝宝四年、七五二年に東大寺の大仏開眼《かいげん》の儀式が行われる。まさに仏教はその二百年間にひじょうに盛んになったのです。盛んになると同時に、仏教は堕落を始める。当時、女帝がたいへん多いのですが、信心の篤い女帝は、男性の高僧の中に仏さんの面影を見る。そこで恋愛事件が起こってくるわけです。奈良時代の終わりに孝《こう》謙《けん》天皇という女帝が道鏡《どうきょう》という坊さんを寵愛する。そして彼女は、道鏡に日本の国をプレゼントしようとする。一つの国をプレゼントするというのですから、恋愛としては極致の恋愛でしょうが、国家としてはたいへん困る。

そういう堕落した仏教と、仏教によって汚された政治にたいする批判が起こる。そのもっとも痛烈な批判者として登場した桓武《かんむ》天皇は、仏教のためにすっかり腐敗した奈良の都を捨てて、新しい都を求め、そこで新しい政治を始めようとする。最澄が歴史上に出現してくるのは、そういう時代です。

天皇はまず、長岡へ都を遷《うつ》し、都の造営を始めるのですが、計画は寵臣、藤原種継《たねつぐ》の死によって挫折する。その種継の死が、ちょうど最澄が山へ入ったその年、延暦四年のことなのです。少年最澄は、そういう時代風潮を敏感に感じとったと思います。新しい時代には新しい宗教が必要だ。それが何か、よくわからないが、少年最澄は、新しいものの予感に駆られるように古い仏教を捨てて、ひとり山の中へ入ったのではないかと思います。

◎　比叡山全体を境内とする延暦寺は、三塔十六谷に分かれる。最盛期には三千の僧房を数えたといわれます。日本仏教史に名をとどめる法然《ほうねん》、親鸞《しんらん》、栄西《ようさい》、道元《どうげん》、日蓮《にちれん》、一遍《いっぺん》などの名僧もここに学びました。

最澄がこの山に登ったころ、山はどんな状態だったのでしょうか。

いま根本中堂《こんぽんちゅうどう》が建つあたりに、最澄の草庵があり、「一乗止観院《いちじょうしかんいん》」が建てられたといわれます。比叡山に散らばる堂塔《どうとう》伽藍《がらん》の中心が根本中堂です。織田信長の焼き打ちのあと、徳川三代将軍家光によって再建され、寛永十九年、一六四二年に完成しました。

一乗止観院跡に建てられた根本中堂

根本中堂の本尊は薬師如来《やくしにょらい》、秘仏として祀《まつ》られています。一山《いっさん》の僧侶が交替で朝夕の勤行《ごんぎょう》をつとめています。雪で埋もれる冬を除いて賑わう比叡山も、一歩、林の中に足を踏み入れると、静寂そのものの空気が支配しています。

ここは叡山の根本中堂の近くですが、根本中堂というのは、最澄が最初に建てて住んだという一乗止観院の跡なのです。十九歳の最澄がここへ籠ったわけですが、私も学生時代のひと夏、叡山にいたことがあります。ここはたいへんなところで、猿や猪や狐や狸がいっぱい出てくる。いまでさえそうなのに、八世紀の末は、いったいどんなであったのか。冬はほとんど雪に埋もれて交通も途絶する。この山の中で、ひとり最澄はいったい何をしていたのであろうか。よほどの強い断念と、よほどの強い願いがなくては、とてもできないことです。

十九歳といえば、これは数え年ですから、いまでいえば満十八歳、高校三年生ぐらいです。下を見ると、ふるさとのお父さんの家が見えます。この少年最澄にも、おそらくはわが家へ帰りたいと思う心もあったと思います。いったい、どんな気持でここへ籠ったのか。その気持をわれわれが推察することができるのは、『願文』という、最澄が山へ籠ってしばらくして書いた文章です。

悠々《ゆうゆう》たる三界《さんがい》は純《もは》ら苦にして安きことなく、擾々《じょうじょう》たる四生《ししょう》はただ患にして楽しからず。牟尼《むに》の日久しく隠れて、慈尊の月未だ照さず。三災の危きに近づきて、五濁の深きに没《しず》む。しかのみならず、風命《ふうみょう》保ち難く、露体消え易し。草堂楽しみなしと雖も、然も老少、白骨を散じ曝《さら》す、土室闇《くら》く迮《せま》しと雖も、而も貴賤、魂魄《こんぱく》を争ひ宿す。彼れを瞻《み》己れを省《かえりみ》るに、この理必定《ひつじょう》せり。仙丸未だ服せず、遊魂留め難し。命通《みょうつう》未だ得ず、死辰《ししん》何《いつ》とか定めん。

（『最澄』「日本思想大系」岩波書店）

果てしなく広い世界は、すべて苦の世界で、安らかなことはありません。騒ぎ乱れているさまざまな生きものは、ただ心配ばかりで、楽しいこともありません。この世の救済者であった釈迦が死んだのは、すでに遠い昔であり、次の時代の救済者である弥勒《みろく》の出現も、まだ当分は期待できそうにもありません。この世は、多くの災いに臨み、世も濁りきり、腐りきっています。

そのうえ、人間の生命は短く、その肉体も消えやすいのです。葬送の堂には、楽しみは少ないのに、そこに老人や若人の白骨が散り乱れ、墓の中の室は暗く狭いのに、そこへ、貴き人も賤しき人も、先を争って魂を宿そうとします。あれこれ考えますと、人生無常の理《ことわり》は、確実な真理であると思います。私はまだ不老不死の薬を飲んでいませんので、この身から離れていく魂をどうすることもできず、前世を知る認識力を得ていないので、自らの死ぬ日を知ることもできません。

（筆者訳、以下同）

これは、四六駢儷体《しろくべんれいたい》という、四字および六字の句を基本とした対句になっている六朝《りくちょう》時代に流行した中国の文章によって書かれています。ひじょうにみごとな美文で、「人生ははかない。どんな人も、やがて死の運命が待っている」という無常の理を語っています。これはまた、当時流行した仏教思想、とくに『涅槃経《ねはんぎょう》』に出てくる思想です。そういうふうに当時流行の思想を、当時流行の美文に盛ったわけですが、この文章には、どうにもならない最澄の実感が込められているように思うのです。

空海も二十四歳のときに、『三教指帰《さんごうしいき》』という論文を書きましたが、これもみごとな文章です。これは、仏教が儒教や道教より優れていることを論証したもので、論文としてはたいへん優れていますが、最澄のほうは、同じ処女論文でも自分の思いを述べるという点が強いのです。

こうして、人生ははかないという前提のもとに立って最澄は、「このはかない人生の中で善を積まなくてはならない」ということをしきりに主張します。「なぜなら、この世で善を積めば、必ずあの世でよく生まれてくる。短いこの世に執着すべきではなく、あの世や、また次々と生まれ変わる永遠の未来の人生に希望を寄せるべきだ」と最澄はいうわけです。こうして、「善を積め」としきりに主張しながらも、彼は次のような言葉を語るのです。

ここにおいて、愚が中の極愚、狂《おう》が中の極狂《ごくおう》、塵禿《じんとく》の有情《うじょう》、底下《ていげ》の最澄、上《かみ》は諸仏に違《い》し、中《なか》は皇法に背き、下《しも》は孝礼を闕《か》けり。謹んで迷狂の心に随ひて三二の願を発《ほっ》す。無所得を以て方便となし、無上第一義のために金剛不壊《ふえ》不退《ふたい》の心願を発す。

これを思うと、わが身は、愚かな人間の中でももっとも愚かな人間、狂える人間の中でももっとも狂える人間、頭は丸めても心汚れた生臭い人間、人間の中のくずのくずであります。これは、上には諸仏の教えにたがい、中には国家の法に背き、下には孝養の礼儀に欠けています。この私が、迷い狂う心のままに、二、三の願いを発し、何ものにもとらわれないことを手段として、このうえもなく貴い仏教の真理を体得するために、ダイヤモンドのように壊れず、けっして退くことのないかたい願いを立てました。

これはひじょうに激烈な言葉です。私はこれを読むと、のちに叡山から出た、あの親鸞を思い出します。親鸞が『教行信証《きょうぎょうしんしょう》』や「和讃《わさん》」で吐露《とろ》した懺悔《さんげ》の言葉は、実にすさまじいのですが、ここにその先駆者がいるのです。

これは、ほとんど自虐《じぎゃく》的ともいうべき自己反省の言葉で、「自分は狂った人間のうちでもっとも狂った人間、愚かな人間のうちでもっとも愚かな人間で、何をすることもできない無能力な人間だ」というわけです。これは高僧の言葉とは思われません。最澄さんのことを、愚劣な人間のうちのもっとも愚かな人間で、狂える人間のうちのもっとも狂える人間だと思う人は誰もいません。それを、この高僧は、自分をそういうもっとも愚かな、もっとも狂った人間だという。これはけっしてオーバーな言葉でも、また偽悪の言葉でもないと思うのです。

十九歳の最澄は、ほんとうにそう思っていたにちがいありません。おそらく、十九歳にして世俗の、そして僧としての栄達を捨てて山に入ることが、愚かな人間のうちのもっとも愚かな人間、狂える人間のうちのもっとも狂える人間の行いであると、自分にも他人にも思われたにちがいないと思うのです。その実感を記したのだと私には思われるのです。そして、それは国家の法に背き、孝礼にも欠ける行為なのです。定められた僧のコースから逸《そ》れるということは、法的な制裁も覚悟しなくてはならず、彼の出世を請い願う父母をはじめとする多くの親戚たちの期待を裏切って、彼らをがっかりさせたにちがいありません。

そして、もし仏教が、いままでのような国家仏教につきるとすれば、仏法にも背くことです。そういうとんでもない愚かで狂った行いをしつつ、いったい、最澄は何を願ったのでしょうか。彼は山の中でいかなる誓いを立てたのでしょうか。

我れ未だ六根相似の位を得ざるより以還《このかた》、出仮せじ。〈その一〉
未だ理を照す心を得ざるより以還、才芸あらじ。〈その二〉

未だ浄戒を具足することを得ざるより以還、檀主の法会に預らじ。〈その三〉
未だ般若の心を得ざるより以還、世間人事《にんじ》の縁務に著《じゃく》せじ。相似の位を除く。〈その四〉
三際の中間《ちゅうげん》にて、所修の功徳、独り己が身に受けず、普く有識《うしき》に廻施《えせ》して、悉く皆な無上菩提を得しめん。〈その五〉

第一に、私の感覚が、真に仏の感覚のごとく浄らかになるまで、私はけっして世間には出まい。

第二に、仏教の理をはっきり悟る心を得るまでは、けっして俗学俗芸にかかわるまい。

第三に、真に戒律《かいりつ》を具するようになるまでは、施主の法会には、預かるまい。

第四に、空《くう》を悟り、物事にとらわれない自由自在の心を得るまでは、世間や人間の雑事に交わるまい。

第五に、この身で受ける功徳《くどく》を、自分でひとり占めすることなく、あまねく、心あるものに施して、すべての心あるものに、みなこの上もない幸いを授けたい。

ここで彼のいおうとしていることは、六根相似《ろっこんそうじ》の位に入らないかぎりは、世間と交わらない。世間に出て偉そうな講義をしたり、あるいはいろいろな才芸を誇ったり、あるいは檀那《だんな》にごちそうになったり、雑事に携わったりすることをいっさいしない。六根相似の位にいたるまでは山を下りない、人を救わないというわけです。

この六根相似の位というのは、お釈迦さんと同じような感覚をもつということです。仏教というのは、いくら知識を修めても、またいくら徳を積んでも、その理を悟る心は得られないのです。ほんとうの悟りというのは、仏とたいへんよく似た、仏までいかなくても仏に近いような感覚をもたなくてはいけない。見たり聞いたりすることに、仏と同じ境地があらわれなくてはいけない。これは、至難の業ですが、この至難の業を積むまでは、彼は山を下りないという。おそらく日本の宗教史上でもっとも烈しい願をかけて、彼はそれを実行したのではないかと私は思います。

十九歳のこの少年は、とんでもないことを考えたものです。それは釈迦になることなのです。仏教というものは、もともと釈迦が開いたのですが、釈迦は、人間の世界が苦であり、苦の原因が愛欲にあることを知り、愛欲の心を断って涅槃に入った。これがもともとの仏教なのです。純粋で敏感な感受性をもった最澄は、あの腐敗した奈良の仏教に耐えきれないものを感じたにちがいない。そこに真の仏教はない。仏教とは釈迦になること、少なくとも釈迦のような心になることだ。そう思って彼は山へ入って、釈迦のような心になるまで山を下りないというのです。これはたいへんなこと、まさにもっとも愚かなもっとも狂ったことですが、この愚かで狂った純粋な行為から日本の仏教は生まれるわけです。

ですから、山へ入った最澄には、まだここに天台仏教の根拠地をつくろうという気持があったわけではありません。山へ入って彼は、修行と読書に明け暮れはするのですが、『起信論疏《きしんろんしょ》』とか『華厳五教章《けごんごきょうしょう》』という本を読んで、天台大師（智顗《ちぎ》）の説がたいへん尊敬されていることを知り、この天台大師の書物を読みたいと思うのです。

そこで、おそらく私はお父さんの世話だと思いますけれど、奈良の寺院に頼んで、ちょうど鑑真和上《がんじんわじょう》が持ってきた『摩訶止観《まかしかん》』『法華玄義《ほっけげんぎ》』『法華文句《ほっけもんぐ》』『四教義《しきょうぎ》』『維《ゆい》摩経玄疏《まぎょうげんしょ》』『維摩経文疏《ゆいまぎょうぶんしょ》』などの天台大師の書物を借りて、それを写経しながら勉強をしたわけです。そして最澄はそれを熟読して、天台仏教こそ、まさにいちばん優れた仏教だと知り、その仏教の根拠地を比叡山につくろうと思い立つわけです。最澄がここに、のちに延暦寺と名づけられた比叡山寺を開いたのは、延暦七（七八八）年、最澄二十二歳のときと伝えられます。

天台仏教というのは、六世紀後半に活躍した中国の僧である天台智顗が始めた仏教ですが、これは数ある仏教経典の中で、『法華経《ほけきょう》』という経典をもっとも重んずる仏教です。『法華経』に説かれる思想が一乗ですが、この一乗仏教こそ、仏教の中でもっとも尊い仏教、釈迦が最後に説いた、もっとも正しい説だというのです。

仏教は、最初は声聞《しょうもん》、釈迦の声を直接聞いた人たち、つまり釈迦の直弟子たちの仏教に始まり、次いで縁覚《えんがく》、直接、釈迦の説法を聞かなかったものの、縁があって悟りを開いた人たちの仏教となります。そして紀元前後ごろ、大乗仏教という大衆救済の菩薩行《ぼさつぎょう》を強調する新しい仏教が出現して、釈迦の説に忠実だったと思われる声聞・縁覚の仏教を否定したのです。

声聞と縁覚、小乗といわれる仏教は人里を離れて、ひとり山へ入って静かに悟りを開くという仏教ですが、それではだめだ、大衆の中に入り、大衆を救わなくてはならない。大衆の救済のために働く菩薩こそ、ほんとうの仏教者だと主張するわけです。それが大乗仏教なのですが、そうすると、仏教は小乗が二つ、大乗が一つと、三つに分かれたことになる。しかし、三つに分かれていてはいけない、それを統一しなくてはだめだと、大乗仏教の立場で、もう一度、仏教統一運動を行おうとするのが、一乗仏教なのです。

一乗仏教は大乗仏教の上に立ちながら、それを統一しようとするものですが、そこで強調するのは、統一ということと平等ということです。ここで、いったん否定された小乗仏教の徒がもう一度、救われるわけですから、平等ということが強調される。そこでは、仏の慈悲は小乗の徒ばかりか、ふつう仏教では救いの対象とならない女性とか動植物にもおよぶ。これはのちにお話しする仏性論《ぶっしょうろん》と深い関係をもちますが、生きとし生けるものにはすべてに仏性が隠れているということになります。ですから、天台仏教というのは、三つに分かれた仏教をもう一度、大乗仏教の立場で統合する仏教であり、したがって、そこでは平等ということが強調されているといってよいと思います。

天台智顗は、このような『法華経』の一乗思想にもとづいて、その教義を立てたわけです。彼は教理においては、『法華経』がいちばん優れた仏教経典であることをひじょうに綿密な論理で証明するとともに、実践的な修行の仕方として「止観《しかん》」、つまり心を澄まして、世のありさまを観想して、それによって悟りを開くという行を重んじたわけです。

智顗という人も、六朝から隋《ずい》にかけた動乱時代に、たいへん苦悩の人生を送り、天台山という深い山に籠りまして、心を澄まして世界を観想するという行をひたすら行った高僧です。この智顗に倣《なら》って、天台山ならぬ比叡山に天台仏教の根拠地をつくろう、というのが最澄の狙いなのです。こういうふうに最澄が考えたのは、一つには智顗の影響ですが、もう一つは聖徳太子の影響があります。聖徳太子は智顗より少しあとの人ですが、彼もまた『法華経』を重視し、一乗仏教をもっとも優れた仏教と考えました。

聖徳太子という人は、『三経義疏《さんぎょうぎしょ》』というものを書いたといわれます。太子は、まさに日本仏教の生みの親で、その太子が自ら『三経義疏』という三つのお経の注釈書を書いたと伝えられています。天皇に近い、皇太子で摂政《せっしょう》でもある聖徳太子が、お経の注釈書を書いたというのはたいへん異例なことで、それを疑う人もありますが、私は『三経義疏』を読んで、これは聖徳太子の著書にまちがいないと思っています。三経というのは『勝鬘経《しょうまんぎょう》』と『維摩経』と『法華経』で、その疏すなわち注釈書は、この順につくられたと伝えられていますが、彼は『勝鬘経』と『法華経』をいちばん重んじるのです。

彼は『三経義疏』の制作に先立って、推古《すいこ》十四（六〇六）年に、『勝鬘経』と『法華経』の二経の講読をしたという。天皇に等しい位にあり摂政である太子が、経典の講義をされるということも異例なことであり、これすら否定する人もありますが、私はそれは否定できないと思うのです。

『日本書紀』その他にも、この事実ははっきり書かれています。『日本書紀』の完成のとき、七二〇年から百年少し前のことですから、嘘を書けば、すぐばれるはずです。それでは、この国家がつくった歴史書の権威が傷つく。戦後、そういう懐疑的な歴史学、むやみに権力者の仕事を否定する歴史学が流行し、私も多少そういう歴史学に影響を受けたこともありましたが、それは浅はかな見方です。

私は、二経の講読はもちろん、『三経義疏』もまた、太子の親撰であったと思います。『勝鬘経義疏』を読むと、なぜ太子がほかならぬ『法華経』を、『勝鬘経』とともにもっとも重んじたかという理由がよくわかります。太子は、一乗仏教がもっとも優れた仏教であり、それを信ずれば、大いなる利益が与えられることを詳しく述べています。そして、この一乗仏教の説かれている経典は、『法華経』と『勝鬘経』のみであるというのです。太子が『法華経』と並んで『勝鬘経』を重んじたのは、それは勝鬘夫人の説いた経であるので、女帝、推古《すいこ》天皇に仏教を信奉させるのに、たいへん好都合な経典であると思ったからにちがいありません。

一乗仏教、つまり法華仏教は、すでに太子によって日本仏教の中心におかれているのです。最澄は、この聖徳太子の伝統のもとに智顗の思想を学んで、釈迦の正説である『法華経』こそ、やはり日本仏教の中心たるべき経典であり、その経典を中心に、ここに日本仏教の根拠地をつくるべきであると確信したのです。最澄の強い信念は、智顗の学問にもよりますが、同時に聖徳太子の伝統のうえに成り立つわけです。

こうして、愚かなる者のうちのもっとも愚かなる者、狂なる者のうちのもっとも狂なる者として山に入った最澄は、ついに山の中で新しい仏教の道を発見して、一人の理想に燃える仏教者となるわけです。もちろん、彼は孤独な思想家、あるいは修行者としてのあり方をけっして崩してはいませんが、この隠遁《いんとん》者の名声は、やがて宮中にも伝わるようになりました。何か不思議な巡り合わせのように、都のほうが、この孤独な隠遁者のほうに近づいてきたのです。

桓武天皇は、仏教によって腐敗した奈良の都を捨てて新しい都を求めていましたが、ちょうど最澄が山へ籠った延暦四年、長岡京遷都《せんと》の立役者の藤原種継が殺されて、長岡京はわずか十年で廃されてしまいます。そして、次に候補地に決められたのが、いまの京都の土地です。この地はちょうど桂川をはさんで長岡京と相対する土地です。怨霊《おんりょう》の祟《たた》りや洪水によって長岡京遷都計画が頓挫《とんざ》したので、桂川の東、三方が山に囲まれ、長岡京より、より以上に都としての条件を満たすこの地が新しい都(平安京)に選ばれたと思われます。

この地に都が遷れば、最澄の籠っていた叡山は、まさに都の東北にあたるのです。

権力から背を向けた最澄に、思いがけなく権力が近づいてきたわけです。そして、この新しい理想に燃えている孤独な修行者の話は、自然に宮廷に聞こえていったのです。

いちばん最初に最澄に目をつけたのが、内供奉《ないぐぶ》という天皇の傍らにいる十人の坊さんの一人である寿興《じゅこう》という人らしいのですが、この坊さんが最澄の書いた『願文』を読み、たいへん感動して、すっかり最澄のファンになるわけです。そして、どうもその次にファンになったのが、例の和気清麻呂《わけのきよまろ》らしい。道鏡を退けた、あの和気清麻呂ですけれど、彼は平安京遷都にも大きな力をもっていた重臣だったようです。そして、天皇の寵僧、寵臣でもあった寿興、和気清麻呂を通じて、桓武天皇も最澄に注目するようになったのでしょう。

延暦十（七九一）年、彼は修行入位にすすみます。修行入位というのは俗の六位にあたる僧の位です。そして、延暦十三年、遷都に先立って、桓武天皇はこの叡山に大納言の藤原小黒麻呂《おぐろまろ》や左大臣の紀佐教《きのすけのり》らを連れて最澄を訪ねたというのです。そして、延暦十六年、最澄は内供奉の列にあずかって、近江の正税をもってお寺の費用に賜ったといいます。これは私立大学に国の補助金が出るようなもので、当時としては異例中の異例のことです。ここにきて、最澄の草庵が一躍にして天皇の厚い保護を得られたということになるわけです。

それからあとはトントン拍子で、延暦十七年、最澄ははじめて「法華十講」を始める。つまり、『法華経』八巻、『無量義経《むりょうぎきょう》』『観普賢経《かんふげんきょう》』の各一巻、合わせて十巻の講義を始めたわけですが、それは叡山の伝統になります。そして、延暦二十年十一月、一乗止観院で南都の碩学《せきがく》を招いて、『法華経』の講義をさせるのですが、どうも法相《ほっそう》の僧たちはよく『法華経』を理解しなかったようです。そこで翌年の一月、和気清麻呂の息子の和気広世《ひろよ》という、大学頭すなわち大学総長にして、吏部侍郎《りぶじろう》すなわち自治省次官でしょうか、そういう宮臣が和気の氏寺である高雄山寺《たかおさんじ》（現在の神護寺《じんごじ》）で、当時の一流の坊さんたちをたくさん集めて、最澄に天台仏教の講義をさせたわけです。これが大いに評判を呼んで、最澄の学識が認められ、彼はたいへん有名になる。桓武天皇の最澄にたいする敬愛もますます深くなる。

これはおそらく、隠遁者である最澄にとっては意外な運命の展開であったように思います。これをいったいどう考えればいいか、むずかしい問題です。向こうから近づいてくる権力者を拒否することも、最澄はできたと思う。桓武天皇はたしかに立派な天皇であり、新しい時代をつくろうとする情熱に燃えていたのですが、やはり、必ずしもすべてが最澄の意にかなったというふうにはいえない。桓武天皇は、狩りがたいへん好きだったり、あるいは妃、お妾さんもたくさんいた。そういうことを、最澄はおそらく百も承知で、桓武天皇と付き合った。なぜ付き合ったか――。それは私はやはり、この桓武天皇の力を借りて、日本仏教の根拠地をここにつくろうとする強い悲願があったからだと思います。

こうして、最澄は桓武天皇がいちばん信頼をおく寵僧になったわけですが、ここには政治と仏教の改革者という二人の深い人間的信頼関係があったと思います。ところが、最澄には一つの弱点があった。それは、彼が独学だということです。近江の国分寺で学んだのですが、それも十九歳までです。やはり、彼は田舎寺院の出身者なのです。都の東大寺とか興福寺《こうふくじ》とか大安寺という学校で学んでいない。田舎の国分寺の学問レベルは、当然、都の学問レベルにおよばない。現代でいえば、彼は地方大学の卒業生です。とても学歴において東京大学の博士号取得者におよばない。最澄には学歴の点で負い目があったのではないかと思うのです。坊さんの資格はいちおうありますが、どうもそれでは、最澄に反対する南都の学僧たちを納得させることはできない。私は、和気広世たちは本気になって最澄に資格を与えることを考えたのではないかと思います。

延暦二十一（八〇二）年七月、最澄は上表して入唐《にっとう》を請うのです。それを見ると、最澄は、天台というすばらしい教えを知ったが、やはりわからないところがある。中国へ行って師伝を受けないと、たとえその深旨を彼が理解していても、人は信じない。天台は「経の仏教」で、三論《さんろん》や法相のような「論の仏教」とは比べものにならない。唐に留学してこの「経の仏教」、もっとも優れた仏教を学んできたい、というのです。そして、それに応ずるように遣唐使が計画され、彼は還学生《げんがくしょう》、つまり短期間唐に滞在して仏教を学ぶ学生に選ばれ、そのうえ通訳を連れてゆくことを許される。それで彼の弟子で中国語のできる義真《ぎしん》を通訳として同行するわけですが、こういう特権が与えられるのは、数多い還学生のうちで、最澄一人でした。

このときに唐へ留学したのは最澄ばかりではなく、空海も留学生《るがくしょう》の一人に選ばれたのです。最澄は還学生で、留学の期間は一年間、すぐ帰ってこれる。しかし、空海は留学生で、期間は二十年間、じっくり仏教を勉強してこいというのです。そういう命令を受けて、最澄は延暦二十二年三月に、遣唐大使とともに難波から乗船するわけですが、暴風で中止、翌延暦二十三（八〇四）年七月に、今度は第二船で出発します。このときも暴風に遭い、第三船、第四船は難破します。かろうじて向こうへ着いたのは、最澄が乗っていた第二船と空海が乗っていた第一船だけです。もしも第一船と第二船が難破していたら、どうなったか。となれば、天台宗も真言宗もなかったことになりますが、この第一船、第二船だけが無事だったという点に、何か歴史というものに働く「神の手」のようなものを感ぜずにはいられません。

最澄の船は無事、唐の貞元二十年九月上旬、明州に着き、判官などは長安に上京したが、最澄のみは別れて天台山国清寺《こくせいじ》を訪ね、また台州の龍興寺《りゅうこうじ》で、中国天台の第七祖といわれる道邃《どうずい》や、六祖の荊渓大師《けいけいだいし》湛然《たんねん》の高弟、行満《ぎょうまん》に親しく天台の教義を学ぶわけです。彼らはみな、むしろ唐において衰えつつあった天台を熱心に学ぼうとする日本の僧の来訪に驚きを示したといいます。ところが、最澄が唐で学んだのは天台ばかりではない。密教も学びます。順暁《じゅんぎょう》という人について彼は密教も学んで、延暦二十四年五月十九日に帰国の船により、六月五日に対馬に着きます。

純粋な天台僧、最澄がどうして密教を学ぼうとしたのでしょうか。私は、それは最澄の中の一つの矛盾だと思います。たしかに桓武天皇は腐敗した奈良仏教に懲《こ》りて、純粋な仏教の根拠地を叡山につくり、それによって仏教の革新を行うと同時に、政治の革新をも行おうとしたわけですが、しかし彼が仏教に求めるものはそれだけではなかったのです。

当時、実は桓武天皇が自ら死を命じた同母弟、早良《さわら》皇太子の霊の祟りがささやかれ、桓武天皇の息子である安殿《あて》皇太子、のちの平城《へいぜい》天皇の病気はその怨霊の祟りのせいだといわれていました。桓武天皇の病気もやはり怨霊の祟りであるという噂が、しきりに流されるわけです。桓武天皇はまことに気が強い、たいへん理性的な天皇であったと思われますが、その天皇すら当時においては、怨霊の祟りという恐怖からまぬがれることができなかったのです。また桓武天皇の晩年には、坂上田村麻呂《さかのうえのたむらまろ》による蝦夷《えぞ》征伐の企てがあります。それは、国家の運命を左右する一つの大きな賭《かけ》でした。

このように、内に怨霊の祟りという内憂をかかえ、外に蝦夷の脅威という外患におびやかされて、当時の権力者が仏教に、理論の純粋性と修行の厳しさのみを求めたとは思われません。怨霊を鎮めて国家を安泰にするとともに、蝦夷にたいする勝利を祈願することを、天皇は仏教に強く求めたと思います。しかしそういう要求を、天台という純粋な思弁的体系と『摩訶止観』に説く純粋な修行法をもつ天台仏教が満たすことはできない。それを満たすためにはやはり祈禱仏教が必要である。そこで密教というものが強く求められるのですが、最澄はやはり自己の宗派を広める方便《ほうべん》としては、どうしても密教が必要だと考え、密教をも唐で学ぼうとしたにちがいありません。

最澄が帰ってきた延暦二十四年、桓武天皇は重い病の床についていた。その病気の席に、最澄は呼ばれてゆく。おそらくその病気を最澄の霊力で治そうと思われたにちがいない。それを治せるのは天台の仏教ではなく、むしろ密教の修法です。そして、彼は習ったばかりの密教を高雄山寺で広めて、多くの僧たちに灌頂《かんじょう》を受けさせることなるわけですが、こうした最澄の働きが功を奏したのか、ついに天台法華宗は延暦二十五年、桓武天皇の死の間際に国家公認の仏教として認められ、年分度《ねんぶんど》という、毎年二人の僧を出家させる権利が認められることになったのです。こうして天台宗の公認を置土産にして、その年の三月、一代の権力者、桓武天皇は亡くなります。最澄の霊力をもってしても、天皇のご病気は治らなかったわけですが、最澄にとっては、死を直前にした天皇からの最大の賜物だったといってよいと思います。

こうしてみると、最澄の栄達は、ひとえに桓武天皇の庇護のおかげですが、この庇護者である権力者を失った最澄が、こののちどうなるか。いままでが最澄の「明の運命」だとすると、これから最澄に「暗の運命」が待ちかまえているのです。

第二章　たたかう最澄

◎　京都の北西、高雄山《たかおさん》の山懐に抱かれて建つ神護寺《じんごじ》は、京都屈指の紅葉の名所として知られる。秋になると、紅葉をめでる人びとの列が絶え間なく続きます。

奈良時代の末に創建された神護寺は、はじめ高雄山寺と呼ばれ、和気清麻呂《わけのきよまろ》一族の氏寺として発展しました。延暦《えんりゃく》年間には、比叡山《ひえいざん》から最澄が宮中に招かれ、『法華経《ほけきょう》』の講義をしています。最澄の名を高からしめたこの講義を契機として、桓武《かんむ》天皇と最澄との関係が深まったといわれています。

さらに、最澄が唐へ留学して帰国するとすぐ、ここで新しい密教の法を伝える灌頂《かんじょう》という儀式がとり行われています。しかし、最澄のあとを追うように唐から空海が帰国し、多くの優れた密教経典をもたらしました。その内容を知って、最澄は空海からも学ぶ必要を感じました。

密教をめぐって二人の交渉は続き、最澄が七歳年下の空海からあらためて灌頂を受けるという事態にまで発展しました。いま神護寺境内の一角に建つ大師堂《だいしどう》が、空海の住まいであった僧房跡といわれています。堂内には、板彫りの空海像が祀《まつ》られています。

和気氏の氏寺、神護寺で行われた講義によって最澄の名声は高まる。

最澄と空海。平安仏教を代表する二人の出会いも、やがて破局を迎えます。密教中心の空海と天台中心の最澄。この二つの個性の触れ合いは何を語っているのでしょうか。

ここは高雄の神護寺の大師堂ですが、大師というのは、この神護寺は真言宗《しんごんしゅう》に属する寺ですので、もちろん弘法大師《こうぼうだいし》空海《くうかい》をさします。ここに空海がおられたのですが、同時に、伝教大師《でんぎょうだいし》最澄《さいちょう》ともたいへん関係の深い寺なのです。そして、最澄と空海の交わりと同時に対立という、日本思想史においてもたいへん興味深いドラマチックな事件が起こったところです。

もともとこの神護寺は、昔は高雄山寺といわれ、神願寺を合併したということです。神願寺というのは、和気清麻呂が建てた寺です。和気清麻呂は、戦前の方はよくご存じですが、戦後の方はあまり学校で教えられず、ご存じない方もあると思いますけれども、やはり日本の歴史の中でたいへん重要な役割を果たした人です。

六世紀の半ばに日本に入った仏教は、八世紀になって盛んになります。そして、皇室や貴族たちの仏教にたいする崇拝がたいへん深くなるわけですが、仏教が盛んになると、どうしても、やはり権力と結びついて堕落していくという面をまぬがれないのです。そこで、奈良時代の末に玄昉《げんぼう》とか道鏡《どうきょう》という怪僧が出て、権力者、とくに権力ある女性と結びつき、さまざまなトラブルを起こしていくのです。

道鏡というのは、実は奈良時代の終わりに二度皇位についた女帝――はじめは孝謙《こうけん》天皇、次に称徳《しょうとく》天皇と呼ばれた女帝――に寵愛されて法王の位にいたります。ところが神護景雲三（七六九）年、道鏡が法王の位からさらに天皇の位をも望むという、日本歴史上たいへん稀有な事件が起こるのです。もちろん、それには反対の宮臣も多かった。それで道鏡は、神のお告げによって天皇の位につくということにすればいいだろうと考えて、九州の宇佐八幡宮の神託を受けるために使者をやろうとします。そこで、孝謙天皇の信任厚い和気広虫《ひろむし》という女官の弟、和気清麻呂を遣わしたわけです。道鏡はおそらく、清麻呂は自分に都合のいい神託をもってくるにちがいないと思ったのでしょう。

ところが、和気清麻呂は道鏡の意思と反対に「天皇の位は昔から天皇家の血を受けている人が継ぐことに決まっている」という、道鏡にとって厳しい神託をもって帰ってきます。当然、清麻呂は道鏡の怒りを買い、一命を助けられたものの、広虫は備後国《びんごのくに》へ、清麻呂は大隅国《おおすみのくに》へ流罪になった。ところが、のちに清麻呂が語ったところによると、このとき、宇佐八幡宮は和気清麻呂に妙なことを頼んだという。それは、「悪いやつと闘うには神だけでは心もとない。仏の力もいるから、どうか事が成ったらお寺を建ててほしい」と頼んだというのです。

もともと、この宇佐八幡というのは仏教好きの神さまです。この神さまは、東大寺建造のときに突然、出現してくる。東大寺を建てるのはたいへんなことです。その費用はもとより、東大寺を国家第一の寺とするには、古い寺の抵抗が強いからです。それまで日本第一の寺はやはり興福寺《こうふくじ》です。興福寺は藤原氏の氏寺ですから、これでは仏教は永久に藤原氏の支配下に立たざるをえない。もともと東大寺は、皇親たちがこの藤原氏の寺にたいして天皇直属の寺を建て、天皇家の権威を回復しようとする目的で建てられたわけですが、そこには神の助けが必要です。その神々の助けを伊勢神宮に求めたのですが、伊勢神宮は藤原氏との関係が強くて、東大寺の味方になろうとしない。そういう時期に、応神《おうじん》天皇を祀るという宇佐八幡が、突如として宇佐から上京し、東大寺建造を助けた。

　このように、もともと宇佐八幡は仏教が好きな神さまですが、この神さまが、道鏡追放の神託のついでに、和気清麻呂に寺を建ててくれと頼むのはたいへん興味深い。それで建てられたのが神願寺、神さまの願いの寺なんです。そして、はじめ河内《かわち》のほうに建てられたのですが、やがて京都に都が遷《うつ》ったため、どうも河内では都から遠いし、風景もよくないというので、寺を京都に移すことになった。それで延暦の末、和気清麻呂および和気広世《ひろよ》が開いた高雄山寺に河内の神願寺を移して、神護寺と名を改めたというのです。

　前にお話ししましたが、最澄という人は、何か人生を陰のときと陽のとき、ひとり山に籠って思索をするときと、社会的な活躍をするときとを、十年を周期としてかわるがわる送ってきたと思うのです。延暦四（七八五）年に、十九歳で叡山《えいざん》に入って、孤独な思索と修行に明け暮れる生活をする。それから延暦十三（七九四）年、二十八歳ぐらいから、桓武天皇の目にとまって華々しく活躍をする。それが桓武天皇が亡くなる延暦二十五（八〇六）年、四十歳のときまで続く。大まかにいうと、二十代は思索のとき、三十代は世間的な活躍のときです。ところが四十のとき、桓武天皇が亡くなると、最澄の運命は根本的に変わる。彼にとって、桓武天皇の死はたいへんショックな事件であったと思います。

また一面では、彼は、桓武天皇の死をたいへん上手に使ったといえるのです。延暦二十四年に中国から最澄は帰ってきた。そのとき桓武天皇は病に伏していた。病に伏した桓武天皇は、最澄に期待をかけるのです。

天皇は、唐にまで留学させたこの徳高き学厚き僧の霊力によって、自分の病気が癒されることを切に望んだのでしょう。『日本後紀』によれば、延暦二十四年八月、天皇は待っていたように最澄を内裏《だいり》に呼んで悔過《けか》読経させ、最澄は唐国の仏像を献じたといいます。この仏像は、あるいは薬師ではなかったかと思いますが、この場合、薬師が何を意味したかは明らかです。そして九月一日に高雄山寺において灌頂を行ったのですが、その十七日に彼は内裏に召されて毘盧遮那法《びるしやなほう》を修しています。唐から帰ってきたばかりの最澄の霊力で、天皇はひたすら病の癒えることを願われたのです。

彼がどんな教理の仏教を学んできたのか、あるいはその修行はどんなものか、そういうものを知りたいという気力は天皇にはもう残っていないのです。病み衰えた天皇が最澄にたいして期待するのは、病を治す呪力のみです。いってみれば、そこでは天台の仏教は直接役に立たない。必要とされるのはむしろ、最澄としてはけっして得意ではない真言の祈禱の力です。

帰朝した最澄に天皇は、最澄がこれまで日本に伝えられなかった真言の秘教を伝えたことを賞賛され、和気広世に命じて高雄山で灌頂壇を設けて、道証《どうしょう》、修円《しゅえん》、勤操《ごんぞう》などの名だたる高僧たちに最澄をして灌頂を施させました。そのとき、最澄はどういう気持であったでしょうか。

病気を治したいという願いも空しく天皇は亡くなりました。亡くなる前に最澄は、天皇から年分度《ねんぶんど》者の許可を得て、延暦二十五年、天台宗《てんだいしゅう》はここに法相宗《ほっそうしゅう》や三論宗《さんろんしゅう》と並び一つの宗派を形成するのですが、これまた気弱になっていた天皇の心につけこんだ、最澄のたいへんうまい計略であったといえそうです。

年分度者というのは、毎年許可される僧の数です。最澄は、仏教は一つの宗派に偏るべきではなく、三論宗や法相宗と並んで、いま衰えている律宗《りっしゅう》や華厳宗《けごんしゅう》を復興すべきだと主張しますが、これは最澄の作戦で、狙いは、古い仏教の復興に名を借りて、新しい天台法華宗を公に認めさせようとする要求です。この要求が、ついに朝廷に認められたわけですが、これは旧仏教側にとって、どんなに腹立たしいことであったでしょう。しかし、彼らは文句がいえません。背後に天皇の権力があるからです。

この天台法華宗の年分度者二人のうち、一人は止観業《しかんごう》、一人は遮那業《しゃなごう》を学ぶという。止観業は、いわゆる天台止観という瞑想の行《ぎょう》をする。もう一人は遮那業、つまり密教です。ですから、天台宗ははじめから、天台止観ばかりでなく密教を学ぶ宗派として成立したということができます。

延暦二十五年に桓武天皇は死ぬ。最澄はパトロンの桓武天皇を失ってしまった。桓武天皇の死とともに、最澄の人生は変わる。いままで天皇の威光を慮《おもんぱか》って、最澄にたいしての批判を押さえてきた旧仏教、奈良仏教側から天皇の死とともに、猛烈な最澄批判の声があがったにちがいありません。

権力を利用したら、必ずその裏が出るもの。最澄ははじめから裏が出ることを十分承知だったと思います。そのときに最澄はどうしたか。批判の声にたいして、彼はどのように自分を処したのか。彼はもちろん山に帰ったわけです。本来の彼の故郷である山へ帰り、山でじっと冬の時代を耐えた。だから、四十代は彼には受難のときだった。こういう受難のときに、人間の価値が決まるのです。

トインビーは、優れた人間の生涯を見ると、必ず社会的に活躍するときと、じっと自己の中に籠るときとが交互におとずれているという。たとえば、イエス・キリストは、説法を始める前に荒野で瞑想するときをもっています。優れた個人は、必ずそのような外向のときと内向のときをもっています。内向のときが厳しければ厳しいほど、深ければ深いほど、次にくるべき外向のときに強力な活動が可能であるというようなことをいっていますが、最澄の人生も、このような外向のときと内向のときとを十年周期で繰り返しています。

最澄は桓武天皇の死後、十年間をじっと山に籠って、次の活躍の準備をするわけです。先に述べたように、このときに三つのことをした。一つは密教の勉強をした。もう一つは天台教学を理論的に深めた。もう一つは教勢を地方に広げた。この三つのことを冬の時代に最澄は行います。

最澄は、天台仏教がいちばん優れた仏教であると確信して、その根拠地を叡山につくったのですが、先の体験から、どうも天台の教義だけでは天台宗という宗派は発展することはできないと考えた。やはり天台宗が宗派として発展するには、密教という祈禱仏教が必要であるとつくづく感じた。ところが、その密教というものを十分に自分は唐で学んでこなかった。もっと密教を知りたいと思うわけです。

先にお話ししましたように、最澄と一緒に留学生《るがくしょう》として中国へ留学した僧の中に空海がいます。最澄はすでにそのころ天皇の寵僧で、通訳まで連れて一年の滞在で帰ってくる。しかし、空海はそのときまだ無名の坊さんであり、二十年の留学を命ぜられます。

ところが、空海は、いろいろ中国の仏教の状況や日本の政治情勢を考慮して、わずか二年で帰ってくる。これは本来、闕期罪《けつごき》、つまり留学を命ぜられた期間を短縮して帰ってくるという重罪に価するのですが、しかし、彼の携えた密教経典および密教の法具というものは、実は二十年の期間を二年で帰ってきた罪を一挙に吹き飛ばすような立派なものであったわけです。彼は、『請来目録《しょうらいもくろく》』という、彼が中国から持ち帰った経典および法具の目録に、彼が中国で何を学び、なぜ早く帰ってきたかという理由を述べた文章をつけて朝廷に提出します。それには、「実は自分はいままで日本人として誰一人学んだことのない正統な密教を学んできた。そして、すばらしい密教経典と密教法具を持ち帰った。これでもって、国家を永遠に安泰させることができる」ということが、堂々たる文章で述べられている。空海の闕期の罪をまぬがれるためのアポロギアを十二分に含んでいると思われるが、これを読むと、空海はいみじくも唐ですばらしい仏教を学び、それを早く日本に伝えるために帰ってきたのであり、留学の期間を短縮したのはたいへん賢明なことで、仏の意思であると思われるのです。空海は文章の名人として有名ですが、ほんとうに文章の力は恐ろしいものです。

朝廷はこの文章を見て、いったいどうしたらいいか処置に困ったと思われますが、これがたまたま最澄の目に止まる。空海が最澄の学んでこなかった正規の密教を学び、その経典を法具とともにたくさん持って日本に帰ってきたことはまちがいない。空海の持ってきた本の中に、最澄が見たくてしょうがない本がたくさんある。実は帰朝した空海がいつごろ都に入ったのか、よくわからないのですが、大同四（八〇九）年、最澄は空海にはじめて本の借用を申し込んでいます。

そして弘仁二（八一一）年、京都長岡の乙訓寺《おとくにでら》にいた空海をともなって、神護寺に連れてきます。最澄は、彼が灌頂をしたこの神護寺を密教の根拠地とし、そこで弟子たちに密教を学ばせ、また最澄自身も学ぼうとしたのです。神護寺に空海はとどまって、翌弘仁三年に、最澄やその弟子たち、当時の坊さん百数十人が、ここで空海から灌頂を受けることになります。つまり、かつてここで時の名僧に灌頂を授けたはずの最澄が、いまここで、自分より七歳若い無名の密教僧である空海から灌頂を授けられるということになるわけです。

これは、ある意味では最澄の面目がつぶれることになります。いま、最澄が空海から灌頂を受けねばならないとしたら、先に最澄が南都の僧たちに授けた灌頂は、ほんとうの灌頂ではなかったことになります。しかし、最澄はこういう面目に、あまりこだわらなかった人ではないかと思うのです。彼は、やはりほんとうに密教を学びたかったのです。密教を学ぶためなら、七つ年下の無名の僧をも師として、そこから教えを受けようというわけです。

◎ 弘仁三年、西暦八一二年、最澄の求めによって、空海は高雄山寺で最澄に灌頂を施しています。求法《ぐほう》のためには努力を惜しまぬ最澄の性格がよくあらわれています。

神護寺に伝わる空海自筆の灌頂者名簿には、弘仁三年十一月十五日に、最澄以下四名の僧が金剛界《こんごうかい》灌頂、続いて十二月十四日には、同じく最澄以下百四十五名の僧が胎蔵界《たいぞうかい》灌頂を受けたことが記録されています。

最澄の愛弟子、泰範《たいはん》の名もここに見えます。この泰範をめぐって、最澄と空海との間にとりかえしのつかない亀裂が生じました。

ここで、そういう二人の高僧の出会いがあったわけですが、やはり両雄並び立たずといわれるように、以後、最澄と空海の間にはさまざまなトラブルが起こります。最澄はやはり何とかして密教を学びたい。それには空海が唐から持ち帰った経典を借りて、それを写したい。そこで、彼は何べんも手紙を書いて、空海から経疏を借りるわけです。はじめのうちは、空海も快く貸していましたが、とうとう借用を断るのです。

密教というものは、大乗仏教の発展段階の最後に出てくる仏教ですが、それは大胆に欲望を肯定します。もともと釈迦仏教は愛欲を否定して悟りを得るという禁欲的な性格のものですが、大乗仏教は欲望にたいして肯定的な態度をとります。そうして、その思想の究極の到達点として、密教は大胆な愛欲の肯定を行うのです。性欲というものは清いものだ、男女の肉体の接触も清い、そういう教えを大胆に説いた経典が『理趣経《りしゅきょう》』です。たいへん短い経典ですが、真言教義のエッセンスが盛られ、真言宗では、もっともよく読まれています。

最澄は空海に、この『理趣経』の解釈書『理趣釈経』というものを借りたい、と頼むわけです。ところが、空海は断って、次のようにいいます。その空海の断り状の大意を、私なりに訳してみましょう。

あなたは、『理趣釈経』を借りたいといっていますが、理趣ということは何のことかご存じですか。理趣、すなわち道理に三種があります。耳で聞く理趣、それは言葉です。何よりもあなたの言葉です。あなたはその言葉をあなたの自身の中に見いだすはずです。目で見る理趣、それは物質です。その物質は手近には、あなたの身体にあります。あなたは、この理趣をあなた以外に求める必要はありません。心で思う理趣、それはあなたの心です。どうしてよそに求める必要がありましょう。あなたにはそのことがおわかりにならない。近いところに、あなた自身の中に理趣がありながら、あなたは別のところに理趣を求めていなさる。あなたは真理を紙の上にのみ見る人のようであります。紙の上より、真理はあなた自身の中にあるのです。
　あなたは聖者か凡夫か。聖者なら何も求める必要はありません。凡夫なら仏の教えに従う必要があります。仏の教えに従うならば、誓いを慎む必要があります。誓いを破ったら、私もあなたも困るのです。誓いとは、法は正しい受け手以外には伝えないということです。正しい受け手は、真言密教の場合、密行《みつぎょう》を修め、その心を大日の心に等しくした人です。あなたは行を修めましたか。あるいは行を修める気があるのですか。何かがまちがっているのです。行を修めるより、いたずらに字面だけで密教を知ろうとすること、それは、本末転倒もはなはだしいものです。もしほんとうにあなたが密教の道理を知ろうと思ったら、真の密教僧となり、行を修める支度をしてきなさい。そうしたら喜んで密教を教えましょう。

　こういう手紙を書いたんですね。これはもう、たんなる断り状ではない。空海の、先輩最澄にたいする挑戦状です。最澄は、天台の教えを中心としている。しかし彼は、天台宗が栄えるためには密教が必要だと考えている。それで彼は、空海から書物を借りて密教を知ろうとする。密教は最澄にとって手段なんです。空海は、その最澄の矛盾をついてくる。密教は書物で学べるものではない。それには師について密教の行を修めねばならない。密教の教えを学ぶのでしたら、こちらへ来なさい。

たしかに、空海のいうとおりなのです。密教は、宇宙の生命である大日如来《だいにちにょらい》と一体化することです。それには学問も必要ですが、やはり行が必要になる。行によって、大日如来と一体となり、それによって大きな力を得る。密教ではそれを加持祈禱《かじきとう》といいますが、加持がやはりたいせつです。「加」というのは、仏の力が人間に加わることであり、「持」というのは、人間がそういう仏の力を保持していること。結局加持とは、大日如来と人間とが一体化する、そしてこのように一体化することによって、人間は超人的な力を得て、すべての人間の願いが叶えられるということです。

空海のいうことはもっともなことですが、最澄がふたたび密教を学ぶために空海のもとを訪れるとは思われません。弘仁三年の灌頂も、いささか彼の面目をつぶしたものでありました。また彼は、本気で密教が天台仏教よりいいと考えていたわけではないと思います。やはり彼は天台の徒、天台のほうが密教より優れていると考えていたと思います。ただ彼は、密教を自己の宗派の発展のために必要と考えているのです。ここを空海につかれたわけですが、最澄には本気で反論する気がありません。

こういう二人のトラブルのうえに、また一ったいへんなことが起こった。最澄は、弘仁三年に高雄へ行ったとき、弟子たちを高雄に残して、引き続き空海に密教の行を学ばせようとしたのです。その最澄が空海のところへ残した弟子の一人に泰範という者がいた。この泰範というのは、最澄がもっとも可愛がった弟子で、いつも最澄の近くにいて、彼と生活をともにしていたようです。その愛弟子をわざわざ空海のもとに残して密教を学ばせようとするのは、密教を学びたいという最澄の強い願いを示すものでしょうが、空海からみれば困ったことなのです。つまり、そのとき、空海が最澄の天台宗にたいして、真言宗なるものを立てようとする意思をもっていたとすれば、彼のもとに最澄が残した弟子は一種の産業スパイの役割を果たしかねない。彼が苦労して唐から持ってきた新しい密教の秘密をライバル最澄に盗られてしまう危険性がありますか。こういうことを賢明な空海が、みすみす許すはずがありません。空海は泰範を虜《とりこ》にしてしまうのです。

最澄が泰範に宛てた手紙を見ると、最澄は泰範を恋人のように愛していることがわかります。それが、かえって叡山の中における泰範の地位を危うくしたように思われますが、おそらく泰範のそういう心理的動揺につけ込んだのでしょう、空海は、泰範に叡山に帰らせないように仕向けるのです。びっくりした最澄は、泰範に再三手紙を書くのですが、泰範は帰ってこない。このとき最澄が泰範に寄せた手紙が残っています。それには、次のようなことが書かれています。

老僧最澄は年五十、もう人生はいくらも残っていない。住むに家なく、語るに人もなく、ひとり天台一乗の教えを背負って、世間をさまよっている。この寂しい最澄が、何よりも残念に思っているのは、おまえが私を離れてしまったことだ。かつて二人は、法のために身を忘れてつくした。おまえの功績は、私は片時も忘れたことはない。高雄においても、おまえは私と一緒に灌頂を受けた。ともに道を求めて仏の恵みを得ようとしたのである。ところが思いがけなく、おまえは私の願いに背いて、私と別なところに住んでいる。もしおまえが、劣った教えを捨てて、優れた教えを取るというならば、それでもよかろう。しかし法華一乗と真言一乗は同じであり、優劣がないはずである。同じ法を同じように恋うのを善友《ぜんう》というが、おまえと私は、この世で深い縁に結ばれた善友で、この縁により来世に弥勒《みろく》を待とうと思うのだ。二人はこの世でもあの世でも深い縁があり、生涯をともにし、衆生《しゆじよう》救済に努力すべきである。私は来春、東西南北あちこち旅行しようと思う。おまえが一緒に行ってくれたらありがたいのだが……。

この手紙を読んで、みなさんどう思われるでしょうか。これは先ほどの空海の手紙と同じように名文です。しかも二人の手紙は名文の意味がちがう。先の空海の手紙はたいへん論理的です。最澄の痛いところを空海はたくみにつき、密教の理法をみごとに簡潔に語っている。しかし、最澄の手紙はちがう。そこにはあけすけに最澄の心が見えます。最愛の弟子を失っておろおろする老僧の心の孤独が見え見えです。空海は、こういう自分の弱みをさらけ出すような手紙を一通も書いたことはありません。彼は天下の名文家ですが、その名文を読んで、彼のほんとうの心がどこにあるかを察することはむずかしいのです。しかし、最澄はちがう。彼は『願文《がんもん》』にしても、この手紙にしても、人間としての弱い心を隠そうとしません。文章のうまさからみれば空海のほうが上です。しかし最澄の文章には、どうしようもない真実味があらわれています。この真実味が深く人の心を打つのです。

この手紙を読むと、最澄は泰範を恋人のように慕っています。来世のことまで書いているところをみると、二人は二世《にせ》を契った夫婦のようです。二世を誓った最愛の妻に裏切られて、おたおたしている最澄の姿がまことに哀れです。泰範は、この哀れな師に何とか返事を書かねばなりません。しかし、泰範はついに最澄に返事を書かず、泰範に代わって空海が筆をとるのです。

「あなたは、法華一乗と真言一乗は優劣がないとおっしゃったけれど、それはちがいます。顕教《けんぎょう》と密教はちがう。ちょうど権教《ごんぎょう》と実教《じつぎょう》、大乗仏教でも天台のような実と天台外の権とのちがいがあるように、密と顕とはちがうのです。あなたの顕教は他人を利する、多くの人を幸福にする教えだけれど、私の密教は、自分がほんとうに喜ぶようにならなかったならば、けっして他人の救済を図らない。あなたはほんとうに喜んでいないじゃないか」と。こういう批判を投げるわけです。

最後の言葉はとくにひどい。「空海、未《いま》だ六浄除蓋《ろくじやうぢよがい》の位《くらゐ》に逮《およ》ばざれば、誰《なん》ぞ能《よ》く出《しゆつ》仮利物《けりもつ》の行《ぎやう》に堪《た》へむ。利他《りた》の事《こと》は悉《ことごと》く大師《だいし》に譲《ゆづ》りたてまつる」。これは、先にお話しした最澄の『願文』の文章を、空海は逆手にとったと思うのです。「六根相似の位」にいたらなかったから出仮せず、つまり仏さんと同じように感覚が働くような位にいたらなかったならば、他人の救済などしない、と最澄は『願文』でいった。それにたいして空海は「六浄除蓋の位」つまり仏そのものの境地となって、すべての煩悩がなくなる位にいたらなかったら、私は利他の行などはしないというわけです。

空海は、あの最澄の悲しみに濡れた慈悲の目で人間を見、救済に励むという生き方をほんとうの仏教ではないといっているのです。ほんとうの仏教は、自分を大日如来と一体化し、体全体から喜びが溢れる、そういう身となって他人を救済することができる。それをしないで、人を救うなどというのは嘘だというのです。

ここで空海は、最澄が泰範にいった、法華一乗と真言一乗とは同じだという言葉をとって、反論をしているのです。最澄はおそらく、空海のもとに走った愛弟子の心を最澄のほうに引きもどそうとして、法華一乗と真言一乗とは同じであるといった。ほんとうは法華一乗のほうが上だと思っているにちがいない。泰範の心を引くためと空海にたいする礼儀のために、同じであるといったのであろうと思いますが、その言葉を空海は取り上げ、真言の優越を説き、もっとも厳しい批判の言葉を最澄に投げるのです。

これはいってみれば、絶縁状です。これで二人は決定的に別れるのですが、その後の泰範はどうなったか、さっぱり消息はわかりません。真言宗の中でも彼が重んじられなかったところをみると、泰範はやはり最澄の愛に価しない平凡な僧であったのか、あるいは、ただ空海に利用されて師を失った愚かな僧であったか、そのいずれかでしょう。この二人の出会いと別れをどう思いますか。二人はともにたいへん偉大な宗教家です。しかし、こんなに悲しい、哀れな別れをしなくてはならないとは……。

たしかに、この二人の偉大な宗教家の間のトラブルは、私には何か人間のまぬがれえない宿命のようなものを感じさせます。それは残念なことですが、しかし私は、この二人の出会いと別れはどちらにもプラスであったと思います。なぜなら、空海も最澄と出会うことによって、真言僧として高雄山寺を密教の本拠地とすることができました。とくに弘仁三年の灌頂は、彼の名を一躍有名ならしめたにちがいありません。また、最澄との劇的な別れも空海にとってプラスでした。それはおそらく、最澄を憎む南都の人びとの歓心を買うことになるからです。

また、最澄にとっても空海との出会いは、結局プラスであったと思うのです。彼はこのときに空海から密教を学びましたが、敏感な最澄は、一度の灌頂と密教書の読書によって、だいたい密教が理解できたのでしょう。しかし、まだわからないところがあり、もう一度、唐へ行って密教を学びたいと思ったにちがいない。そして、このような最澄の願いは最澄の弟子たちの円仁《えんにん》や円珍《えんちん》に受け継がれ、ついに天台密教という、空海の密教とちがった密教がつくられるのです。このことまで考えると、最澄も空海との交わりで得るものが大きかったと思います。

◎先に桓武天皇を失い、ここに空海と別れ、もっとも信頼していた弟子の泰範も去って、最澄の孤独は深まります。

さらに、新しい天台の仏教にたいして、旧仏教からの批判が繰り返されます。それらの批判と闘いながら、最澄は自己の立場を明確にし、これこそ日本にふさわしい仏教、と確信する目標に向かってすすみます。最澄が最後に見つめていた目標とは何だったのでしょうか。

最澄の天台宗というのは隋《ずい》時代に流行した仏教で、当時の日本の南都の仏教者からみれば、時代遅れの仏教を最澄が桓武天皇の力で無理に日本仏教の中心に据えた、というふうにしか思われないわけです。そのため桓武天皇が亡くなると、さまざまな非難が最澄とこの天台宗という宗派に注がれました。

その中で、会津《あいづ》に住んでいた徳一《とくいつ》という人が、天台宗を罵《ののし》って「天台宗の中心経典の『法華経』は方便《ほうべん》の教えであり、そして智顗《ちぎ》の教説はまちがっている」という厳しい批判の本を書きます。これに答えるかたちで最澄は、彼の天台の教義をまとめていく。こういうことを、この時期に行っているわけです。この詳細についてはのちにお話しします。

それからもう一つ、最澄がその時期にしたのは、天台法華宗を日本国中に広げたことです。彼はわざわざ九州筑紫《つくし》まで赴く。そして、そこで彼は天台宗の根拠地をつくる。九州は、最澄が遣唐使の一員として出発したところで、最澄と因縁のある土地です。九州だけでは十分ではないので、今度は東のほう、下野《しもつけ》、上野《こうづけ》というところ――群馬県とか栃木県のあたりまで行って、またそこに寺を建てるわけです。天台の仏教を、西は九州から東は関東まで広げる。これは、のちに円仁によって受け継がれ、天台仏教の隆盛の原因の一つになります。

こうして、じっと時のたつのを待っていたのですが、やがて、彼がふたたび注目されるときがやってきた。というのは、桓武天皇の次に平城《へいぜい》天皇が即位されますが、この方は体が弱い。そして、実は桓武天皇が平城天皇をたてるにあたって、自分の弟である早良《さわら》皇太子に皇太子をやめさせた。そして事件が起こって、早良皇太子は死を命ぜられ、恨みをのんで死んでいった。日本では、こういうときには必ず怨霊《おんりょう》の祟《たた》りがささやかれるのですが、平城天皇の病気も、早良皇太子の祟りであるという噂が流れた。おそらくそういう噂を気にされたのでしょう、平城天皇はもう天皇を退きたい、上皇になりたいと思われ、弟の嵯峨《さが》天皇に位を譲られた。

ところが、権力が二つになると、とかくトラブルが起こりやすい。大同四（八〇九）年に朝廷に内紛が起こって、翌五年、平城上皇のかわいがっていた藤原薬子《くすこ》が排せられ、平城上皇は隠遁《いんとん》された。

嵯峨天皇というのはたいへんな文人です。中国の文学を好み、書をよくする。その嵯峨天皇が即位された大同四年以後、空海の都での活躍が始まります。そして嵯峨天皇の信任を得て、真言宗の基礎をつくるわけです。空海が嵯峨天皇と結びつく点は二つあると思われます。一つは文学と書。二人は趣味と教養を同じくする。天皇は、外国帰りの広い教養とすばらしい文章と書を書く万能の天才空海にすっかり傾倒されます。しかし、天皇と空海が結びついたのはそれだけではありません。もう一つは、いま触れた薬子の変のようなトラブルで、いろいろな怨霊が生まれた。空海は、まさに密教でその怨霊の鎮魂《ちんこん》に努めるわけです。嵯峨天皇にとって、空海は怨霊を鎮め、自分の政権を安定させる僧であるとともに、自分の好きな文学や書を語れる友であった。

この時期、最澄はじっと時を待っていたようですが、幸いにして、彼をたいへん尊敬する有力な政治家があらわれた。それは藤原冬嗣《ふゆつぐ》という人です。彼は、摂関家の基礎をつくった優れた政治家で、最澄が一向大乗戒壇《いっこうだいじょうかいだん》設立の請願を出した弘仁九（八一八）年から十年当時、大納言です。それからもう一人、良岑安世《よしみねのやすよ》。彼は桓武天皇の子です。父ゆずりの最澄にたいする厚い信頼の心をもつ。この二人を中心に、ふたたび宮廷では最澄崇拝が高まってくる。これに乗じて、最澄は年来の悲願を果たそうとするわけです。

桓武天皇の最後の勅によって、天台宗に年分度者二人が与えられた、つまり天台宗は独自の宗派と認められて、毎年二人の坊さんを出家させる権利を得たわけです。しかし、正式の坊さんの免状は取れない。正式の坊さんの免状を取るには、やはり南都の東大寺に行かなくてはならない。せっかく最澄が山で教えた弟子たちも、正式な坊さんの免許を取るためには南都に行かなくてはならないわけです。それで、どうなるかというと、南都では最澄は嫌われているので、「おまえの師匠は何だ。あれは天皇のゴマスリ坊主だ。天台宗なんて、ろくなものではない。最澄を捨てよ。天台を捨てよ」、そういうふうにいわれるわけです。妥協しなければ、坊さんの免許はなかなか取れない、それで免許を取るために、ついに天台を捨てる僧が出てくる。せっかく最澄が苦労して教育した人たちが、戒を受けに山を下りると、もう帰ってこない。大同二（八〇七）年から弘仁九年までの十一年間に、出家した年分度の僧の二十四人のうち、弘仁九年、山に住むのはわずか十人です。これは最澄にとってひじょうに悲しいことです。

そこで、彼は一向大乗戒壇の設立ということを考えるわけです。彼の論理はこういうことです。つまり、大乗と小乗という二つの仏教がある。だから、戒律《かいりつ》についても、大乗戒と小乗戒の別があるはずなのに、南都でやっているあの戒律は、小乗戒と同じものである。それではいけない。真の大乗戒、一向大乗戒が必要だ。インドにも中国にも一向大乗戒があり、また一向大乗の戒壇がある。そういう一向大乗戒壇を比叡山に設けてくれ、という願いを出すわけです。

私は、嵯峨天皇はたいへん困ったと思います。どうして困ったかというと、この最澄の一向大乗戒の要求にたいして、南都仏教が反対することは目に見えている。それを許したら、南都仏教は特権的地位を失ってしまうからです。しかし、先帝であり父である桓武天皇の寵僧の要求をまったく無視するわけにはいかない。しかも、その寵僧には藤原冬嗣をはじめとする有力な政治家が味方についている。最澄の要求を無下に退けることはできない。そこで、この一向大乗戒壇設立要求の文章を南都の坊さんに見せた。

そうすると、いままでバラバラだった南都の僧たちは反最澄で固まって、この最澄の要求を批判する論文を書き、それを天皇に提出したのです。ところが、その文章を、ちょうど天皇の近くにお仕えする光定《こうじょう》という最澄の弟子がこっそり最澄に見せるわけです。それで、最澄はその反論にたいして、ふたたび反論の筆をとり、『顕戒論《けんかいろん》』という本を書いて天皇に提出します。これはみごとな本で、詳しくはのちにお話しします。

おそらく、『顕戒論』の提出にまた天皇はたいへん困られたでしょう。天皇はそれをほとんど読まれなかったのではないかと思います。最澄のこの著書も空しく宮中の奥深く蔵されたままであった。最澄は首を長くして、一向大乗戒壇の設立の許可を待つのですが、その願いも空しく、弘仁十三年六月四日に亡くなります。

この死に際して、宮廷では最澄への同情が起こるのです。最澄という人は一生、道のために闘った、何か悲愴なところがある。ある意味では日本人好みの人なのでしょう、それが多くの公卿《くぎょう》たちの同情を得た。「ああ、かわいそうに、最澄は」というので、そこで最澄の死後まもなく、六月十一日に大乗戒壇の設立許可が下りるわけです。

最澄の悲願がやっと果たされるのですが、それはおそらく、当事者が考えている以上に日本仏教の大革命でした。そう考えると、天台宗は桓武天皇の死と、最澄の死という二つの死によって、その基礎を固めたといえます。最澄は、天皇の死と自分自身の死を最大限に利用したといえます。結果的にいえば、二人の死を通じて天台法華宗は千年の繁栄の基礎を固めたのです。

これが、だいたい最澄という人の人生です。全体として私は、最澄には二つの面があったと思うのです。一つは、あくまで純粋な求道《ぐどう》者の面です。清らかな人、もっとも澄んでいる人、自己に厳しい人。そして、彼は山に籠って清い生活をする。その清い生活の背後には、この世は短い、来世にまた必ずいいところに生まれてくる、そういう心があった。純粋な心があったと思う。

けれど、それだけで一つの宗派は大きくならない。もう一つの面は、彼はある意味で、権力者と付き合う道をよく知っていたということです。最初に桓武天皇、のちに藤原冬嗣、この二人の力なくして、あの天台法華宗の千年にもわたる繁栄の基礎はできなかったろうと思う。彼は純粋な宗教的情熱と権力者と付き合う世俗の知恵をもって、大事業を成し遂げた人生の達人であったと私は思うのです。

第三章　法華の真実

◎　そそり立つ杉の木立に囲まれて、ひっそりと建つ比叡山延暦寺釈迦堂《ひえいざんえんりやくじしやかどう》。根本中堂《こんぽんちゆうどう》のあるところを東塔《とうとう》というのにたいして、釈迦堂は西塔《さいとう》の中心です。正面の石段の上に、「弁慶のにない堂」と呼ばれる渡り廊下で結ばれた二つの建物が見えます。

森閑とした西塔の林の中に散らばるお堂は、叡山の僧が何日も何ヵ月も籠って、天台に古く伝わる行に打ち込むところです。天台大師《てんだいだいし》の著作物にも「法華三昧《ほつけざんまい》」「常行《じようぎよう》三昧」「常坐《じようざ》三昧」といった行《ぎよう》のことが書かれていますが、にない堂はその修行道場です。お堂を取り巻く静けさの中に、厳しい雰囲気が漂うのはそのためです。

ここは比叡山西塔の釈迦堂のごく近くです。釈迦堂というと、私には青春の思い出があります。というのは、昭和二十二（一九四七）年、京都大学の哲学科の学生であった私は、夏休みにこの政所《まんどころ》というところに籠り、ヘーゲルの『精神現象学』という本を読んだことがあるからです。その『精神現象学』の原文とドイツ語の辞書の二冊を携えて、読み終わるまで山を下りないという、最澄と比べると少し小さい願ですが、

森閑とした西塔の林に散在する堂の中では、
天台僧の厳しい修行が日々行われている。

そういう願を立てまして、ここへ籠ったのです。

しかし、『精神現象学』などという本はすぐに読めるものではありません。結局、九月になっても、まだ読み終えられない。学校は始まるし、母からは夏休みくらい、少しは家へ帰ってこいといわれる。しかし、願を果たせないのは残念だ。それで坊さんのやる転読という、ぱらぱらページをめくってそれを読んだことにするというやり方で、とにかく斜めに目を通して、良心をごまかして山を下りたという記憶があります。

これまでは最澄の人生についてお話をしましたので、これからは最澄の思想についてお話ししたいと思います。

ただし、あらかじめ断っておかなくてはならないことがあります。それは、だいたい仏教者というものは自分の思想などということはいわないものです。仏教者ばかりではなく、東洋人はあまり自分の思想はこれこれである、などということはいわずに、「自分は優れた昔の人が語った思想を祖述しているにすぎない」という態度をとるものです。だから、一見、独自な思想は存在しないようにみえますが、しかし、優れた思想家にはおのずからそこに独創的な思想があるものです。

空海などは密教の思想を語るのに、大日如来《だいにちにょらい》の偈《げ》を引き、それによって説明し、またその偈を自分の偈によって説明している。それを自分のつくった偈の思想の独創性を意識するというような、破天荒なことをしていますが、最澄はちがう。最澄はあくまで謙虚な人です。自分は天台智顗《てんだいちぎ》の思想をそのまま語り、それをそのまま実践しているにすぎないという態度をとる。一見、独創性はないようですが、私は、最澄は空海に負けないような独創性をもっていると思います。

それからもう一つ、最澄の思想は実践とひじょうに深くつながっているということです。だから、理論面と実践面と二つに分けることはむずかしいのですが、話の都合上、二つに分けて、まず、理論についてお話ししたいと思います。

最澄の仏教理論ですが、その前に天台仏教のお話をしなくてはならない。私は、最澄を開祖とする日本天台宗というものは、三つの支柱をもっているのではないかと思います。

一つはインドの経典です。インドでできた『法華経《ほけきょう》』という経典を根本経典としている。最澄は、しばしば奈良時代の仏教が経典によらず、インドにおける解説書つまり論による仏教であることを批判している。しかし天台仏教は、インドによる仏教、すなわち釈迦の直説にもとづく仏教である。天台仏教を語るには、まず『法華経』の話をしなくてはならない。

それからたいせつなことは、天台仏教というのは中国の六世紀の僧、天台智顗によってつくられた仏教教義を基礎にしている仏教であるということです。したがって天台宗と最澄を理解するには、智顗の仏教学を理解しなければならない。それが第二点です。

しかし、インドの経典と中国の仏教学だけで日本天台宗は成立したわけではない。日本天台宗は、やはり日本の伝統の中で育った仏教なのです。それは聖徳太子以来の、日本の仏教の伝統のもとに立つ。聖徳太子がいなかったら、最澄があのような教団をつくることはできなかったと思います。そして、最澄以後も、仏教は日本という土地で育つことにより、どこの国にもない独自な思想をつくりだしたのです。そういう意味で、天台仏教は、インドの経典と中国の学問に依拠《いきょ》する三国伝来の仏教ですが、同時に日本という土地で育ち、日本の伝統を受け継いでいる仏教なのです。そこで、その伝統についても考察する必要がある。これが第三点です。

ですから、まずインドのお話をして、次に中国、最後に日本の順にお話ししましょう。

まずインドですが、この天台仏教は、インドでできた大乗仏教の経典である『法華経』をもとにしています。ところが、この仏教の経典というものは、キリスト教の経典や儒教の経典などとは意味がちがうのです。

キリスト教の場合は、経典すなわちバイブルは一つです。カトリックもプロテスタントも、ほぼ同じバイブルを使っている。ただ、解釈がちがう。儒教にも四書五経《ししょごきょう》というのがあって、それが根本経典である。そのうち、どれを重視するかによって学説は変わるが、四書五経というものを動かすことはできない。しかし仏教経典というものは無数にあるわけです。そして、その経典はほとんどぜんぶ釈迦が自ら語ったものであるということになっているのです。これは、どういうわけでしょうか。どんなにお釈迦さんが偉くても、無数の経典を書くことはできない。これにはやはり、いささかインド的な事情があるわけです。

釈迦はだいたい紀元前五世紀に活躍した人です。釈迦の思想といえば、この世の中は苦の世の中だ、この苦の原因は欲望である、だから欲望をまぬがれたら人間は苦をまぬがれることができる、と。欲望をまぬがれるにはどうしたらいいか。それは戒《かい》・定《じょう》・慧《え》――戒律をきちんと守って、瞑想をして、智慧《ちえ》を磨くことだという。私は、そういうごく単純な倫理的な教えだというふうに思っていますけれども、それが釈迦の仏教なのです。

しかし、釈迦は経典を残さなかった。私は、ほんとうに偉い人は書物を書かないんじゃないかと思っていますが、だいたい人間が立派だったら書物を書く必要がない。立派じゃないところをもっている人が書物を書くのではないかと思いますが、釈迦にしても、イエス・キリストにしても、ソクラテスにしても書物を残さなかった。しかし、釈迦が死ぬと、その釈迦の言行録が弟子たちによってつくられた。それが最初の経典です。その経典をもとにして、約五百年ほど原始仏教の時代が続きます。それが釈迦本来の仏教というべきなのでしょうが、ふつうそれは日本では小乗仏教という言葉で呼ばれています。小乗というのは小さな乗り物という意味です。日本で流行した大乗仏教、大きな乗り物の仏教と比べると、すでにその名において価値が劣るように思われる。

なぜそういうことになったかといいますと、紀元一世紀から三世紀にかけて、仏教革新運動が起きて、たくさんの新しい経典が出現した。釈迦が死んで五百年ものちに、釈迦の語った言葉を集めた本が新しくあらわれるというのは不思議なことですが、インドの人は、どうもそういう歴史的懐疑をもたなかったようです。永遠の思索を重視するインド人からみれば、五百年などというのは瞬間のことであったかもしれない。とにかく、こうして出現した経典によって新しい仏教運動を起こした人たちは、自分たちの仏教を大乗、つまり大きくて楽で早く悟りに入れる乗り物の仏教であるといい、それ以前の仏教を小乗、小さくて苦しくて遅く悟りに入る乗り物の仏教と呼んだのです。

この運動の中心人物が龍樹《りゅうじゅ》という人ですが、龍樹は、いままでの釈迦仏教ではだめだという。なぜかといえば、釈迦の直弟子である声聞《しょうもん》にせよ、あるいは以後の小乗仏教の徒である縁覚《えんがく》にせよ、苦をまぬがれるために山に籠って清い生活をしている。それではだめだというのです。どうしてだめかというと、それでは大衆は救われない。彼らは大衆の苦しみから離れたところで生きている。しかし、大衆はいまも苦悩の渦の中にある。この大衆の中に入り、大衆を救えというのです。

ここで大乗仏教は菩薩《ぼさつ》というものを考える。菩薩というのは大衆救済に励む人間なのである。その代表が観音《かんのん》菩薩ですが、観音菩薩は本来、如来《にょらい》――優れた仏の位にいたっていながら、けっして如来になろうとはしない、如来に次ぐ菩薩の位にいて、大衆の救済に努力している。ここに大乗仏教の理想としている人間像があるのです。それは、誰にもよくわかる理想ですが、もう一つ、大乗仏教は独自の思想を生み出したのです。それは「空《くう》」の思想ですが、空の思想といっても、ただ理論だけのものではない。実践と深くかかわっているのです。

龍樹の小乗仏教の徒にたいする批判は、彼らが山に籠って、ひとり静かな生活を送っているところのみにあるのではない。彼らが禁欲にとらわれて、自由を失っているという点にあるのです。彼らは多くの戒律《かいりつ》を設けて、それを後生大事に守っている。それで、彼らは涅槃《ねはん》にいたろうとするのであるが、それでは、とても真の喜びの境地である涅槃にいたれない。そこで龍樹は「戒律にとらわれた悲しげな苦行の行者よ、おまえの小さい乗り物から、おまえの小さい理想から、おまえの小さい悟りから自由になれ」というのです。つまり、欲望にもとらわれず、禁欲にもとらわれず、無にもとらわれず、有にもとらわれず、肯定にもとらわれず、否定にもとらわれない空の自由。これがほんとうの悟りの境地だというのです。

龍樹は、こういう空の智慧をもって大衆のもとに赴き、大衆を苦悩から救うとともに、いままで大衆を束縛していた禁欲の仏教からも解放したわけです。そして彼は、数々の釈迦の説法を記した秘本を探しだし、それを大乗仏教の経典として、その経典の解説書を書いたわけです。その解釈を論といい、経と論がセットになって大乗仏教はできるのですが、経と論とが同じ人によって書かれているということもあるかもしれません。

このように、大乗仏教はだいたい紀元一世紀ごろから三世紀にかけて龍樹を先導者として隆盛期を迎えるのですが、そのあと紀元五世紀ごろには世親《せしん》という人が出ます。世親の仏教は多少、龍樹とちがった仏教です。それは「唯識《ゆいしき》」といって徹底的に人間の心を分析するのです。人間の心を七層にも八層にもわたって分析し、人間の煩悩《ぼんのう》のもとを突きとめ、その煩悩から解放して、自由を得ようとするものです。そこに現代の深層心理学に通じるものがあるといわれるのですが、私はそれ以上のものを可能性として含んでいるのではないかと思うのです。

『法華経』の話にもどりますと、『法華経』は、実は龍樹に始まる大乗仏教運動の中から生まれた経典ですが、この経典の思想的な独自性は二つあると思う。一つはこういうことです。

大乗仏教の徒は、彼ら以前の仏教を自由のない、喜びのない小乗の仏教だと批判した。小乗仏教には声聞、すなわち釈迦の声を聞いた釈迦直弟子の仏教と、縁覚、すなわち釈迦の教えを直接聞かなかったけれど、縁によって僧になった人たちの仏教の二つがあるが、大乗仏教の徒は、いずれもそれを小乗と呼び、厳しい批判にさらしたわけです。となると、仏教は声聞と縁覚、二つの小乗仏教と菩薩の大乗仏教という三つに分かれる。本来一つであるべき仏教が三つになった。これではいけない。もう一度、仏教を大乗の立場から統一する必要がある。それがだいたい『法華経』の思想的立場というふうに考えていいかと思います。

『法華経』は一乗ということをいいます。つまり、三つに分かれた仏教を一つに統一しようとする。それが一乗です。ですから、いままでの大乗仏教で、さんざん批判された声聞・縁覚の徒を、逆に弁護するというような態度をとる。声聞・縁覚の徒は、大乗の徒と比べれば、たいへん劣っていて容易に救われないが、そういう劣っていて救われない人間をも救おうとするところに、真の仏の慈悲の表現がある。『法華経』はそういう立場の大乗仏教の経典だと思うのです。こういうふうに、小乗の徒までを救済の対象に含めると、おのずから救いの範囲が広がり、従来、救いの対象にならなかった女人や、さらに人間以外のもの、いわゆる動植物にいたるまで、一乗仏教によって救いとられることになるのです。こういうことからいっても、『法華経』は大乗仏教の中でも、とりわけ平等という思想が強いわけです。

ところが、こういうふうに、声聞・縁覚の仏教も大乗仏教の中に取り込みますと、なぜ釈迦の教えが三つに分かれているのか、声聞・縁覚の仏教も菩薩の仏教も同じ釈迦が説いた説であるのに、なぜちがっているのか、ということが問題になります。それを説明するのが方便《ほうべん》という考え方です。これが、『法華経』のもう一つの思想的な特徴です。

つまり、釈迦はほんとうは大乗の教え、しかも一乗の教えを説きたかったのだが、はじめからそれを説いたら、愚かな衆生《しゅじょう》はよく理解できないので、方便として小乗の教えを説いて仏教に導き、それから釈迦の真の考え、大乗を説いたというわけです。『法華経』は、そういう内容の経典ですが、読んでもなかなか真義は理解しがたい。われわれヨーロッパ哲学を学んだ者には、これはたいへん読みづらい。ヨーロッパ哲学のように、論証を積み重ねて、ある結論にいたるようなものではない。全篇、比喩に満ちている。その比喩をねばり強く思索して、はじめて『法華経』の真義が捉えられる、そういう経典です。

ところが、このような容易に捉えられない『法華経』の真義をねばり強く思索して、そこに一つの哲学をつくりだした人があった。それが先にいった天台智顗という人です。智顗というのは、南北朝が終わって隋《ずい》に代わる時代の人で、梁《りょう》の国の貴族の家に生まれたのですが、梁が陳に滅ぼされ、陳がまた隋に滅ぼされるという、二度の亡国を経験した。貴族の家に生まれた彼は、おそらく戦乱の苦悩をつぶさに経験しただろうと思われます。やがて、彼は戦乱を離れて天台山という山の中に引き籠って、そこで自己の思想を体系化するわけです。その思索の跡は、『法華玄義《ほっけげんぎ》』『法華文句《ほっけもんぐ》』『摩訶止観《まかしかん》』という、彼の弟子によってまとめられたいくつかの講義録によってわかりますが、この本はたいへんむずかしい本で、私もていねいに読んでいません。それでここでは、彼の思想をあらわす二つの言葉をあげ、その説明をしておきます。一つは「五時八教《ごじはっきょう》」、一つは「一念三千《いちねんさんぜん》」です。

五時八教。先にいいましたように、仏教、とくに大乗仏教では経典が無数にあります。その、たくさんある仏教経典がみな釈迦の自ら語った説であるといわれるのです。とすれば、すべての経典を釈迦の一生にあてはめねばなりません。いったい、どのような経典が先に書かれ、どのような経典があとに書かれ、どのような経典に釈迦の正説、つまり釈迦がほんとうにいいたいことが記されているのでしょう。

こういうことは、実際は無意味な問いです。ほんとうは、経典、とくに大乗経典は釈迦の死後、五百年以上もたってからつくられた経典なので、もともと釈迦の仏教とあまり関係ない。五百年も、八百年もあとになってできた経典を釈迦の一生にあてはめること、それ自体がナンセンスともいえるのです。

しかし、中国の仏教学者は、そうしたナンセンスを前提としながら、実に強靭な思索をして、そこにインドにもないような巨大な思弁体系を創造したのです。智顗は釈迦の一生を五期に分け、華厳《けごん》・阿含《あごん》・方等《ほうとう》・般若《はんにゃ》・法華に属する経典を、その五期にあてはめたのです。いってみれば、釈迦は青年時代に『華厳経』を説いたが、かなりむずかしいので、大衆はよくわからない。それで、わかりやすい阿含、すなわち小乗経典を説いて、大衆を仏教に導き、次にこの小乗の立場を批判した。それが『方等経』です。その批判によって大乗仏教に導き、般若という大乗仏教の根本義を説き、最後に、大乗経典のうちでも、もっとも優れた『法華経』の教義を説いたというわけです。このようにみれば、法華以前の仏教の教えはすべて方便であり、『法華経』だけが釈迦の正説であり、その正説を釈迦は長い間秘して、最後の八年にはじめて説いたというわけです。そして、そのような仏典成立論の上に立ちつつ、仏典をいろいろな観点で価値評価し、やはり『法華経』がもっとも優れた経典であることを証明しているのです。

一念三千。一念三千というのは、天台の宇宙論ですが、世界は十の世界から成り立っている。地獄《じごく》・餓鬼《がき》・畜生《ちくしょう》・阿修羅《あしゅら》・人間・天の六道《ろくどう》。それは苦の世界ですが、その上に声聞・縁覚・菩薩・仏の四つの悟りの世界があります。ところが、その十の世界がそれ自身の中に十の世界をもつ。つまり地獄の中にも地獄から仏までの世界が、仏の中にも地獄から仏までの世界があり、したがって十掛ける十、すなわち百の世界がある。ところが、この百の世界は、それぞれに相《そう》・性《しょう》・体《たい》・力《りき》・作《さ》・因《いん》・縁《えん》・果《か》・報《ほう》・本末《ほんまつ》究竟《くきょう》の十のカテゴリーをもっている。とすると、百掛ける十で、千の世界があることになる。そして、その千の世界がそれぞれにまた、五陰《ごおん》すなわち物質世間《せけん》、衆生すなわち生きとし生けるものの世間、国土世間すなわち生きるものの環境から成り立っているというのです。とすると、世界は千掛ける三で、合わせて三千ということになります。「三千（大千）世界」という言葉がありますが、ここから出た言葉です。天台では一念三千、つまりその三千の世界が一念、一瞬間の中に含まれるというのです。

　この考え方は、やはり人間の平等を強調しつつ、修行のたいせつさを教えたものであると思います。仏の中にも地獄があり、地獄の中にも仏がある。世界の底を割ってみれば、すべて平等です。差異にとらわれて、あれこれ迷うのは愚かなことであるということになるのです。

　そして、この一念三千というのは、瞬間の自由と人間の努力を強調することになります。ただいまの瞬間にすべての世界が含まれているのです。とすれば、この一瞬に無限の世界が含まれており、無限の自由がある。そういう全世界が含まれる、この瞬間を捨ててどこにゆくところがありましょう。この瞬間を、われわれはおろそかにしてはならないのです。まだほかに重要な智顗の説がありますが、ここでは、これ以上詳しく言及することができません。

最澄は、そのようにインドでできた『法華経』を根本経典として、中国でできた天台智顗の学問をもとにして、ここに天台法華宗という教団の根拠地をつくったわけですが、これは当時の南都仏教側からみれば、とんでもない時代錯誤だと思われたにちがいない。なぜならば、天台の仏教なんていうのは唐の前の隋の時代に流行った仏教である、一世紀も二世紀も前のものだ。そういう時代遅れのものを、なぜいまさら復興するのか。

だいたい、日本の宗教でも学問でもそうですが、いつも海の向こうから、中国やあるいはヨーロッパから新しいものをもってきて、それを日本に植えつける。そして、一時代前にもたらされたものを批判して、新しい宗派あるいは学派をつくっていく。これが、だいたい日本の文化のルールです。ところが、そのルールを無視して、一時代前の中国の仏教をここへもってきた。これはどうにも、やはり理解できないことのように思われたにちがいありません。それはもちろん、最澄という人の内的信念の結果ですが、それだけではどうしても弱い。もう一つ最澄には確信があった。それは何か――。

日本の仏教は聖徳太子から始まった。その聖徳太子の仏教の正統な後継者が自分である、という確信を彼は強くもっているのです。聖徳太子は、『三経義疏《さんぎょうぎしょ》』という本を書きました。長い間、とくに戦後は、これは偽書という疑いを受けていたわけですが、私は再三読んで、これはまちがいなく聖徳太子の書であると思うようになりました。時間がないので詳しい話は略しますが、この書はまちがいなく日本で書かれ、なおかつ強い確信をもった人によって書かれていると思うようになりました。

そこで聖徳太子は、『法華経』をやはり根本経典としている。一乗仏教こそ仏教の中でいちばん優れたもので、一乗仏教の説かれたものは『法華経』と『勝鬘経《しょうまんぎょう》』のみであるという。聖徳太子は一乗仏教を、日本の国づくりにいちばん役に立つ仏教と考えた。なぜか。

一乗仏教は、三つに分かれた仏教を統一する仏教です。それは、仏教によって日本を統一しようとする太子にとって、もっとも好都合な仏教であると考えたのです。もう一つ、一乗仏教には平等という思想が強い。いままで、二乗すなわち声聞・縁覚は救いの対象から締めだされていた。その声聞・縁覚を、自分の救いの対象の中に入れてくる、こういう平等思想があるのです。この平等思想も、いままでの身分制を打破しなくてはならないと考えていた聖徳太子には、律令国家をつくるうえで、たいへん魅力的な思想だったと思います。一乗仏教には、統一と平等の思想がある。これは日本の国づくりにいちばん役に立つと、聖徳太子は考えたにちがいない。そして『三経義疏』を書いた。このように私は思っています。

この聖徳太子の伝統のうえに最澄は立っている。最澄はしばしばいっています。あのインドの霊鷲山《りようじゆせん》というところで、釈迦が『法華経』を説いたときに、いろんな人がそれを聞いていた。その聞いていた人の生まれ変わりが、いわゆる天台智顗であり、そして慧思《えし》である。慧思は天台智顗の先生ですが、慧思という人も天台智顗とともに、霊鷲山で直接、釈迦から『法華経』の教説を聞いたということになる。ところが当時の日本では、聖徳太子は慧思の生まれ変わりであると信じられていました。とすれば、聖徳太子も実は前世で智顗とともに霊鷲山で『法華経』を聞いたということになる。こういう、霊鷲山で仏の教説を聞いた太子の伝統のうえに立った天台の仏教を日本に広めるというのが最澄の確信なのです。

最澄は、こういう確信のもとで天台の教えを広めたわけですが、前にも述べたように、桓武《かんむ》天皇という支柱を失って、天台教団は危機に立つ。猛烈な攻撃が最澄に向けられるのですが、その攻撃にたいして、彼は論争というかたちで末永く天台教団の支柱になる理論をつくりあげるのです。

◎ 磐梯山《ばんだいさん》の東に広がる福島県河沼郡湯川村《ゆがわ》。会津若松市《あいづわかまつ》から北西におよそ十キロ、会津盆地のほぼ中央に位置する地に瑠璃光山勝常寺《るりこうざんしょうじょうじ》と呼ばれる古いお寺があります。平安時代の初め、奈良・法相宗《ほっそうしゅう》の僧、徳一《とくいつ》によって開かれたと伝えられるお寺です。

この徳一という僧こそ、南都仏教を代表して、天台の立場を展開する最澄と大論争をしたその人にほかなりません。

いま、勝常寺に徳一の像が一体伝えられています。徳一については、生没年代をはじめ、多くのことがまだわかっていません。若くして出家し、奈良・興福寺《こうふくじ》の僧、修円《しゅえん》に学び、のち東北に移って多くの寺を建てました。奈良仏教の法相学に詳しく、最澄や空海に論争を挑んだ一代の学僧であったといわれます。ただし最澄との論争については、徳一の著作が伝わらず、最澄の著作によって、その論争の趣旨を知ることができるのみです。

勝常寺の南東、会津若松市に近い磐梯町に勝常寺と同じ徳一を開基とする寺があります。徳一の廟《びょう》がある磐梯山恵日寺《えにちじ》です。当時の奈良仏教の堕落ぶりにも批判的だった徳一は、この地に来て草庵を結び、布教に努め、会津の仏教文化の一大中心地として発展する基礎を築きました。徳一廟として伝わる三重の石塔が藤原時代の面影を伝えています。解体修理のとき、基壇から百数十個の経石が発見されました。

誰によって、何のために書かれたのかわからぬまま、最澄が最大の論敵と認めた徳一の生涯は、まだ歴史の闇の中に半ば埋もれたままです。

徳一という人物については、よくわからないのです。あの藤原仲麻呂《なかまろ》の遺児だという説がある。藤原仲麻呂というのは藤原不比等《ふひと》の孫にあたり、藤原南家の武智麻呂《むちまろ》の子で、孝謙《こうけん》天皇の恩寵を得て、位人臣を極めたわけですが、道鏡《どうきょう》の出現で、彼は退けられる。そして乱を起こして敗れ、一族郎党みな殺された。その生き残りが徳一であるという説があるのですが、これは徳一の年齢からいって、ちょっと無理だという見方もあります。

しかし私は、徳一の中には何か、中央で志を得られず地方へ行かざるをえなかった、たいへんな才能ある僧を感じます。いわゆる時代遅れの仏教を天皇の庇護で認めさせた最澄にたいして、桓武天皇死後、多くの批判が起こった。しかし、最澄は前帝の寵僧ですから、いろいろ差し支えがある。それをはっきりいえない。おそらく私は、徳

最澄を激しく批判した徳一（勝常寺）

一は彼のいた会津という地の利で、地方から最澄にたいしてはっきりした批判ができたのではないかと思うのです。

徳一の著作物は、いまに伝わっていません。それで残念ながら、最澄が徳一に反論した論争の書物から、徳一の説を再建するよりしようがないのですが、私は、彼は相当な学者だと思います。実によく本を読んでいて、論理学がたいへん得意な僧のような気がします。つまり、ある説の矛盾をつく。それは、最澄の矛盾というよりは、最澄の先生にあたる天台智顗の矛盾をつくわけです。天台智顗の教説と『法華経』とはちがうではないか。さらに『法華経』はほんとうは釈迦の説ではあるまいという、そういう『法華経』批判にまでおよぶたいへんなものですが、どうも徳一には、「私こそは天台智顗にも勝るような大思想家である」というふうに思っているようなところがあります。

もし、徳一の著書が出てきたら、ここに空海や最澄に比すべき一人の大仏教思想家があったことが明らかになると思うのですが、たいへん残念なことに、著作物は湮滅《いんめつ》して現存しない。会津の恵日寺の徳一の墓に埋められた経石には、サンスクリット語が書かれているのです。たぶん経典の文だと思いますが、あるいは彼の説がサンスクリット語で書かれていたのかもしれません。彼が多少でもサンスクリット語が読めたことはまちがいありません。

こういうような烈しい勇気のある、そしてたいへんすばらしい、学問があって頭のいい徳一の反論によって、かえって最澄は自分の説を固めていく。それにたいする答えを出す。『法華去惑《ほっけこわく》』とか、あるいは『守護国界章《しゅごこっかいしょう》』といった本を書きますが、これは徳一の批判に答えながら自分の思想をつくっていったものです。その徳一の批判は、一種の形式論理で、AかBかというふうに追い込むものです。Aとしても矛盾してくる、Bとしても矛盾してくる、だから智顗の教説はだめだと、それをそのまま真に受ける最澄はなおさらだめだ、という論理です。そういうひじょうに鋭い論理に、最澄はいちいちていねいに答えていく。

それを見ますと、空海の論理とだいぶちがいます。空海は、何というか天馬空を行くような論理で、たとえていうと、大日如来の偈を出してそれを説明する。その説明に今度は自分の偈を出してくる。自分でつくった偈を、また自分でつくった偈で説明していく。ほんとに天馬空を行く、そういう自由闊達《かつたつ》なもので、よくわからないところがあるんです。日本の思想家でも、よくわからないことを書く人がありまして、そのほうが評判がよかったりしますが、最澄の著作はそうではない、よくわかる。しっかり読めばよくわかる、きちんとした論理をもっています。

私は、最澄のいちばん独自な思想は、「戒」の思想にあると思うのです。一向大乗《いっこうだいじょう》戒《かい》というのはまったく独自な戒で、これはまたあとでお話ししますが、純粋理論的な思想として最澄のもっとも重要な思想は、やはり私は仏性論《ぶっしょうろん》だと思います。仏性論については、天台の流れをくむ最澄の考え方と、徳一に代表される南都仏教の考え方に、大きな思想の相違点があるのです。

南都仏教の考え方はどういうことかというと、二乗の人すなわち声聞・縁覚の人たちはどうも救いようのない人間だ、人間の中にはどうも救いようのない人間がいるということなんです。お釈迦さんがどのように教えても、どうにも救いようのない、悪いやつや頑固なやつがいるということです。それからまた、救われるか救われないかわからないような人間もいる。救いようのない人間、救われるか救われないかわからないような人間、そういう人間がいるということです。これはある意味でいうと、人間の現実かもしれない。私たちは、いろいろな人と付き合いますが、どうにも救いようのないような人間がいると思わざるをえないときがありますね。もうどうにもしょうがないというような人たちもいるし、どうも救われるのか救われないのかわからないような人もいる。

それが現実かもしれませんが、こういう現実にもとづいて厳しい修行をし、この煩悩の世界からまぬがれようとするのが徳一の拠《よ》って立つ法相宗の立場です。この思想の根源には、世親の仏教がある。世親の仏教を中国へ移入し発展させたのが、あの『西遊記』で有名な玄奘三蔵《げんじょうさんぞう》ですが、すでに玄奘の理論が日本にそのころ入ってきていて、それが仏教界の主流を占めていたわけです。

それはまた、学問的にはたいへん精緻な体系をもっています。世界観としては、そこには何か暗い業《ごう》に支配されている人間にたいする諦観《ていかん》のようなものがあると思うのですが、この盛唐の時代に全盛した仏教、唯識の仏教が日本でもてはやされたのは当然です。

私はそのほうが釈迦の考えに近いと思うのです。やはり釈迦が考えたように戒律を守り、深い瞑想をし、透徹した智慧をもって悟りに入れるのは少数者です。可能性としては、あるいはそういう悟りに入る人はもっと多いかもしれませんが、先天的にどうしても不可能な人がいることも実感としてわかります。可能性をもっているにしても、厳しい修行をしなかったら容易に成仏できないと考えるのは当然です。すべての人が救われることができたら、なぜ苦しんで修行をするのかということになります。

そういう考え方にたいして、最澄はあくまで、すべての人間に仏性があると主張する。この説は、『法華経』および『法華経』と同じジャンルの経典といわれる『涅槃《ねはん》経《ぎょう》』で説かれているのですが、智顗および智顗の説をもっと新しくして天台を復興した六祖、湛然《たんねん》が明確に主張するところです。最澄は、この湛然の説を使って玄奘の説に反対しているのです。

最澄はあくまで、すべての人間には平等に仏性があり、善行を積めばこの世で仏になれなくても遠い将来には仏になれると主張する。最澄は、先ほども申しましたように、人間が生まれ変わることを考えているわけですから、次の世では仏になれなくても、何世にもわたって善行を積み重ねれば、必ずいつかは仏になれるというわけです。そういう意味で、あらゆる人に仏性があり、何度も生まれ変わるうちには、必ず成仏するという説を強く主張するわけであります。

仏性論といえば、空海の教説もまた仏性論が中心です。彼もやはりすべての人間に仏性を見るわけですが、彼は即身成仏《そくしんじょうぶつ》、すなわち人間はその身のまま仏になれるという教えを説くのです。それはまことに思いきった現世肯定の教えです。私は、最澄の場合は少しちがうように思います。彼はすべての人間に成仏の可能性を認めても、この身のままに成仏するとはいいません。肉体にたいする考え方に、空海と最澄の考え方には大きなちがいがあるように思います。

とにかく最澄は、天台智顗や湛然の説にもとづいて、すべての人間の中に仏性を認め、すべての人間の成仏の可能性を主張しました。そして、その成仏論は智顗や湛然を超えていったように思います。彼および彼以後の天台学者は成仏の可能性を、人間をはるか超えてあらゆる生きとし生けるものに広げます。そして、ついに生きとし生けるものを超えて、「山川草木悉皆成仏《さんせんそうもくしつかいじょうぶつ》」というところにいたります。それも中国天台に端を発する考え方ですが、最澄およびその後継者によって、その理論は日本天台、あるいは日本仏教全体の中心教説になるわけです。それは、善人と悪人の差異を少なくし、人間と動植物、動植物と山川の差異を少なくし、それらすべてを平等に見る考え方です。それは平等観の徹底ということになりますが、中国にその思想の源流があるとしても、なぜ最澄はそういう思想に感激し、それを日本仏教の中心思想にしたのでしょうか。

私は、そこにやはり日本の思想的伝統があると思うのです。『叡山大師伝《えいざんたいしでん》』には、たいへん興味深い話が記されています。最澄が渡海しようとして、豊前国《ぶぜんのくに》田河郡《たがわのこおり》賀春《かわら》の山の下に宿ったところ、夜、夢の中で、左の半身が人に似て、右の半身は石のような僧が来て、私を救ってくれといった。明朝、山を見ると、右側は崩れた岩が重なり、草木なく、夢で見た半身のようであった。それで法華院を建て、『法華経』を講じた。それが、いま神宮院と呼ばれ、その後、山の右側にも草木が生じて年々に繁茂したという。

この話は、私は、最澄の思想を考えるうえでたいへん興味深いと思う。彼の宗教は人間と草木がともに生きる宗教です。日本人はずっと古くから一つの信仰をもってきたと思われます。それは草も木も、山や川も人間と同じ生命を生きているものであるという考え方です。それゆえに、すべてのものが神であり、神性をもっています。それゆえに、人間が死ぬと必ず神になるわけです。人間ばかりか、いっさいの生きとし生けるものは死ねば必ず神になる。どんな悪人でも、また鳥や獣でも死ねば必ず神になり、そしてまた生まれ変わってこの世にやってくる。そういう哲学を日本人は何千年も、もちつづけてきたように思います。

最澄は、たいへん神さまの好きな仏教者です。最澄伝には、いたるところで神さまと仲良くした話が出てきます。おそらく、神さま好きの最澄の仏教理論には、いつのまにか日本の伝統的な神についての考え方が入っていたにちがいない。人が死ねば必ず神になるという伝統的な考え方に立てば、人が死ねば必ず仏になるのではないか。とすれば、仏性がすでにその人間の中にあるということになる。すべての人間ばかりか、いっさいの生きとし生けるものの中に仏性があるということになる。

最澄の仏性論は、もちろん『法華経』を土台とし、智顗や湛然の説にもとづいたものにちがいありませんが、同時にまた、このような思想的伝統をもつ日本において展開された説であることはまちがいありません。

第四章　戒律と教育

◎日々、秋の彩りを深める比叡《ひえい》の山。一九八六年十月十一日、延暦寺根本中堂《えんりやくじこんぽんちゆうどう》に近い戒壇院《かいだんいん》で「授戒会《じゆかいえ》」と呼ばれる荘重な儀式が営まれました。天台《てんだい》一門の頂点に立つ天台座主《ざす》が古式どおりに駕籠で到着します。

この日、全国から集まった僧は百十二人。この授戒会は、「梵網菩薩戒《ぼんもうぼさつかい》」という日本天台宗独特の戒律《かいりつ》を授かる式で、大乗戒とか円頓戒《えんどんかい》などの名でも呼ばれています。入堂がすむと扉が固く閉ざされます。ロウソクの明かりを頼りにすすめられ、関係者以外の目に触れることはできません。

この授戒会は、文殊菩薩《もんじゆぼさつ》・弥勒《みろく》菩薩の介添えによって、釈迦如来《しやかにょらい》から戒を授かるところが特色です。式のクライマックスは、天台の僧として、この菩薩戒を守ることを仏に誓うところです。誓いののち、三度鐘がつかれ、心身ともに菩薩僧となったことを知らされます。日本にこのような大乗仏教の戒壇を設立することこそが、最澄の悲願でした。

最澄に関して、はじめにその人生について、次にその理論についてお話をしてきま

最澄の悲願であった一向大乗戒壇設立は、没後七日目に認められた。（延暦寺戒壇院）

した。ただ理論といいましても、純粋理論――哲学的な理論についてでしたので、ここでは、実践的な理論についてお話ししたいと思います。

ここは比叡山の戒壇院の前ですが、この戒壇院設立に、最澄の晩年の悲願があったわけです。最澄が生きているうちは戒壇院設立が許可されず、最澄の死後まもなくつくられました。私は最澄の人生についてお話ししたときに、彼は二人の人間の死によって、天台宗という教団の基礎を確立したといいました。一人は桓武《かんむ》天皇、もう一人は最澄自身です。

延暦二十五（八〇六）年、桓武天皇が亡くなる直前に最澄は、天台宗を独立の宗派として認めてもらうことに成功しました。つまり、毎年二人が天台宗の僧として出家を許可されたわけです。ここに独立した宗派として天台宗が認められた。これが天台宗設立の第一歩ですが、それだけでは不十分だった。

比叡山で、最澄は優れた弟子を養成します。しかし、ここでは正式の坊さんの免許は取れない。正式の坊さんになるには、東大寺の戒壇院で戒を受けなくてはならない。東大寺の戒壇院は鑑真和上《がんじんわじょう》が始めたもので、その出張所のようなものが筑紫《つくし》の観世音寺《かんぜおんじ》と下野《しもつけ》の薬師寺《やくしじ》にありますが、それも東大寺の管轄下にあり、すべての坊さんはこのいずれかで戒を受けなくてはならないのです。

となると、南都の旧仏教の僧たちの権力は大きくならざるをえない。こういう権力を利用して、おそらく南都の僧は最澄を攻撃したにちがいない。最澄はパトロンを失うと、孤立無援になった。天台宗は独立したけれど、なかなか坊さんの資格は出ない。最澄の弟子たちが比叡山で修行をして、坊さんの資格を受けに南都に行く。そうすると、おそらく南都の坊さんは、待っていたかのように、「師を捨てろ、おれたちの中に入れば、坊さんの免許を与えてやる」といったにちがいないのです。となれば、よほど志操堅固な人でないかぎり、南都の僧に取り入ったり、ごまかしたりして戒を受け、正式な僧の資格を取る者が出てくるであろう。最澄の多くの弟子たちは、こういう試練を受けて師を捨てた。あるいは他の宗派に転向したり、あるいはどこか田舎に帰って行方知れずになってしまった。そういう人たちがほとんどであったわけです。これを最澄は悲しんだ。

そして最澄は、弘仁九（八一八）年、突如として天皇に新しい戒壇の設立を願い出ます。これが弘仁の「学生式《がくしょうしき》」といわれるものです。ちなみに、式というのは、「律《りつ》令格式《りょうきゃくしき》」というときの式で、律は刑法、犯罪を禁止する法ですね。令は行政法、これは組織のあり方を定めたもの。それに格というのは臨時の法です。式は、令の施行細目です。つまり令や式というのも法律なんです。その法の改正を最澄は天皇に申し出たわけです。

これはたいへんなことで、おそらく、それにはいろいろ最澄を支持してくれる人がいたと思います。それは、おもに最澄のパトロン、藤原冬嗣《ふゆつぐ》の権力を背景にした人びとではないかと思いますけれども、都の天皇と山の最澄を結びつけたのは、嵯峨《さが》天皇の近くにはべる光定《こうじょう》という最澄の弟子だったようです。嵯峨天皇というのは書の名人ですが、現在残っている親筆は、光定にたいする戒牒《かいちょう》（受戒の証明書）のみです。光定はよほど嵯峨天皇の信任を得ていたのでしょう。

おそらく、弘仁九年ころから最澄に一つの思想的転機があったように思います。彼は何かを思いつめたように、弘仁九年の春、東大寺で受けた小乗戒を棄捨する。そのときちょうど冬嗣から祈雨することを頼まれます。そして、その行《ぎょう》を無事行いました。あるいは宮廷で彼の力がふたたび強くなった機会を利用したのでしょうか。

◎ 新しい大乗戒壇を主張するにあたって、最澄はかつて自分が僧になるに際して授かった戒律を破棄する宣言を行っています。
当時の僧としての公的な資格を自ら破棄するというのは、まさに驚くべき自信と決断力といわなければなりません。そして、それに代わって新しい制度を提案したのです。

最澄は、弘仁九年から十年にかけて三回、叡山の規則を定めるとともに、大胆にも法の改正を要求する文書を天皇に提出しました。それがまとめられて、のちに『山家《さんげ》学生式《がくしょうしき》』として伝えられているもので、最初が「六条式（天台《てんだい》法華《ほっけ》宗《しゅう》年分《ねんぶん》学生式）」、次が「八条式（勧奨《かんしょう》天台宗年分学生式）」、最後が「四条式（天台法華宗年分度者回《え》小向《しょうこう》大式《だいしき》）」の三通からなっていますが、おもな主張は最後の「四条式」です。初めは叡山の学生の教育の理念や規則を述べていますが、最後に、もっとも重要な大乗戒壇設立という法の改正を主張している。最初の「六条式」に前文がついています。

例によって、最澄の言葉はまことに透明です。ここに「径寸十枚、これ国宝に非ず。照千・一隅、これ即ち国宝なり」という有名な言葉があります。以前は「照千・一隅」の「千」を「于《う》（ここ）」として、「一隅を照らす」と読まれていましたが、いまは、

「一隅」は「守一隅」の略で、千里を照らす者と一隅を守る者の意であるという説が出されています。私は、そう読めるかどうか文献的に確かめていませんが、さらに最澄は「能く言ひて行ふこと能はざる」僧は「国の師」、「能く行ひて言ふこと能はざる」僧は「国の用《ゆう》」と称揚しているわけですから、「一隅を照らす」というのは、いささか謙虚すぎる言葉のように思います。

とにかく、ここで僧が、行動と弁説という二点で四つに分類されているのです。行動も弁説も優れている者。行動は優れているが、弁説はだめな者。弁説は優れているが、行動がだめな者。両方ともだめな者です。行動も弁説もともに優れている者は少ない。それは国宝である。

しかし、二つが備わらなくとも、一つでも備われば使い道がある。弁説が優れていれば、先生にはなれるというわけです。たしかに大学教授というのは弁説に優れていますが、彼らに立派な行動を望むのは無理だというのでしょうか。しかし、それより弁説はだめでも行動が優れているのが、人間としてより立派な人であると最澄は考えていたようです。それは「国の用」、すなわち国に役立つ人間なのです。それにたいして、どちらもだめなのは「国の賊《ぞく》」。おそらく最澄からみれば、当時の僧たちはほとんど国の賊に見えたことでしょう。

そして、最澄は真の仏子のあり方を説きます。それは、「悪事を己《おの》れに向《むか》へ、好事を他に与へ、己れを忘れて他を利する」人間です。これは仏教の理想ですが、同時に儒教の理想であり、菩薩といい、君子といっても同じものであると最澄はいいます。ここに最澄の大乗仏教についての考え方があります。それは利他《りた》の慈悲ということです。ここには、十九歳のときの『願文《がんもん》』にあらわれているのと同じ理想があらわれています。最澄は一生を通じて、この利他の慈悲の理想を求め、それを実践した人なのです。

仏教のうちで、僧に二種類の僧がいます。小乗に属する僧と、大乗に属する僧です。道を求める心のある仏者は後者に、つまり大乗に属すべきです。ところが、いま日本には、小乗に属する僧のみがあって、大乗に属する僧はありません。だからほんとうの大乗仏教は広まっていないのです。どうか願わくは、先帝・桓武帝の御願であるわが天台に属する国家公認の僧たちを、永く大乗の僧となし、菩薩僧としてください。そうするときに、枳王《きおう》が夢に見た九匹の悪い猿たち、つまり悪い修行者はなくなり、文殊菩薩が説いた五つの修行者のうち、あとの三つの修行者、つまり大乗を修める修行者が数を増すでありましょう。この私の心、私の願いは、宝石を求めて海水を汲んだという大施太子《だいせたいし》のごとく深く、現在の世を利し、未来の世を利し、果てしない長い年月をへても、とどまるところがないでありましょう。

（「六条式」筆者訳、以下同）

これは、一見何気ない文章ですが、実にすごい内容です。なぜなら、ここで最澄は、日本は小乗の国であるといっているからです。日本には小乗に属する僧のみがいて、大乗に属する僧はいない。この言葉を読んで、当時の僧はびっくりしたと思います。なぜなら、日本の仏教は大乗仏教である。そう世間の人も僧たちも思っています。しかるに、最澄は日本に真の大乗仏教はなく、日本の僧はみな小乗仏教の徒であるといいます。

なんという厳しい批判。この批判の前に、最澄はすでに弘仁九年の三月に小乗の戒を捨てているのです。いってみれば、この必死の行動をもとにして、最澄は驚くべき言葉を吐く。日本に大乗仏教はない、大乗仏教を広めるのには、桓武帝の御願である天台宗の僧たちをほんとうの大乗仏教の僧、菩薩僧とすることによってのみ可能である、と。こう最澄は述べて、この菩薩僧を養成する六条の制度を説くのです。

およそ、法華天台宗に属する年分度者は、弘仁九年より、永くのちの世まで、大乗仏教の戒律を受けさせていただきたい。そして、その俗世のときの戸籍の名を除かず、そのうえに仏子としての名をつけ、『梵網経《ぼんもうきょう》』に説く十重戒、円教《えんきょう》の十善戒を授けて菩薩の沙弥《しゃみ》とします。そしてその出家の証明書は国家から発行していただきたい。

およそ、大乗に属する僧は、僧となった年に、先の十戒に四十八軽戒《きょうかい》を加えた仏子戒を授けられて菩薩の僧となり、その戒を受けたという証明書は、やはり国家から発行してください。このようにして、大乗仏教の戒を受け終わったら、叡山に住まわせて十二年の間、山を出ずに、止観業《しかんごう》、遮那業《しゃなごう》を修学させてください。

およそ、その菩薩僧のうち、止観業を修める僧は、年々毎日、『法華経《ほけきょう》』『金光《こんこう》明経《みょうきょう》』『仁王般若経《にんのうはんにゃきょう》』『守護国界主陀羅尼経《しゅごこっかいしゅだらにきょう》』などの国を護る大乗の経典を末永く講読させたく思います。

およそ、その菩薩僧のうち、遮那業を修める僧は、年々毎日、『大毘盧遮那経《だいびるしゃなきょう》』『孔雀明王経《くじゃくみょうおうきょう》』『不空羂索経《ふくうけんじゃくきょう》』『仏頂尊勝陀羅尼経《ぶっちょうそんしょうだらにきょう》』などの国家を守護する真言を末永く唱えさせたいと思います。

およそ、二つの業を修める学生は、十二年間、決められた学問を学び、決められた修行を行い、この成果に従って任用してください。よく行い、よくいうことのできる者はずっと山中にいて、多くの僧の長として国の宝といたします。よくいうが、よく行うことができない者は、国の師、国の学者として、よく行うが、よくいうことのできない人は、国の用、国の実際人といたします。

およそ、国の師、国の学者と、国の用、国の実際人は、官の命令によって、法を伝える教師や諸国の講師として任命してください。その国の講師に任ぜられている間は、毎年、安居《あんご》の法服料として支給される金は、彼が任命されたその国の官庁に納め、国司や郡司が管理して、その国の池や溝を修理したり、荒れたる土地を耕したり、崩れた堤を直したり、橋をかけたり、船をつくったり、樹や紵《あさ》を植えたり、麻や草を蒔《ま》いたり、井戸を掘り水を引いたりして、国家や人民の利益になることに使ってください。またそういう地方の講師は、もっぱら経を読み、心を正しくして、農業をしたり、商業をしたりする仕事に携わってはいけません。そうするとき、道を求める心ある人が、次々とわが国に出て、君子の道が永久に絶えないでありましょう。（同前）

最澄は、きわめて大胆な理想主義者ですが、同時にきわめて用意周到な現実主義者なのです。彼は、菩薩僧というほんとうの大乗仏教の僧をこの日本から生み出し、日本を真の大乗仏教の国にするために具体的な提案を行うのです。菩薩の沙弥から菩薩の僧へ。それは、いままでの小乗の沙弥、小乗の僧ともちがうもので、必ずそれには国家の証明書が必要であるというのです。

この国家から発行される正式の僧の証明書の欠如がどんなことになるか、最澄は身に染みて知ったはずです。そして菩薩僧には二種類ある。止観業と遮那業。天台の行をする者と密教の行をする者。こうして十二年の修行の仕方を最澄は規定していますが、また、そういう修行に耐えた学生の就職の保証をも要求しているのです。国の宝は山に置くが、国の師と国の用は地方に出ていろいろな仕事をさせてほしい。彼らはそれぞれたいへん役立つだろう。最澄は学生の卒業後の就職先をいろいろ心配して、それを国家に要求しているのです。

この「六条式」を提出したのは弘仁九年五月十三日ですが、また、その年の八月二十七日には「八条式」を提出している。これは先の「六条式」の細則であり、実に細かい規定がなされています。たとえば、どのように学生の試験をするかとか、あるいは山で用いるものは、どれだけを私物にするか、どれだけを官費によるか、あるいは規則に従わない者はどうするか、また卒業したら、どういう資格を与えるかなど、いろいろな規定を述べています。
　私はその中で、とくに第四条に興味をもちます。

　およそ、この天台宗で修行する学生は、僧になった年に大乗戒を受けさせます。大乗戒を受け終わったら十二年の間、山門を出さずに学問に専念させます。初めの六年間は、「聞慧《もんえ》」すなわち学問を学び聞くのを主とし、「思修《ししゅ》」すなわち自分の頭で思惟し修行するのを副とします。一日の三分の二の時間を仏教を学ぶのに用い、あとの三分の一の時間を仏教以外の学問をするのに用います。その間、長時間経典を講読することを行とし、法を施すことを業《ごう》とします。あとの六年は自らの頭で考え修行することを主とし、学問を学んだり聞いたりすることを副とします。止観業の人間は、詳しく四種三昧《ししゅざんまい》の行、すなわち常坐《じょうざ》三昧、常行《じょうぎょう》三昧、半行半坐三昧、非行非坐三昧の行を修めさせ、遮那業の人間には、仏部、蓮華《れんげ》部、金剛《こんごう》部のもろもろの仏の真言《しんごん》を念じることを修めさせます。
（「八条式」）

　ここで重要な教育理念を、最澄は何点か述べています。「十二年の間、山門を出さず」、これはたいへんなことです。山は寒くて食糧に乏しい、そういう山から十二年の間、下りてはいけないというのです。実際、学問には集中が必要です。集中して学問するためには、やはり外界にわずらわされずに一定のところにとどまることが必要です。最澄は、自分の体験からでしょうが、少年に十二年の蟄居《ちつきょ》を命ずるのです。

そして初めの六年間は、聞慧を主とし、思修を副とする。同感です。私は中学、高校の教育は、やはり最澄のいうように、聞慧を主に思修を副にするべきであると思います。

しかし、次の六年間は、思修が主となり、聞慧が副となるべきだと最澄はいうのです。私も大学の教育では思修を主に聞慧を副にするのがよいと思います。これは学問にとってたいせつなことです。いまの日本の教育は聞慧にたいへん重きをおいていると思います。日本の教育水準が高いのは、聞慧についてはいい教育が行われているからです。しかし、思修については、私はかなり不十分ではないかと思います。大学においても思修が十分行われていないのです。大学において十分に思修が行われないと、ほんとうの学問が育ちません。

それからもう一つ重要なのは、一日の三分の二の時間は仏教の勉強をし、三分の一はほかの勉強をせよということです。これはたいへん重要なことです。仏教の勉強ばかりしていたら、おのずから視野は狭くなる。最澄は視野の広い僧になるためには、三分の一は仏教以外の勉強をやれというのです。

また、ここで四種三昧の行を最澄は説きますが、三昧というのは夢中になることです。この山の寒さに耐え、貧乏に耐えつつ、修行をし学問をする。そうして修行や学問に夢中になれという。私は最澄の中に氷のようにとぎすまされた熱中を見ます。それは不思議な熱中で、多くの人に可能であるとは思えませんが、そこに、日本の歴史上で、あるいは世界の歴史上でもあまり類のない、透明な熱情があることはまちがいありません。

こうして「六条式」と「八条式」で菩薩僧の教育の仕方を述べながら、最澄はついに翌弘仁十年三月十五日、菩薩僧の養成のために必要欠くべからざる一向大乗戒壇《いっこうだいじょうかいだん》の設立を提案します。それが「四条式」です。ここに最澄の主張の中心があります。ここにきて、最澄の主張ははっきり、その本体をあらわしたといえます。

この第四条のうち三条までは、次のようにあります。

およそ、仏寺に三つの種類があります。

一つには一向大乗寺。はじめて修行をする菩薩僧が住む寺です。

二つには一向小乗寺。もっぱら小乗の修行をする律師《りっし》が住む寺です。

三つには大小兼行寺《けんぎょうじ》。久しく修行を積んでいる菩薩僧が住む寺です。

いま天台法華宗に属する年分を支給されている学生と、小乗から大乗へと心を変えて、大乗仏教をはじめて修行する僧たちは、十二年間、深い比叡の山の四種三昧院に住まわせて修行させ、その十二年の学業が終わったのちに、他人を救済するために小乗の戒律を受けたいと思ったら、仮に大小兼行寺に住まわせることを許すべきであります。

およそ、仏寺の上座に置く像は、大乗と小乗ではちがいます。

一つには一向大乗寺ですが、その上座には文殊師利菩薩《もんじゅしりぼさつ》像を置きます。

二つには一向小乗寺ですが、その上座には賓頭盧和尚《びんずるわじょう》の像を置きます。

三つには大小兼行寺ですが、文殊菩薩と賓頭盧和尚の二体の像を置きまして、小乗の懺悔《さんげ》を行う日には賓頭盧和尚を上座とし、僧たちは小乗戒を受けた順番に坐り、また大乗の懺悔を行う日には文殊菩薩を上座とし、僧は大乗戒を受けた順番に坐ります。このような儀式は、まだ日本では行われていないのです。

およそ、仏教の戒律には二つの種類があります。

一つには大乗の僧の受けるべき戒で、十の重い戒律と四十八の軽い戒律からなり、それを制して僧になります。

二つには小乗の僧の受けるべき戒で、二百五十戒の具足戒《ぐそくかい》からなり、それを制して僧になります。（「四条式」）

ここで最澄の主張している論理はたいへん明快です。寺には、一向大乗寺と一向小乗寺と大小兼行寺とがあって、その区別は仏寺の上座に、一向大乗寺は文殊菩薩を、一向小乗寺は賓頭盧和尚の像を、大小兼行寺には文殊菩薩と賓頭盧和尚の二体の像を置いているところにあるというのです。

ところが、天台法華宗に属する比叡山は一向大乗寺であり、そこはもっぱら菩薩僧の住むところである。そして、先の「六条式」の第二条にいうように、菩薩僧は菩薩戒を受ける必要がある。そして菩薩戒は十重戒と四十八軽戒から成り立ち、二百五十戒、すなわち小乗の戒律とちがう。こういうたいへん論理的な論証をへて、最澄は次のようにいいます。

およそ、仏教の戒を受ける儀式には二つの種類があります。

一つは大乗の戒を受ける儀式です。まず『普賢経《ふげんぎょう》』によって戒を授けると、三人の師とその証人を要請します。お釈迦さんに来てもらって菩薩戒を授ける師になってもらい、文殊菩薩に来てもらって菩薩戒の作法を実行する師になってもらい、また弥勒菩薩に頼んで菩薩戒の受戒の儀式を教える師になってもらいます。そして、十方にあるすべての仏さまに来てもらって戒を授かったことを証明する師になってもらい、また十方のすべての菩薩に来てもらって同じ大乗仏教を学ぶ友になってもらいます。

また現に生きている一人の戒を授ける師に来てもらって、仏ではない現にいる人間の師とします。もし、このような戒を授ける生きた人間の師がなかったら、千里の遠くから呼んでこなければなりません。もし、千里の遠くにもこのような戒を授ける師がなかったら、真心をもって懺悔すれば、必ずその目に仏や菩薩の浄らかな姿を見ることができるでありましょうが、そういうおのれが心にある仏の姿の前において、自ら誓い、自ら受戒すべきです。

いま、天台宗に属する年分の学生並びに小乗から心を変えて大乗に向かおうとする初修行者には、以上のような大乗戒を授けて、大乗の僧となすべきです。

二つは小乗の戒を受ける儀式です。それは小乗の受戒の儀式によって、現在の生きている十人の師に来てもらって、戒を授ける人間が一度戒の本を読むと、戒を受ける人間が三度「よく保つ」と答える儀式を行うことです。身も心も清浄な、戒律をよく保っている徳の高い僧十人を迎えて、戒を授ける三人の師と、戒を授かったことを証明する七人の師とします。もし、この十人のうち一人でも欠けたら、戒を受けることはできません。

いま、天台宗に属する年分の学生および小乗から心を変えて大乗に向かおうとする初修行の人は、このような小乗戒を受けてはいけません。しかし大乗の修行をすでに久しく行っている者は、その限りではありません。（同前）

この二つの戒は、どこがちがうのでしょう。それは、その精神が根本的にちがうように思います。大乗戒とは、仏に誓う戒です。釈迦と文殊菩薩と弥勒菩薩を証人として、十方四方の仏に誓うのです。そして、そこで戒を授ける人間の師は一人でよい、あるいは一人もいらない、と。心から懺悔をして心から誓えば、人間の戒師はいらないという立場です。これはまったく戒律を内面化したものです。

それにたいして小乗戒は、三人の戒師と七人のそれを証明する師に来てもらい、形式的な戒を授かるわけです。この戒について、最澄はいささか皮肉をこめて語っているように思います。この「身も心も清浄な、戒律をよく保っている徳の高い僧」という言葉には皮肉がこもっていると思います。言外に、そういう坊さんが十人もいるものか、だから小乗の戒は不可能だ、という響きがあります。おそらく、それは最澄の実感であったにちがいありません。鑑真和上によって東大寺に新しい戒壇がつくられたわけですが、おのずから戒師を務めるのは位の高い坊さんになる。たとえば、位が高ければ道鏡《どうきょう》のような堕落腐敗した僧でも戒師を務められるのです。とすれば、そういう戒師に授けられた戒律とはいったい何でしょうか。

おそらく、このような疑問は青年時代から最澄の強い疑問であったと思います。山に入った最澄はひとり仏に誓い、清浄な求道《ぐどう》生活に入ったはずです。そういうひとり仏に誓う戒こそ、ほんとうの戒、腐敗堕落した人間を戒師、証師として授けられる戒などはまったく不浄なもの、不浄な戒を捨てて清浄な戒に帰れというのです。

この「四条式」は、「天台法華宗年分度者回小向大式」といわれ、もっとも革命的な学生式です。現在の日本仏教の姿を小乗と批判し、小乗から大乗へ仏教を根本的に変えるために、一向大乗戒壇の設立が必要だというのです。そして最澄は、こういう仏教の大転換によってのみ、国が安泰になると主張します。これから日本国は大乗の国となれ、そうしたら、日本国は永久に安泰であるというのです。

これが「四条式」の内容ですが、これを読んで当時の人はどう思ったでしょうか。おそらく、冬嗣たち最澄ファンは、ここにあらわれた最澄の仏教改革に寄せる異常な

たにちがいありません。気迫と透明な理性にすっかり魅せられて、いよいよ最澄にたいする敬慕の念を厚くし

しかし、旧仏教の徒は、あらためてそこに驚くべき仏教の敵を見いだしたにちがいありません。いよいよここにきて、最澄の正体がはっきりしたわけです。彼らは多少、最澄を甘く見すぎていたかもしれません。桓武天皇が生きているときは、彼の横暴に苦しんだが、パトロンを失ったからには大したことはできまいと安心していた。最澄が何をいっても大したことはない。それは、ただ理論の問題だと思っていたかもしれません。しかしいま、彼はふたたび権力者と結びついて仏教の大改革を行おうとするのです。彼らが長い間信じてきた仏教を小乗として退け、彼らの権力の拠《よ》って立つ戒壇の独占を彼らから奪おうとするのです。ここにきて、最澄の野心はついに露わになったのです。

彼らからみれば、最澄はまちがった教説をもとにして、仏教に冥《くら》い権力ある俗人に取り入って、私利を図り、仏教を滅ぼそうとする不倶戴天《ふぐたいてん》の仏敵なのです。その仏敵の正体が露わになったからには、どうして仏敵の調伏《ちょうぶく》に立ち上がらずにおれようか。

嵯峨天皇は、この「学生式」を僧綱《そうごう》に見せます。僧綱というのは高い位についている僧で、すべての僧尼を取り締まる僧官職です。もちろん、それは南都六宗の僧で占

められています。これを見て、僧綱は激怒し、いままでは必ずしも仲のよくなかった僧たちも「最澄憎し」で団結するのです。そして、その反論の筆を大僧都の護命《ごみょう》がとります。

この序文を見ると、結局、法を立てるのは天皇の務めである。戒を定めるのは釈迦の仕事である。もともと仏教の戒は釈迦が始めたもの。仏教がインドから中国に入り、中国から日本に来ても、それについて何ら異存を唱える人がなかった。しかるに、まだ唐都へ行ったことのない、田舎にいてすぐに帰った最澄がみだりに式をつくって奉献するとは何事か。その文は浅漏《せんろう》にして事理詳しからず、法門を乱すばかりか、僧尼令にももとっている、と彼らは批判します。そして、そこに護命、長慧、施平、豊安、修円《しゅえん》、泰演などという当時の名だたる僧が名を連ねているのです。

これを見て、天皇はいよいよ困られたにちがいありません。それで天皇は、それを最澄の弟子で天皇のお側に仕えている光定に見せた。光定はそれを持って山に行き、密かに最澄に見せた。それを見た最澄は、どうしても、それに反論しなければならぬ。反論しなかったら、天台宗の存在も危うくなると思って筆をとり、天皇に献じたのが上中下三巻の『顕戒論《けんかいろん》』です。

この『顕戒論』を読むと、最澄は論争の達人であったと思わざるをえない。徳一《とくいつ》との論争もたいへんみごとなものですが、この南都旧仏教の徒すべてが最澄に挑んだ論争にたいしても、彼は実にみごとな反論をしています。あるところは真正面から論理を粉砕する。あるところは南都側のペースに乗って、彼らの言葉に従って論証をすすめ、その矛盾を指摘したり、あるいはからかったり冷やかしたり、彼には何か論争を楽しんでいるところがある。表面、穏和に見える最澄の中に意外な論争好きの闘志が隠れているのです。

『顕戒論』は上中下三巻に分かれていて、五十八条にわたって旧仏教の人たちの批判に答え、「四条式」の正当性と自分の説を述べています。いちいち紹介することはできませんが、まず、上巻はこういうことです。仏寺に大乗、小乗の区別がある、その大乗、小乗の中に、一向大乗寺と一向小乗寺と大小兼行寺との三つがある、と。これをまず証明する。それは「四条式」の第一条にあたる部分です。

次に「四条式」の第二条にあたる部分。一向大乗寺の食堂《じきどう》の上座には文殊さんを置くが、一向小乗寺の食堂の上座には賓頭盧さんを置く。ところが、奈良の寺の食堂の上座には賓頭盧さんが置いてある。賓頭盧さんを上座に置くのは一向小乗寺で、一向大乗寺ではない。したがって、奈良の寺は一向大乗寺ではなく、一向小乗寺であることになる。

ところが、そんなことを南都の坊さんたちはなかなか承知しない。文殊を食堂の上座に置いている寺なんてどこにもないんじゃないか。どこに文献的証拠があるか。インドや中国にあるというが、いままでの留学生《るがくしょう》はそういう報告をしていない。

それにたいして最澄は、いろいろな文献を引用しながら反論し、一向大乗寺がインドにも中国にもあり、その寺の食堂の上座に文殊が置かれているのはまちがいないという。

そして次に、「四条式」の第三条にあたる部分ですが、戒律には大乗の戒と小乗の戒があり、戒を受ける仕方がまったくちがうことを、やはり多くの経典を挙げながら論証しています。最澄は、おもに『梵網経』をもとに、その論証を展開しています。これが『顕戒論』の中巻です。

これで、重要な反論を終わって、下巻においては、そのほか細かい「学生式」にたいする疑問に答えているのですが、ここで彼は経典を引用しながら、時代思潮を語り、自己の心境を述べています。たとえば、「時を知りて山に住するの明拠を開示す」という章で、『法滅尽経《ほうめつじんきょう》』を引用しています。それは仏滅後五逆の濁世《じょくせ》になると、魔が沙門となり、酒を飲み、肉を食らい、淫佚《いんいつ》にふけって、立派な行を行う人を憎み謗《そし》るという話であり、その文を引いて、「今已に時を知る、誰れか山に登らざらんや」といっています。それは、明らかに当時の仏教への批判であり、ここで彼は、自分が山に登った理由を語っているのです。古都では、魔が僧となり、名利をむさぼって、淫佚にふけっているというのでしょう。

また、彼は、「未だ音声（慧）法門に入らざれば障礙の罪を犯ずるの明拠を開示す」という章で、『諸法無行経』を引いて、喜根菩薩をたたえている。喜根菩薩は音声の法門に通達している。善きことを聞いて喜び、悪いことを聞いて悲しみ、ほめ言葉を聞いて得意になり、くさし言葉を聞いて怒ったりするのは、音声の法門に達した人ではない。善きを聞いても、悪きを聞いても、ほめられても、くさされても、いつも同じ心でえいえいとして道を楽しんでいる人間、そういう人間こそ音声の法門を得ている人間だというのです。

おそらくここで最澄は、あの旧仏教をあげての自分にたいする誹謗の大合唱の中で、揺らぎもしない自己の心境を語っているのです。あるいは最澄も人間ですので、心が動揺することもあったと思いますが、彼はおそらく『諸法無行経』を読んで、喜根菩薩のようになりたいと、じっと心を鎮めていたのかもしれません。

◎大乗戒壇設立の願いも空しく時が流れ、ついに弘仁十三（八二二）年春、最澄は病

に倒れます。

「心形久しく労して、一生ここに窮《きわ》まれり」

万感の思いを込めて最澄は弟子に語っています。

「我が為に仏を作る勿《なか》れ、我が為に経を写す勿れ、我が志を述べよ」

弘仁十三年六月四日、最澄は五十六歳で、この世を去りました。そして、その七日後、大乗戒壇設立を許す旨が朝廷から届いたのです。

こうして、叡山に新しい戒壇が建ったわけですが、これがやはり、その後の日本の仏教の方向を大きく決めていきます。いったい、この最澄の主張をわれわれはどう考えたらいいのか。

はっきりいって歴史的にみれば、最澄の主張はまちがいだったと思います。中国にもインドにも、文殊を食堂の上座に置いている一向大乗寺があるということは、歴史的にみれば、まちがいです。そんなものはどこにもなかった。

また彼は『梵網経』にもとづいて、新しい戒律、十の重い戒律、四十八の軽い戒律を主張する。それは従来の二百五十戒に比べると、たいへん簡単になって、それは形式よりも精神を重視する、そういう戒律がインドや中国に行われていて、一向大乗寺の僧はそういう戒律によって戒を受けている。そう彼は主張するが、そういう戒はインドにも中国にも現実的に施行されていません。『梵網経』は戒について一つの主張をしていますが、実際に、そういう戒にもとづく戒壇が設立されたことは、インドにも中国にもなかったのです。その意味で、護命たちの批判は正しいのです。

しかし、私は理論的には最澄に十分に理があったと思う。なぜならば、大乗仏教は小乗仏教といわれる釈迦仏教から生まれてきたわけです。それは、形式にとらわれない自由な「空《くう》」の教えを説いた。それは有にもとらわれない、無にもとらわれない、衆生《しゆじよう》の中に入って自由に衆生を救い、菩薩道に遊ぶ新しい仏教を説いた。しかし、坊さんになるには、やはり戒律を受けねばならない。しかも、授戒の仕方は、依然として古い原始仏教のいわゆる小乗の戒律をずっと採用していたわけです。そこを最澄は批判する。「大乗仏教が成立した以上は、戒律も大乗仏教にふさわしい戒律に代えなくてはならない。小乗の戒律ではだめだ。小乗の戒律は形式的であり、戒をもっと内面化しなければならない」というのが、彼の考え方だと私は思うのです。『梵網経』の主張もそういう主張だったのですが、それは現実化しなかった。

最澄は、さらに『梵網経』の戒律論をいっそう内面化して、それを実行に移そうとします。これはまさに、大乗仏教の発展の必然の方向なのです。そして、最澄はとうとう、そういう内面的な戒律の戒壇をつくってしまった。インドにも中国にもない、純粋な大乗仏教戒壇を日本につくってしまった。

私は最澄の中にルターやカルビンの、とくに倫理性が強いという点でカルビンの面影を見るのです。そこで、いってみれば、既成の教会の秩序は否定される。宗教は神仏と人間との間の直接の対話にもとづくものとなります。そこで重視されるのは個人の内面の純粋性です。たえず仏との対話を続け、おのれの内面の煩悩《ぼんのう》を懺悔し、心の清浄を保てという。そして、山の寒気と孤独は、このような精神の純粋さを保つために絶対必要欠くべからざるものというのです。

最澄によって、日本は一向大乗戒の国となった。これはたいへんなことです。それ以後、戒律の考え方は変わってきます。法然《ほうねん》や親鸞《しんらん》、とくに親鸞によってはっきり主張される形式的な戒律の完全否定、肉食妻帯《にくじきさいたい》もかまわないという考え方は、最澄による戒律の内面化ということがなかったら、とうてい実現不可能であったと思います。そして戦後、ほとんどすべての仏教宗派は親鸞に倣《なら》って、肉食妻帯やむなしという方向にすすみました。それは、生活面において最澄とは大ちがいですが、しかし、最澄による戒律の改新の方向が、その後の日本仏教の流れとなり、現在のように戒律否定、あるいは戒律無視の方向にまでいたったことは否定できません。

たしかに、最澄は僧を面倒な戒律から解放しました。しかし、戒律から解き放たれた僧は堕落の一途をたどるのではないでしょうか。そこで、最澄は戒律の代わりに厳しい行と厳しい学問を命じるのです。十二年間、山から出るべからず。これは考えようによっては、二百五十戒というような厳戒より、もっと厳しい戒です。あの寒い、食糧の乏しい比叡山に十二年間も籠ったままでいることは、とても常人に耐えられることではありません。そのうえ最澄は、ひたすら学問せよというのです。それも、ただ天台教学のみをせよというのではありません。勉強の時間も三分の一は世間の学問に割けといっています。仏教もまた四宗兼学《ししゅうけんがく》、すなわち天台・密教・禅・律を学ぶべきだというのです。

天台と密教はすでに年分度で決められている学科内容です。それに、禅は天台の重視する修行の方法である止観業に近い。そして律は大乗の戒律で、それをはっきり理解しないと、南都仏教の批判にとても対抗することはできません。この四宗、四つの仏教学を山で兼学させようとするわけです。いわばこの比叡山は、わが国はじめてのユニバーシティ――それは天台仏教を学問の基本においていますが、仏教全体、あるいは仏教を中心としてすべての学問を学ぶ総合大学なのです。

最澄は、哲学者としてもすばらしいのですが、教育者としてもっとすばらしい。彼は日本ではじめての大学をここにつくり、その自由を確保したのです。たしかに、彼は時の権力者と取り引きしたかもしれませんが、その結果、政治を超えた学問の府がここにできたといえます。

やがて、この総合大学から次代を担うさまざまな人材が育ってゆくのです。そのことについて、次にお話しします。

第五章　日本文化と最澄

◎比叡山延暦寺《ひえいざんえんりゃくじ》、根本中堂《こんぽんちゅうどう》の南西に聳え立つ大講堂。一山《いっさん》の重要な法要や経典の講義が行われるところです。この大講堂の内陣の左右には比叡山で修行し、山を下って民衆に仏の教えを説き、新しい道を開いた日本仏教史上の高僧たちが祀《まつ》られています。

浄土宗《じょうどしゅう》の開祖とされる法然《ほうねん》上人。比叡山西塔《さいとう》の黒谷で仏道に励み、ただ念仏して往生を遂げる専修念仏《せんじゅねんぶつ》の立場を確立して、その教えを広めました。

浄土真宗《じょうどしんしゅう》の祖、親鸞《しんらん》上人。比叡山に学んだのち、法然の門に入り、専修念仏の立場を徹底させ、絶対他力、悪人正機《あくにんしょうき》の教えを説いて、大きな影響をおよぼしました。

時宗《じしゅう》の開祖、一遍《いっぺん》上人。伊予国に生まれ、比叡山に学び、衆生済度《しゅじょうさいど》のために全国を遊行《ゆぎょう》遍歴し、念仏を広めました。

日蓮宗《にちれんしゅう》の祖、日蓮上人。十六歳で得度、比叡山に登って『法華経《ほけきょう》』の教えに触れ、決定的な影響を受けました。日本第一の『法華経』の行者《ぎょうじゃ》を自認し、布教に努めました。

日本臨済宗《りんざいしゅう》の祖、栄西《ようさい》禅師。比叡山で得度し、中国へ二度渡って臨済禅を学び、その教えを伝えました。

曹洞宗《そうとうしゅう》の祖、道元《どうげん》禅師。比叡山で天台学を学び、中国で本格的に禅を修行し、只管《しかん》打坐《たざ》の厳しい道を説きました。

三塔十六谷からなる比叡山のいちばん北の六つの谷のある地域が横川《よかわ》と呼ばれるところです。最澄の時代には、横川はまだ開かれていませんでしたが、その弟子の慈覚大師《じかくだいし》円仁《えんにん》がここを開き、比叡の歴史に重要な役割を果たしました。横川の中心が横川中堂。昭和十七（一九四二）年、落雷によって炎上し、昭和四十六年に再建されました。そしておみくじの祖として親しまれている元三大師《がんさんだいし》良源《りょうげん》を祀る四季講堂。全国の元三大師信仰の中心地です。

比叡の歴史を語るとき、この横川を忘れることはできません。それは日本の浄土教の花がここで開いたからです。日本の仏教に大きな影響を与えた『往生要集《おうじょうようしゅう》』の著者、恵心僧都源信《えしんそうずげんしん》がここに籠って、仏道精進の末に極楽往生の道を説きました。法然や親鸞の浄土教をさかのぼると、横川の鐘の音が響いているのです。恵心僧都ゆかりの地、恵心堂の前に、「南無阿弥陀仏」の石碑があります。その下に『往生要集』の言葉が刻み込まれています。

「極重悪人　無他方便　唯称弥陀　得生極楽」

いよいよ「最澄を考える旅」の最終章です。いままでの私の話をもとにして、最澄とその仏教について、日本の歴史全体から、あるいは現代という時点における世界の全体的展望から眺めてみたいと思います。

私は今回、最澄について少し勉強をしました。そして、最澄にたいする見方が少し変わったんです。いままで私は最澄という人を、その名のごとく最も澄んだ人、徳が高く、学が優れ、このうえなく澄みきった人だと思っていました。いまでも最澄は、その人格の底に深い澄みきった泉をもつ人であるという確信は揺るぎませんけれど、もう一つ、最澄の別の面を発見したように思うのです。それは、最澄という人は現実処理のたいへん上手な人。いってみれば、権力者との付き合い方がたいへんうまい。そういう才能ももっていた人だということをあらためて感じたわけです。これは、私が大学の学長なん

円仁によって開創された横川中堂

かをやりまして、いささか俗事にかかわったせいだと思いますが、そういう面が見えてきたような気がします。

まあ、俗世の才をもっているという点では空海もたいへんなもので、空海は嵯峨《さが》天皇と結びついて、みごとに真言宗《しんごんしゅう》の基礎をつくります。しかし、最澄は負けず劣らず、そういうことのうまい人だと私はつくづく思いました。

私は、最澄は一生のうちで大きな賭《かけ》を二度したと思います。一度は、延暦二十五（八〇六）年、最澄が年分度《ねんぶんど》の付与と天台宗《てんだいしゅう》の認知を求めて上表したとき、もう一度は、弘仁九（八一八）年から十年にかけて、一向大乗戒壇《いっこうだいじょうかいだん》の設立を求める「学生式《がくしょうしき》」を提出したときです。私は、この二回の挙によって、最澄は日本天台宗の発展の基礎をつくったと思います。

仏教の宗派は、奈良時代以来、三論《さんろん》・成実《じょうじつ》・法相《ほっそう》・倶舎《くしゃ》・華厳《けごん》・律《りつ》の、いわゆる南都六宗があったわけですが、新たに一宗を加え、それを朝廷に公認させたわけですから、たいへんなことです。そればかりか、一向大乗戒壇の設立は、天台宗を南都六宗全体と同じ位置に高めたばかりか、日本仏教の性格そのものを変えた日本思想史上の大事件なのです。

だいたい一生で二度にわたって大きな賭に出るには、強い仏教の理想に燃える情熱とともに、機を捉えて思いきった行動に出る勇気がいります。それはふつう、宗教家や学者に要求される才能ではなく、卓抜な政治家、あるいは実業家がしばしばもっている才能です。私はいま、最澄にそういう才能を見て、驚いています。年分度の付与と天台宗の独立を認める勅許も、最澄が唐から帰る以前には不可能であり、また桓武《かんむ》帝死後でも不可能であったと思います。天台宗を一つの宗派として認めさせるには最澄が留学し、親しく天台と密教を学んできたという事実が必要だった。延暦二十三年、還学生《げんがくしょう》として遣唐使の一行に加わったのは、その学歴ゆえに、旧仏教の徒に侮蔑の目で見られがちな最澄に、大きな肩書をつけさせてやろうとする桓武帝の大御心《おおみこころ》から出たものではないかとさえ思われるのです。南都六宗はいずれも中国から移入されたものであり、各宗派には、それぞれ中国へ留学し、親しく本場の仏教を学んだ僧がいます。いくら天皇が最澄びいきでも、そういう中国で学んだ僧の存在なしに、天台宗が新しい一宗派として認められるはずがありません。

そう考えると、天台宗の認知は延暦二十五年七月、最澄が唐から帰る以前には起こりえなかったと思います。同時に、延暦二十五年の桓武天皇の死以後にも起こらなかったと思う。こういう、既成仏教の権威を大きく揺り動かすような仏教改革は、天皇の全面的な庇護なしにはとうてい不可能だったのです。その仏教改革を最澄は、重病の床に臥しながらも、なお強大な権力をもつ天皇の勅許によって、一挙に行ってしまったという感があります。おそらくそこには、悪霊の鎮魂《ちんこん》、病気の治癒に有効な密教の秘法を持って帰ったこの護持僧《ごじそう》の霊力によって、重病から癒されたいという桓武帝の不安な気持ちが勅許を可能にした、いちばんの原因があったのかもしれません。こういうことを冷たく計算していたとしたら、最澄は、いかなる政治家にもまして政治的天才であったことになります。

弘仁九年から十年にかけての「学生式」の提出についても、これまた、いろいろな情勢を十分考慮したうえでの、最澄一生一代の賭であったと思います。もちろん最澄には、ありあまる仏教改革の情熱と、またそれを説得する冷徹な論理があります。しかし、同時に彼は、これを出す時期、そしてそれにたいする宮中の反応についても深い読みがあったと思います。しかし今度は、前のようにうまくゆきませんでした。それは最澄と嵯峨天皇との関係が、桓武天皇との関係のように親密ではなかったからです。それで、おそらくは前のように、すみやかに勅許を期待していたにちがいない最澄の予期に反して、南都仏教徒との論争となったわけですが、私は、最澄は自己の死をも冷静に計算していたのではないかとさえ思います。

こういうことを考えると、最澄は仏教界の織田信長のような人だといえますが、あのやさしい最澄の風貌のどこに、このような決断と勇気が隠れていたのかと驚かされるのです。

しかし、このようなことをいうと、不快に思われる方があるかもしれません。だいたい宗教家が政治家と付き合うのがよくない。『法華経』にあるように、僧たるものは、けっして国王、大臣などという者に近づいてはならない。たとえ国王、大臣が近づいてきても、それを迎えるべきではない。なぜ最澄は一生山に籠っていなかったのか。

日本のインテリの多くは密かな老荘の徒なので、宗教家や学者が権力に近づくのを好まず、最澄や空海のような僧より、一生権力に近づかなかった親鸞や、権力から遠ざかったように見える道元を好みます。それは一理あります。最澄も空海も、親鸞や道元のように権力を拒否して、山から下りるべきではなかったという批判ももっともです。しかしそれでは、私は、天台宗も真言宗も存在せず、平安時代の仏教は奈良時代のそれとまったく変わっていなかったと思います。彼らには力が必要だったのです。力をもっているのは、やはり政治家や実業家です。釈迦すら、そういう力をもった人を頼って自己の教団を確立したのです。最澄や空海が仏法のために、少なくとも宗派のためにそれを行ったとして、彼らを責められるでしょうか。

しかし、権力との付き合い方が最澄と空海とではちがいます。最澄は宗教者として自分の意見を公に述べ、それにたいする勅許を請い、それによって仏教改革を行うという仕方で、彼の教団の基礎をつくってきました。彼の仕方は誰の目にもはっきりわかるのです。ですから彼は旧仏教から猛烈なる反撥を受け、一生、論争に明け暮れました。しかし、空海はちがう。彼はいつのまにか宮廷に入り、いつのまにか真言宗を独立の一派として認めさせたのです。彼は最澄のように論理をふりかざさず、融通無碍《ゆうずうむげ》に現実に対応し、教勢を拡大させたのです。空海は相手の懐の中に入り、いつのまにか相手を自家薬籠中のものとしてしまうたいへん卓抜な才能をもっていました。旧仏教側も、不思議に空海にたいしてはたいへん好意的なのです。

とにかく二人は、それぞれ多くの才能をあわせもつ巨人でした。時代の変わり目に出現した巨人によって、日本の仏教は大きく変わったわけです。そして、最澄から、私はほんとうの意味の日本の仏教が始まると思うのです。

◎ わが国に仏教が伝来して最澄の時代まで、およそ二百五十年。この最澄からほんとうの日本仏教が始まるとは、どのような意味でしょうか。お話は続きます。

最澄から日本仏教は始まるといいましたが、いや、それはちがう、日本仏教は聖徳太子から始まる、といわれる方があるにちがいない。そのとおりです。聖徳太子から日本仏教が始まる。最澄は、実は聖徳太子の伝統を受け継いで、その方向に日本の仏教をもっと発展させていった。そして、最澄以後の仏教は、すべて最澄の仏教と何らかの関係をもっている。いってみれば、日本の仏教はすべて最澄の仏教に入り、最澄の仏教から出てくるわけです。私が若いとき読んだヴィンデルバントという哲学者の言葉に「すべての近代のヨーロッパ哲学は、カントに入りカントから出る」というのがあります。これはややドイツ哲学びいき、カントびいきの言葉ですけれど、その言葉を最澄にあてはめて、「すべての日本仏教は、最澄に入り最澄から出る」といえると思います。

それでは、いったい、どのようにして日本の仏教は最澄に入るか。それにはやはり、聖徳太子の伝統を考えねばなりません。前に申しましたように、聖徳太子は『三経《さんぎょう》義疏《ぎしょ》』というものを書いた。『勝鬘経《しょうまんぎょう》義疏』『維摩経《ゆいまぎょう》義疏』『法華《ほっけ》義疏』です。その『勝鬘経義疏』の中で、こういうようなことをいっているんです。

「すべての仏教の中で、いちばん優れているのは一乗仏教である。一乗仏教というものは大乗仏教の一種であるけれど、それはふつうの大乗仏教では救いの外におかれた声聞《しょうもん》・縁覚《えんがく》という二乗を救いの中に入れてくる。だから、一乗仏教というものはすべての人を救う。それは大乗仏教、慈悲の精神のもっとも深いあらわれである。そして一乗仏教が説かれているのは、『法華経』『勝鬘経』である」と。聖徳太子は、日本を律令《りつりょう》国家にするためには、この一乗仏教思想がいちばんいいと考えたわけです。

なぜなら、そこには統一と平等という思想があるからです。天皇のもとに、従来の姓《かばね》という身分にとらわれない機能的な官僚国家をつくるには、統一と平等を重視する一乗仏教がいちばん有効なイデオロギーであると太子は考えたにちがいありません。この一乗仏教思想と律令国家の関係は、たいへん興味ある問題ですが、いまはこれ以上、それに触れることはできません。

最澄があえて時代の流れに反して、叡山に天台仏教の根拠地を立てて仏教革新を試みたのも、そういう聖徳太子の伝統があったからです。なぜならば、天台仏教は隋《ずい》の仏教で、その後、唐になって華厳仏教が流行する。そして華厳仏教のあとに密教が入ってくる。そしてまた、玄奘三蔵《げんじょうさんぞう》によって新しくインドからもたらされた世親《せしん》の唯《ゆい》識《しき》学の流れをくむ法相という新しい仏教が流行する。

つまり、唐の仏教の主流は華厳と法相で、それを取り入れて奈良仏教はできあがったのです。それにたいして、あえて一時代、二時代も前の天台仏教を復興しようとする最澄の理想はどこにあったか。それは、天台仏教は山の仏教で、清潔な仏教だという点にあったわけですが、その仏教をあえて日本に定着させるには、聖徳太子の権威が必要だったわけです。

そう考えると、法華仏教の伝統は聖徳太子に発し、最澄を通じてずっと日本の仏教の中心を貫いている。その流れは聖徳太子から発するが、いったん奈良仏教では絶えていた。それを最澄が復興させて日本仏教の主流とし、そこから、日本の多くの仏教が出てきたというべきです。

最澄は、いま述べたようになかなか現実的能力をもつ人ですが、片一方でいつも大きな夢を抱きつづけた悲しげな理想の騎士の面影がある。これが多くのパトロンや弟子たちの母性本能、あるいは保護本能を刺激するのです。弟子にたいしてもそうですが、泰範《たいはん》にたいする最澄の手紙を見ても、彼は驚くほど弟子思いです、まるで恋人のように。あるいは泰範にたいしては特別だったかと思いますが、私は、これは最澄の弟子思いの一つのあらわれだったと思うのです。最澄の弟子思いは、また弟子の最澄思いとなります。それで、最澄にはいい弟子が多いのです。また彼は、叡山をたんなる天台仏教の根拠地とはせず、天台・密教・禅・律の四宗兼学《ししゅうけんがく》の場所とする。そこから多くの学問が育ってゆくのです。そこが空海の高野山《こうやさん》とはちがう。高野山はやはり真言仏教の根拠地です。しかも空海は偉すぎて、真言の教義は空海一人で完成したようなところがある。しかし、最澄は、性格的にも、そして学問の質からいっても未完です。その未完の学問を、師を思う弟子たちが一所懸命に完成しようとするのです。

叡山は天台・密教・禅・律の四宗兼学の場所ですが、なんといっても、この教学の中心は天台です。ところが、ここを四宗兼学の場所とする最澄の精神によって、かえって天台仏教よりほかの仏教、つまり密教や浄土教などが流行する場所となります。それを嘆いて、もとの天台仏教にもどろうとする仏教の動きが起こるわけです。それはちょうど、いったんプロテスタントに宗教的指導権を奪われたキリスト教を、もとのカトリックにもどそうとするジェズイットの運動に似たところがありますが、この日本的ジェズイットの運動を起こしたのが鎌倉時代の仏教者、日蓮です。日蓮は、法華経信仰こそ日本国家の伝統的仏教であり、この信仰を失ったところに時代の混乱と人間の不幸があると考えたのです。日本を法華経信仰の国に帰し、日本をさまざまな難儀から守ること、それが熱血漢、日蓮の波乱に満ちた生涯を貫く悲願でした。

そして日蓮は、「南無阿弥陀仏」という法然の念仏の名号にたいして、「南無妙法蓮華経」という題目を唱え、利益を得るという新しい信仰のあり方を創案することによって、鎌倉仏教の教祖の一人になったわけです。この日蓮の流れをくむ仏教宗派は、浄土教や禅の系統の宗派と並んで、日本の仏教のもっとも有力な宗派となったばかりか、明治以後の日本のほとんどの新興仏教の生みの母となります。その意味で、聖徳太子→最澄→日蓮という法華仏教の流れは、日本の仏教、あるいは日本思想の本流となる大きな流れであると思います。

もう一つは密教です。先に述べたように、最澄は、天台宗の発展のためにはやはり密教が必要であると思いましたが、しかし彼が中国で学んだのは地方の密教で、空海のように都で本格的に密教を学ばなかった。それを彼は悔やみ、密教を学ぼうと空海に教えを請います。その後、再三、本を借りようとして断られ、彼は一生、密教を十分に学ばなかったことを嘆きつつ、死んでゆきました。師思いの彼の弟子たちは、師の願いを叶えようとしたわけです。それを叶えたのが、晩年の最澄の弟子、円仁です。彼は、承和五（八三八）年に入唐《にっとう》し、主として密教を学んで帰ってきます。それに次いで円珍《えんちん》。この二人の秀才によって、密教学においても、天台宗は真言宗に追いつくわけですが、しかしそれによって、日蓮が嘆くように天台宗は完全に密教化してしまった。

この密教化した天台仏教の生み出した思想が天台本覚論《てんだいほんがくろん》というものではないかと思います。それは先に述べたように、最澄の仏性論《ぶっしょうろん》にもとづきながら、それを一歩すすめて、山川草木すべてに仏性のあらわれを見、ありのままの世界を、まさに仏の表現として肯定する立場ですが、このような考えこそ、まさに日本仏教の中心的な思想であったと思うのです。

禅もまた、天台仏教に含まれているといえます。天台は止観業《しかんごう》を重視しますが、止観業というのは、やはり心の動きを止め、静かに事物の実相を観察しようとする行です。智顗《ちぎ》も最澄も、この止観業の適地として、人里離れた山中を選びました。止観業は天台仏教の一つの伝統です。鎌倉時代に出現した禅仏教は、もちろん中国から移入されたものであり、栄西も道元も、それぞれ渡宋して向こうの臨済禅、曹洞禅を学んできましたが、その根はやはり天台仏教の中にあったと思います。

とくに不幸な貴族の子として生まれた道元は、幼にして自らこの世を嫌って出家したのですが、この山にみなぎっていた俗気を嫌い、入宋して、やはり時代に取り残された曹洞禅を学んで帰り、ついに越前の山中に道場を設けて、そこで只管打坐の生活を送ります。私は、道元の生き方の中にどこかに最澄と共通するものがあり、彼の「身《しん》心脱落《じんだつらく》」という驚くべき教説は、やはり日本の山の深い霊気が生み出した、はなはだ独創的な思想ではなかったかと思うのです。

もう一つは律ですが、それはあくまで一向大乗戒の戒律思想です。つまり、最澄独自の戒律思想です。その戒律思想はインドや中国の戒律思想とちがって、はなはだ内面的な戒律思想であったと私は思います。一見、それは戒律がなきに等しい感じを受けます。つまり、従来、奈良仏教が授けた二百五十戒の厳しい戒律が十重四十八軽《きょう》戒《かい》になる。この点は、従来考えられてきた以上に重要な問題で、戒律の簡素化、内面化こそ日本仏教のもっとも大きな特徴です。

　のちに法然によって用意され、親鸞によってはっきり宣言された「善人なをもて往生をとぐ、いはんや悪人をや」という有名な言葉があります。それは、阿弥陀の慈悲は、自力の善を積むことのできる善人より自力では何一つできない悪人により多く注がれるので、善人より悪人のほうが極楽へいくことができるという考えです。こういう思想にもとづいて、親鸞は肉食妻帯《にくじきさいたい》もやむなしという態度に踏みきります。

　ここで、僧としての戒律は完全に無視されたように見えます。親鸞は、このようなわが身の悪を至心に懺悔し念仏を称えれば、往生まちがいなしというのですが、ここでも戒律が、ネガティブなかたちですが、信仰の一つの契機をなしているといえます。つまり、戒律なくして戒律を犯したという懺悔はなく、懺悔なくして至心に他力に頼って念仏を称えるという信仰も不可能です。ここで戒律は、否定的契機としてまったく内面化されますが、最澄による独創的な戒律思想の創造がなかったら、親鸞といえども、こういう大胆な戒律否定を行うことはできなかったと思います。

こういうふうに考えると、その後の日本仏教は、最澄が設けた四宗兼学の場から発展したといえましょうが、この四宗の中に入らないものがあります。それは、たとえば叡山を根拠地に発展した修験道《しゅげんどう》、あるいは浄土教ですが、戒律についての思想はともあれ、その教えは直接、四宗の中に含まれていません。これをどう考えたらよいのでしょう。また、叡山はこのようにさまざまな仏教を発展させたのですが、それはどのような特徴があり、また、それぞれどのように分かれているのでしょうか。いったい、日本仏教の共通な特徴というものがあるのでしょうか。もし、日蓮のいうように、日本が『法華経』の国であるとしたら、法華仏教がどうして日本の仏教の中心になったのでしょうか。日本の地が法華仏教に適していたと考えられますが、なぜ法華仏教が日本の地に適合していたのでしょうか。

こういう問題は、日本仏教の、あるいは日本文化のもっとも中心的な問題ですが、むずかしい問題で、容易に答えが出るとは思われません。いま、私は仮に一つの答えを出しておこうと思います。

日本は森の国です。日本ほど自然の森に恵まれている文明国は世界にありません。私は、シュメールの神話を読み、都市文明をつくった英雄ギルガメシュが最初になしたことは森の神の殺戮《さつりく》であったということを知り、たいへん驚きました。まさに文明は、森の神の殺戮に始まるわけです。日本でも、藤原京ができるとき、多くの森の木を切ったということが『万葉集』からうかがわれます。そこで詠われている田上山《たなかみやま》はいまでも禿山で、しばしば洪水の原因になっているのです。しかし、幸いに日本では森の神の殺戮がそれほど大規模に行われず、多くの森は現在もまだ残っているのです。

最澄はこの森が好きで、十九歳にして山に入り、終生、山を愛し山を住処《すみか》としました。ここに、日本仏教は都会仏教から山岳仏教へと変容するわけですが、仏教は山へ入ったことによって変容し、真の意味の日本仏教が生まれたと思うのです。なぜでしょうか。それは、やはり日本の山が仏教を変えたからだと思います。山には遠い遠い昔から神々が住んでいます。その神々が仏教を受け入れたわけですが、同時に仏教が神々から影響を与えられたのは当然なことです。

最澄が、もともと神を敬う心の篤《あつ》い人であったことについて、すでに最澄の人生を語るときに詳しく述べました。神護寺《じんごじ》の話といい、賀春《かわら》の話といい、神々と仏の親密な関係を物語るものです。この神と仏との親密な関係は、近くは八幡信仰から、遠くは役行者《えんのぎょうじゃ》にさかのぼるものですが、日本仏教が神道と仏教を融合する方向に決定的にすすんだのは、やはり最澄、空海による山岳仏教の出現によると思います。ここで、神と仏は争いをやめて共存関係に入ったわけですが、その結果として修験道という、わが国独自の宗教を生みます。それは明らかに、伝統的な山の宗教が仏教のかたちを通じてあらわれたものです。そして平安時代に出現する本地垂迹《ほんじすいじやく》という考え方も、そのような方向の中で生まれたものであることは疑いありません。

山は神々の住まいですが、また同時に死霊の住まいでもありました。日本人は、仏教が移入される何千年も前から、人間が死ぬと、その霊は山へゆき、しばらく山にとどまり、天へゆき、やがて女性の胎内をかりて、新しい肉体を得て、地上に再生すると信じてきたようです。柳田国男によれば、このような信仰は、仏教移入以後もずっと生きつづけ、つい最近までの日本人の死生観となったといいます。私は、柳田国男のいうことは正しく、日本人は仏教徒になってからも、浄土に往生することより、死して山へゆき、そして天にかえり、ふたたび地上に、おそらく孫や曾孫あるいははるかのちの子孫となって生まれ変わってくることを信じ、また、それを願っていたように思うのです。

日本人にとって、山は太古以来、死者の国であり、一度、山へゆき甦ってくる信仰こそ、まさに日本人の信仰であったと思います。日本に仏教が入ってきたときに、すでに仏教はあの世での再生の教えとして考えられたようです。聖徳太子が死んだとき、太子の妃、橘 大郎女《たちばなのおおいらつめ》がつくった天寿国曼荼羅繡帳《てんじゅこくまんだらしゅうちょう》というのは、そういう日本人の仏教の受け止め方をよくあらわしています。天寿国というのは阿弥陀浄土か弥勒浄土か、それとも道教の浄土か、いろいろな議論がありますが、私は仏教移入以前の日本人にとっても、人間が死んであの世へゆき、この世と同じ生活をすることは、きわめてあたり前の信仰であったと思います。

このように考えるとき、日本人は、すでに浄土教を受け入れる用意があったと考えねばなりませんが、浄土教は、とくに平安時代に全盛を迎えます。中国で浄土教が全盛になるのは善導《ぜんどう》の活躍した唐のころですから、日本での浄土教の全盛は、けっして外国文化の影響ということではありません。それは日本独自の思想の動きの中から生じたものであるといわねばなりませんが、象徴的にいうと、私は、山にいる死者の霊が平安仏教に大きな影響を与えて、仏教そのものを変質させたということができると思います。

日本の浄土教は円仁に始まります。円仁も孤独と瞑想を好む僧で、彼は最澄死後、初代の座主《ざす》にあたる義真《ぎしん》派との間の紛争に疲れて、横川で隠遁《いんとん》の生活を送っていました。そして彼は渡唐し、三代目の天台座主となります。円仁のもってきた念仏が、いわゆる天台念仏の起こりですが、浄土教は、同じく横川に住んでいた恵心僧都源信によって画期的な第一歩を踏み出します。そして彼は、『往生要集』という本を書いて、この世の苦、無常というこの世のはかなさ、きたなさを強調するとともに、浄土の美しさを口をきわめてほめたたえ、念仏によってこの極楽世界に往生することをすすめます。この場合の念仏というのは、仏をイマジネーションする、つまり仏の美しい世界を想像することですが、この念仏が法然によって口称念仏《くしょうねんぶつ》、つまり、口で「南無阿弥陀仏」を称えることであると解釈され、浄土教が大いに大衆化されます。

ふつう源信から法然、親鸞への浄土教の発展は、天台止観の伝統のもとに立つ観想の念仏から口称の念仏への変化と考えられています。それはそれでいいのですが、もう一つ別な面がある。平安時代の浄土教は山の浄土教、神さまと一体になった浄土教であった。たとえば、ちょうど『古今集』がつくられたころ、十世紀初めころから熊《くま》野詣《のもうで》が始まります。熊野三山は近畿地方にあるもっとも深い山ですが、山こそ死者の国であり、古くから日本人にとって霊場でした。この霊場が浄土信仰と結びついたのはきわめて当然です。熊野三山は浄土であり、とくに本宮こそ阿弥陀さまのおられるところです。蟻の熊野詣といわれたほどの熊野信仰を語らずして浄土教の歴史は語れないと思いますが、そこはまさに、仏教と同時に神道の霊場でもあったわけです。

私は、日本において浄土教を発展させたのは、仏教移入以前に、すでに何百年何千年の昔からこの山にいた死霊ではないかと思うのです。源信は、横川の山の間に落ちる入日を拝んで浄土を思ったと伝えられます。それが、おそらく源信の作といわれる「山越阿弥陀《やまごしのあみだ》」の図になるわけでしょうが、この山の間に落ちる入日の信仰は、折口《おりくち》信夫《しのぶ》が『死者の書』で触れたように、日本に古くからある信仰なのです。人は山の間に入る太陽に、死して甦る生命のシンボルを見、その二つの山をこの世とあの世の境にある門と見たのです。

私は、法然と親鸞の浄土教のもっとも大きな歴史的意味は、伝統的な神と結びついた日本の浄土教を神から解放し、純粋な仏教にしたと同時に、その根拠地を山から町に下ろした点にあるのではないかと思っています。とくに親鸞の場合、戒律の考え方がたいへん自由になる。親鸞の浄土教には悪人としての自覚が必要とされ、その意味で否定的契機としての戒律の思想が前提されますが、二百五十の戒を厳しく守っているインドや中国の僧からは、日本の僧、とくに浄土真宗の僧はまったく無戒のように見えます。このような親鸞の思いきった戒律思想が出現するためには、やはり最澄による大胆な戒律思想の変革が必要だった。親鸞の「愚禿《ぐとく》」という考え方、一向宗《いっこうしゅう》という名は、在家仏教という考え方とともに、その萌芽は最澄にあると考えられると思います。

浄土教について、なお重要な問題があります。それは仏教が葬式を行うようになったということです。私は、原始神道の面影をもっともよく残していると思われるアイヌや沖縄の宗教を見ると、原始神道の宗教的儀式の中心はやはり葬儀にあったと考えざるをえません。死者の魂を無事山に、あるいは天に送る、それはたいへん重要なたいせつな儀式なのです。無事天へ送ることは、ふたたび魂がこの世に甦ってくる前提になるわけです。それゆえ、人間のみか、いっさいの生きとし生けるものはみな、丁重な礼をもって天に送られるわけです。

『古事記』や『万葉集』を読むと、日本人は昔から、このような死者供養の祭りを行っていたと思われますが、もともと仏教は死者供養と無縁なものです。ある結婚式で薬師寺《やくしじ》の高田好胤《たかだこういん》さんにお会いしたことがありますが、好胤さんは「奈良仏教は葬式をせず、したがって、自分が結婚式に墨衣で出席しても縁起が悪いとはいえない」といっておられました。

仏教が葬式をするようになったのはいつのころのことか、よくわかりませんが、やはり、それは浄土教の影響であると考えざるをえません。だいたい日本の葬式には、昔から、たいへん多く死者送りの儀式が取り入れられていると思われますが、現在では、葬式は仏教儀式の主になり、日本仏教はすっかり葬式仏教になったと嘆く声も多くなりました。日本仏教を葬式仏教から解放しようという仏教改革運動が戦後、主として東本願寺の僧たちの間から起こりましたが、私は、この葬儀という宗教儀式には仏教移入以前からの伝統があり、いちがいに葬式仏教はよくないということはいえないと思います。

山はこのように、神々と死者の住処ですが、しかしそこは何よりも樹木と動物の住処です。大津の日吉《ひよし》神社の神のお使いは猿ですが、比叡山一帯は鬱蒼《うっそう》たる原始林に覆われ、そこに猿をはじめとして多くの動物が生きています。私は、日本で密教が栄えたのは、やはり日本人は自然信仰が強く、仏教の中でも、とりわけ自然信仰の色彩の強い密教を容易に受け入れたのではないかと思うのです。密教の中心仏は大日如来《だいにちにょらい》で、それは太陽を神格化したもの、宇宙の中心であり、いっさいの生きとし生けるものの根源をなすものです。私は、密教はもっとも多くヒンズー教の影響を受けた仏教だと思いますが、ヒンズー教には、日本の原始神道と同じように、すべての生きとし生けるものに共通の魂を見て、その永遠の回帰を願うという思想があると思います。

最澄は密教を重視しましたが、しかし空海とちがって彼は天台仏教の信者であり、密教をむしろ布教の手段としているところがあります。私は、最澄は空海のいう即身《そくしん》成仏《じょうぶつ》という思想を納得することはできなかったと思います。なぜなら、即身成仏は、その身のままに仏となることであり、その生身をもって自己が宇宙の最高実在である大日如来と合体することです。それは一つの神秘的体験ですが、私は、そういう神秘的体験に最澄は十二分に信頼をおかなかったのではないかと思います。最澄は自分がそのまま仏となるという考え方には、どうしてもなれなかったのではないかと思います。

最澄の文章には、いつも悲しいところがあります。たえず何か、他人のためにしようとして、それができない悲しみが、彼の文章にはあふれているのです。そして彼にはいつも、この世で善根を積み、今度生まれてきたときにもっとよい人間となって生まれてきたいという願いがあります。この世で自ら仏になることなど、彼にとっては、人間としてとうてい不可能な傲慢《ごうまん》な考えだと思われたにちがいありません。

空海は後世、遍照金剛《へんじょうこんごう》として、仏さまのように彼自身が信仰の対象となりますが、最澄にはそのようなことはありません。彼の内省の力と冷たい理性は容易に彼を仏とはさせない。この点は、彼は空海とちがいますが、山が好きなことは空海と変わらない。すべての人間ばかりか、生きとし生けるものすべてに仏性を見る彼の一乗仏教は、山を愛し、いっさいの生きとし生けるものに深い慈悲を注ぐ彼の人生の必然の帰結であるといえましょう。

このように、彼の天台は真言と結びつき、天台本覚論を生み出した。この天台本覚論の思想は、「山川草木悉皆成仏《さんせんそうもくしつかいじょうぶつ》」という言葉にもっともよく表現されています。ここにきて、人間の自覚の宗教であったはずの仏教が、完全に自然中心の宗教に転化したといえます。仏教が完全に日本の仏教になった。そして、このような思想の中から、法然、親鸞、栄西、道元、日蓮が育ち、立場はちがいますが、それぞれ天台本覚論の影響を受け、その思想を別のかたちで展開していったのです。

私はいま、天台の思想に強い興味を覚えます。それは森に生まれた仏教思想だからです。いっさいの生きとし生けるものの共存を前提とする仏教だからです。このような仏教が、なぜ日本において仏教の中心となったのか。それは、日本の仏教が森から生まれた仏教であったからです。森の神は、日本では幸いにしてシュメールのように虐殺に遭わなかった。森の神が、最澄という誰よりも森を愛する僧をして、日本的な仏教を創造させたともいえます。

私はいま、人類は大きな危機に立っていると思います。その危機の原因は根本的には自然破壊と人間の傲慢にあります。都市文明を人間がつくりだして以来、自然破壊と人間の傲慢という罪が人間の中に広がっていった。それから五千年たって、この罪は広がり、もはやこの危機にたいして人類は、実際何らなすすべもないというありさまのように見えるのです。

明治以来の日本人の中で、こういうことにはっきり気づいたのが宮沢賢治です。賢治は、誰よりも最澄が好きでした。「ねがはくは　如法如来　正偏知　大師のみ旨ならしめたまえ」という碑が、いま、根本中堂のすぐ前に建っています。賢治は童話で『法華経』の精神を語ろうとしたのです。賢治も最澄のような理想に満ちた蒼白い騎士の悲しさと、いっさいの生きとし生けるものとともに遊ぶ楽しさをあわせもっている人です。その意味で賢治は、思想的にも人格的にも、最澄の徒であると思います。

最澄が寺を開いて、すでに千二百年余。いま一度、この偉大な最澄を想起することが、現代文明を考えるうえでも必要であると思うのです。

最澄と天台本覚思想

■東洋思想と西洋思想

延暦《えんりゃく》七（七八八）年、最澄は比叡山《ひえいざん》に一乗止観院《いちじょうしかんいん》を建立し、ここに、インドにおいてつくられた『法華経《ほけきょう》』を中心とし、六世紀の中国の僧、天台智顗《てんだいちぎ》によって大成された天台仏教の根拠地をつくろうとしたが、独自の教学をたてようとする意志は何らもたなかった。

一般に東洋の思想が西洋の思想と異なるのは、西洋の思想はあくまで個人が中心であり、自分が先行する学問の歴史の中でどのような独自の学説をこしらえたか、ということが重視されるのにたいし、東洋において重んじられるのは、個人の独創性より伝統の正当性である。これは、儒教でも道教でも仏教でも、東洋思想の共通な性格である。いかなる新しい学説も、新しいというだけではけっして受け入れられないのである。むしろ新しいものは、新しいという点で受け入れがたいものなのである。それで東洋において多くの独創的な思想家は、古い権威を引っ張りだし、むしろ自己の学説がその古い権威によって立証されていることを強調する。

大乗仏教の出現とともに、釈迦の直説であると称する無数の大乗経典が出現したのも、そのためである。大乗仏教の発展段階の最後に出現した密教もまた無数の密教経典を生み出したが、それは大日如来《だいにちにょらい》から密かにその内証の智慧《ちえ》を受けた龍樹《りゅうじゅ》（真言《しんごん》密教では龍猛《りゅうみょう》という）の書いた経典が秘蔵されていたのを新しく発見した、というかたちをとらざるをえないのである。天台仏教においても、そのようなことがあてはまる。たとえば、最澄は『内証仏法相承血脈譜《ないしょうぶつぽうそうじょうけちみゃくふ》』なるものをつくっているが、それはいかに釈迦の正説が自己のところまでやってきたかを主張しようとしているものである。そういう態度においては、思想の独創性なるものは、伝統の正統性の仮面の下に隠されてしまう。最澄は、ただ釈迦以来の正統な仏教を述べているのみで何ら私見を述べているのではない、と自ら語っている。にもかかわらず私は、最澄の天台教学は、たとえば、同時代の空海の真言教学と同じような独創性をもっていると思う。

どちらかといえば、空海ははなはだインターナショナルな思想家であった。彼は中国でたいへん評価され、いまなお中国においては、日中友好のかけ橋をつくった僧として評価が高い。それはもちろん、彼が漢文をよくするとともに中国の人たちと深い交わりを結んだということにもよるが、そればかりではない。彼の思想はインターナショナルな色彩が強かったせいである。しかし最澄はちがう。彼は、自己の天台教学が三国伝来であり、自己に私心なく釈迦以来のもっとも正しい正法を伝えているのだと語っているが、彼の思想の中には、かなり中国天台とちがう独自なものがある。それは、最澄が空海ほど長く唐に滞在せず、中国文化の理解において空海に数段遅れをとっているということにのみよるのではない。彼は帰化人の子孫だといわれているが、祖先が渡来してから最澄にいたるまで、すでに何百年かの時がたっている。最澄の思想を帰化人の思想として理解することはできない。何百年もたっていれば、おのずと日本人化するものである。むしろ私は、最澄は意識的にはインターナショナルの思想家であったが、無意識のうちにナショナルな思想的伝統のもとに立って仏教を変容し、日本仏教の基礎をつくった人ではないかと思う。

■二つの自己弁明の書

最澄の漢文は空海の漢文よりはるかに和臭の強いものであり、中国人の目から見れば、それは空海の文章より評価が落ちると思われる。しかし日本人の目から見れば、まぎれもなく、そこに一人の日本人がいて、彼が全身全霊をもって悩みつつ真理を探究していることがよく理解されるのである。彼が十九歳のときに書いた『願文《がんもん》』を、空海が二十四歳のときに書いた『三教指帰《さんごうしいき》』と比べてみると、そのことがはっきりわかる。『願文』も『三教指帰』もともにたいへん優れた文章であり、平安仏教を二分する最澄と空海という偉大な仏教者が、若くしてすでに仏教にたいする強い情熱と、仏教のみでなく諸学についても広い知識をもっていたことがよくわかる。この二つの書は、ともに自己弁明の書ではないかと私は思う。

十九歳にして最澄は山に入った。最澄は比叡山の麓に住んだ裕福な帰化人である三津首百枝《みつのおびともももえ》の子であるが、父母ともに熱烈な仏教信者であった。最澄を僧にしたのは、そのような父母の仏教信仰心のあらわれでもあったが、おそらく当時、平民にして出世する道は僧侶になること以外、不可能であったことを考えると、やはり父母は、天皇や貴族たちの厚い加護を得て華々しく活躍していた高僧たちを目標に、わが子に立身出世の夢を託して最澄を出家させたにちがいない。そして最澄は、その父母の期待に応えて、十二歳にして近江の国分寺に預けられ、そこで師、行表《ぎょうひょう》のもとで学問を積んで、延暦四（七八五）年、十九歳にしてようやく東大寺で具足戒《ぐそくかい》、すなわち正式な僧としての戒を授けられたのである。まさにそれは国立大学を卒業したということであり、最澄の前には洋々たる未来が開けていたはずである。ところが、最澄はその洋々たる未来を拒否するかのように、ひとり山に入ってしまった。これはおそらく、父母をはじめ親戚一同の期待を裏切る行為であったにちがいない。

空海もまた、僧になるにはやはり弁明を必要としたわけである。彼は讃岐国多度郡《さぬきのくにたどのこおり》屏風浦《びょうぶがうら》に、地方の名門、佐伯《さえき》氏の家に生まれた。佐伯氏はヤマトタケルに従って蝦夷《えぞ》を征討した功でその土地を賜ったという由緒ある豪族であるが、徐々に衰え、斜陽の運命にあった。この斜陽の運命にある一家を再興しようとする一族の期待が、少年時代から秀才の誉れ高かった空海に注がれたのである。彼はその期待を背負って十八歳にして上京、大学に学んだ。しかし、どうしたわけか、その大学の学問が彼を満足させなかったのである。彼は大学で教えられる儒教より道教を好み、道教より仏教を愛し、仏教に夢中になり、大学を中退し、乞食僧《こつじきそう》の仲間に入って放浪の生活を続けたのである。これもまた、最澄の場合と同じく、一族の期待を裏切る行為であり、弁明を必要としていたことはまちがいない。

私は、『願文』も『三教指帰』も、このような自己省察と自己弁明を兼ねた著述であると思う。そのどちらにも、きわめて激しい自己批判の言葉が出てくる。

ここにおいて、愚が中の極愚、狂《おう》が中の極狂《ごくおう》、塵禿《じんとく》の有情《うじょう》、底下《ていげ》の最澄、上《かみ》は諸仏に違《い》し、中《なか》は皇法に背き、下《しも》は孝礼を闕《か》けり。謹んで迷狂の心に随ひて三二の願を発《ほっ》す。無所得を以て方便となし、無上第一義のために金剛不壊不退《ふえふたい》の心願を発す。

（『願文』前掲書）

これを思うと、わが身は、愚かな人間の中でももっとも愚かな人間、狂える人間の中でももっとも狂える人間、頭は丸めても心汚れた生臭い人間、人間の中のくずのくずであります。これは、上には諸仏の教えにたがい、中には国家の法に背き、下には孝養の礼儀に欠けています。この私が、迷い狂う心のままに、二、三の願いを発し、何ものにもとらわれないことを手段として、このうえもなく貴い仏教の真理を体得するために、ダイヤモンドのように壊れず、けっして退くことのないかたい願いを立てました。

（筆者訳）

これに似た言葉が空海の『三教指帰』に出てくる。

力を肆《の》べて畝《うね》に就むとすれば　曾《かつ》て筋力《きんりよく》無し
角《つの》を扣《たた》いて将に仕へむとすれば　既に寧《ねい》が識《しき》無し
智無くして官に在れば　譏《そしり》を空職《こうしよく》に致す
貪《むさ》ぼること有つて素飡《そさん》すれば　誡《いましめ》を尸食《しいしよく》に遺《のこ》す

濫竿《らんう》の姦行《かんかう》は　已《すで》に尤も直《なほき》に非ず
雅頌《がしよう》の美風は　但《ただ》周の国にのみ聞く
彼の孔の縦聖《しようせい》なりし　棲遑《せいくわう》として黙《もだ》さず
此れ余が太《はなは》だ頑《かたくな》なる　当に何《いづれ》の則《のり》にか従ふべき
進まんと欲するに才無し　退かむとするに逼《せ》め有り
進退両《ふたつ》の間《あひだ》　何ぞ歎息すること夥《おほ》き

「農業にたずさわろうにも体力はないし、仕官しようとしても寧威《ねいい》のような智力もない。

　智力がないのに任官すれば無能だとそしられ、地位にかじりついていれば、月給泥棒だと言われる。

　才能もないのに職について無能をさらけるのは正しいことではなく、人々にあざけられるだけで恥かしいかぎりである。

　あの孔子でさえいつも忙しくじっとしておちついていられなかったのに、私のようなたいへん愚かものはいったいどうしたらよいのだろうか。

　進もうにも才能がなく退ぞこうにも事情が許さない、進退両方にはさまってただただ嘆くばかりだ」

（渡辺照宏編『最澄・空海集』「日本の思想」筑摩書房）

この二つの文章を比べると、当時の文章作法に従えば、空海の文章のほうが優れた文章であるにちがいない。当時の文章の模範は四六駢儷体《しろくべんれいたい》の文章で、しかもたくさんの故事を引きつつ自分の心情を述べるのをよい文章とする慣わしであった。この観点からみれば、空海の『三教指帰』は模範的な文章である。それにたいして最澄の文章は四六駢儷体の体裁をとっているが、しかし語彙《ごい》も空海ほど豊富ではなく、引用も少ない。そして内容がまったく激しい。

空海が「進まんと欲するに才無し　退かむとするに逼め有り　進退両の間　何ぞ歎息すること夥き」というのは、立身出世を諦めて仏教に熱中して、父母親戚の期待を裏切った自分の立場をいっているのであろう。大学へ行って学問を積もうとするけれど、その才能がないという。才能がないというよりは、すでに空海は立身出世ということを諦めざるをえなかったのであろう。当時、藤原氏の独裁体制はすすんでいて、中央貴族からみれば、明らかに身分の低い地方豪族の生まれである彼の前途に栄達が待っているとは、とうてい考えられなくなっていた。しかし、そうかといって、仏教に熱中し坊さんになるわけにはいかない。それは親戚の期待を裏切り、彼らを悲しませることである。そこで、責めは空海自身にかえってくる。それがまさに「退かむとするに逼め有り」という言葉になるのである。進退きわまって書いたのが、『三教指帰』の文章であるというのだろう。そこには、たしかに厳しい自己反省があるが、その言葉は最澄の言葉と比べれば、まだおとなしい。

最澄は自分を「塵禿の有情、底下の最澄、上は諸仏に違し、中は皇法に背き、下は孝礼を闕けり」という。おそらく、正式の僧の資格を得、明るい未来を約束されたのに、その未来を拒否して山に入るのは、まさに「愚が中の極愚、狂が中の極狂」の行為であったのだろう。それは諸仏にたがい、皇法に背き、孝礼を欠いた行為にちがいないが、それを最澄は最大限に激しい言葉で表現しているのである。それは、あるいは当時の文章作法にもとり、文章の品格を落とすことかもしれないが、こういう言葉を最澄は書かずにはいられないのである。

私はこういう言葉を見ると、最澄の築いた比叡山で学び、そして師、法然《ほうねん》に従って浄土の教えを広めた親鸞《しんらん》のことを思い出す。この厳しい言葉は親鸞の言葉と双璧である。その点で、すでに最澄の中に親鸞がいるし、あるいは親鸞は最澄のこういう側面を発展させたといえるかもしれない。

■『願文』と『三教指帰』のちがい

最澄の『願文』も空海の『三教指帰』も同じように自己弁明の書であるが、その体裁はまったくちがう。最澄はそこで、自分の願いを語っているのである。自分はたしかにそのような愚かで狂った人間であるが、しかし、そういう愚かで狂った心に従って五つの願を発したというのである。それは、無所得を方便《ほうべん》として、無上第一義のために、金剛不壊不退の心願であるという。つまり、自分は何ものをも所有せず、何ものにもとらわれない心になることによって、ダイヤモンドのように壊れず、けっして退くことのない悟りに達したいというのである。この五つの願いは結局、仏と同じ心になりたい、仏と同じ心になるまではけっして人間と交わらない、ということなのである。都会は煩悩《ぼんのう》の巣窟《そうくつ》である。わけても奈良の都は権力と名誉欲の渦巻く場所である。そして都にある仏教は貴族の保護によってすっかり世俗化してしまった。そこにあるのは、俗人の世界以上に物欲、色欲にとらわれた世界なのである。そういう世界に交わっていたならば、とても釈迦と同じ心になることはできない。彼はひとり山に入って勉学をし、修行して、釈迦と同じ心になろうとしたわけである。そして、そのような心になるまではけっして山を下りて俗人に交わるまい、と彼は心にかたく誓ったのである。

『願文』はまさに、このような最澄の信仰の主観的告白の書である。しかし『三教指帰』はちがう。これはみごとな文学的構成をもっている。これは一人の放蕩児《ほうとうじ》を改《かい》悛《しゅん》すべく、儒教と道教と仏教の師が、それぞれ説得するという筋なのである。儒教の先生も道教の道士もその放蕩児を説得し、いちおうは成功するが、最後に仮名乞児《かめいこつじ》が登場し、儒教や道教よりも仏教が優れていると説く。そして儒教の先生も道教の道士も、仏教が儒教や道教に勝っているということを認めざるをえなくなるのである。この『三教指帰』を読むと、人物の設定もみごとであり、筋の展開もはなはだ巧妙である。いわばこの本は弁証法的なかたちをとっている。つまり、前の段階の思想が次の段階で克服され、その次の段階でその前の段階が克服されるというかたちである。そして世界観は順次高められ、仏教にいたるというわけである。このような方法論は、空海ののちの著作である『十住心論《じゅうじゅうしんろん》』や『秘蔵宝鑰《ひぞうほうやく》』にも見られ、たんに仏教を最高とした『三教指帰』の弁証をさらにすすめて、もろもろの仏教の中で密教が最高のものとして位置づけている。

それはともかく、『三教指帰』では、空海は自己弁明を思想の客観的展開として行っているのである。そこで語られるのはあくまでも思想の展開であり、思想の価値判定である。いわば彼は、そこで一つの教相判釈《きょうそうはんじゃく》を、俗世間の世界観、儒教の世界観、道教の世界観、仏教の世界観の価値判定を行ったわけである。そこにおのずから自己の思想の発展過程が述べられ、父母親戚の期待を裏切って乞食僧の群れに投じた自己弁明がなされているのである。空海は最澄とちがって、自己弁明をも客観的な教相判釈のかたちでしている。そのへんに二人の思想と性格のちがいがある。

このように、最澄ははなはだ謙虚な人格であり、彼の思想がまったく仏教の正統な流れの中にあると自ら信じてはいたが、しかし、その内面において彼は、たいへん自己に忠実な人であり、おのずからそこに独自の説を創造せざるをえなかった。とすれば、われわれは最澄の謙虚な言葉の裏に隠された独自の思想を探りださなければならない。それはいったい何であろうか。

私はそれを三点において考えたい。一つは「仏性論《ぶっしょうろん》」、一つは「戒律論《かいりつろん》」、もう一つは「教育論」である。それらは相互に密接に関係している。戒律論は仏性論と離れがたいし、また教育論は戒律論と深く関係している。しかし私は、ここでいちおう、この三点それぞれについて、その中に含まれる最澄独自の思想について考えてみたい。大まかにいえば、一は純粋哲学の問題、二は実践哲学の問題、三は教育哲学の問題である。

■最澄の代表作は論争の書

思想家というものは、どこかで、自分の思想体系を一つのまとまった書物によって表現したいという欲求をもつものである。たとえば、空海の『十住心論《じゅうじゅうしんろん》』は、彼が最高の仏教だと考える真言《しんごん》密教がどのように優れた仏教であり、人類の最高の思想であることを弁証法的な方法によって論じた書物である。この最高の境地、真言密教の立場は本来、行《ぎょう》によってしか達せられない境地とする。そのことについては詳しく述べられていないが、『十住心論』は、やはり日本思想史においてもっとも完備された哲学体系の書であると思われる。多少それとは意味がちがうが、法然《ほうねん》は『選択集《せんちゃくしゅう》』において、親鸞《しんらん》も『教行信証《きょうぎょうしんしょう》』によって、自分の思想をみごとな体系的書物によって表現している。

ところが最澄には、空海の『十住心論』や、法然の『選択集』や、親鸞の『教行信証』にあたるものはない。最澄は、彼らのように、自分の思想を体系化しようとする意思をもたなかったように思われる。そのかわり最澄は、彼らのもたなかった著書をもっている。それは論争の書である。最澄の著書の多くは、とくにもっとも長大でもっとも優れたものは論争の書である。これは日本の思想家としてたいへん珍しいことである。日本にはヨーロッパのごとき激しい論争は少ない。ヨーロッパでは新しい学説が生まれると、それについて激しい批評があり、それらの間に応戦があって、新しい説が勝つと、その学説が公に認められる。あるいは古い学説が勝てば、新しい学説は敗れ、つぶされていく。ヨーロッパの思想界では、そういう論争が行われるのがつねであるが、日本ではひじょうに少ない。日本において例外的に厳しい論争が行われたのは、平安時代の初めと鎌倉時代の初めである。それはいわゆる平安仏教と鎌倉仏教が登場したときであるが、この新しい仏教の登場をめぐって活発な論争が行われたのである。

平安仏教の創始者である最澄と空海とでは、論争にたいする態度がまたちがっている。最澄は論争にたいして正面から応えた。彼はあくまで真面目に批評者の投げかける問題に答え、そこに丁々発止の論戦を展開した。最澄はむしろ論争を楽しんでいるところがある。論争において最澄の闘志は燃え、論理は冴え、その論争を通じて彼の仏教教学は固まり、後世に伝わる日本天台《てんだい》教学の基礎ができたのである。それにたいして空海は、最澄のように旧仏教にたいして挑戦的な態度に出なかった。むしろ彼は、最澄の新仏教の攻勢にたいして防衛的になった旧仏教の心をつかみ、旧仏教の中にもぐりこみ、いつのまにか旧仏教を味方につけることに成功した。

これは二人の思想と人生態度の大きなちがいであるが、そのように最澄の代表的な著作は、おもに論争の書である。

■徳一との果敢な論争

最澄は生涯二度にわたって論争を展開した。一つは仏性《ぶつしょう》をめぐる論争であり、それは会津《あいづ》に居を構えた徳一《とくいつ》という僧との間に展開されたものである。徳一は、道鏡《どうきょう》の台頭に怒り、乱を起こし横死を遂げたかつての権力者、藤原仲麻呂《なかまろ》の遺児といわれるが、よくわからない。彼は東北の会津にいて最澄の邪説を知って大いに怒り、牛に乗って都へ来て、南都六宗を代表して最澄に果敢に論争を挑んだ。おそらく奈良にいる南都六宗の僧たちは桓武《かんむ》天皇に寵愛され、いまもなお貴族たちに多くの共感者をもつ最澄の勢力を恐れて、まともに反論することを控えたのであろう。しかし、東北の一隅にいる徳一ならば、最澄への批判を遠慮することはない。そのような背景があって、徳一が最澄批判の先頭に立ったのであろう。この徳一の最澄批判の書物はいまは残らず、わずかに最澄の書物によって、つまり、徳一にとって論争相手の最澄の書物によってしか、その思想を知ることはできない。しかし、そのわずかな引用文を見るだけでも、徳一は優れた学者であり、たいへん明晰な頭脳をもっていた人のように思われる。

一つの論争が真の意味で生産的であるためには、その説にたいする反対者も高い見解をもたねばならない。私は徳一にたいする最澄のたくさんの論争書を見ると、やはり徳一は優れた思想家であり、この思想家、徳一の激しい反論によって最澄の理論が深められ、強められたと思うのである。

最澄の徳一にたいする膨大な論争の書を読むと、私はつくづく論争家としての最澄のきわめて特異な才能を感ぜざるをえない。彼はまず、彼の説にたいする徳一の反論をあげて、それにたいしてふたたび反論している。さらにそれにたいする徳一の反論があればそれを記して、その反論にふたたび駁撃《ばくげき》を加えているのである。彼はきわめて博識であり、『法華経《ほけきよう》』をはじめとする多くの経典をあげて、その経典と徳一の説との矛盾をつき、徳一の説は経典すなわち釈迦の教説にもとるものであり、それは東国に独居して唐の学問はもちろん、日本中央の学問をも知らない田舎者の偏見であり、仏教の説にあらざるもの、と断定する。ときには、伝教大師《でんぎようだいし》と呼ばれる聖人にふさわしくないような厳しい罵倒の言葉も出現するが、それは、この論争にかけた最澄の意気ごみの激しさを物語るものである。

■三乗と一乗の戦い

私は、この論争の中心は仏性論にあるのではないかと思う。結局、徳一の立場は法《ほっ》相《そう》の立場であり、それは三乗の立場である。つまり声聞《しょうもん》・縁覚《えんがく》・菩薩《ぼさつ》の仏教を別なものと考える立場であり、声聞には声聞の救いがあり、縁覚には縁覚の救いがあり、菩薩には菩薩の救いがあるという立場である。しかし、最澄の立場は、その三乗を一乗に統一する法華の立場である。したがって彼は、三乗が別々のかたちで救われるということを認めようとしない。三乗は結局、一乗に帰する。すべての人間は『法華経』に説かれる一乗の救いによって包摂されると考えるのである。

つまり、例の「五時八教《ごじはっきょう》」の理論によれば、釈迦は説法を始めて四十年の間、ほんとうの自分の教説を説かなかった。それはほんとうの教えを説く時がいまだいたらなかったからである。そこで釈迦はまず小乗の教えを説いて人びとをまず仏教に導き、やがて大乗の教えを説いて人びとを小乗から大乗へと転向せしめたが、まだ舎利弗《しゃりほつ》や大《だい》迦《か》葉《しょう》などのような、かたく小乗の教えを信ずる人があった。しかし、そのような強く小乗の教えを信ずる人たちをも、いまや大乗に向かわせる時がきた。法を説いて四十年後、やっと第五時にいたって、法華の会においてはじめて釈迦は真実の教えを語り、そしてすべての人を一乗仏教に帰せしめたわけである。

そこで釈迦が主張したのは、すべての衆生《しゆじよう》が釈迦の子であり、すべての衆生が仏になれるということなのである。たとえば、最澄は『決権実論《けつごんじつろん》』の中で、『法華経』第二巻の「譬喩品《ひゆぼん》」の偈《げ》の「今、この三界は皆なこれ我が有なり、その中の衆生は悉くこれ吾が子なり」とか、また「この諸《もろもろ》の衆生は皆なこれ我が子なれば、等しく大乗を与へて、人の独り滅度を得ることあらしめず、皆な如来の滅度を以て、而もこれを滅度せしめん」とか、あるいは第一巻「方便品《ほうべんぼん》」の偈の「諸法は本より来《このかた》、常に自《おのずか》ら寂滅の相なり。仏子は道を行じ已《おわ》れば、来世に作仏することを得ん」という言葉をあげて、徳一の批判に反論しているのであるが、ここで『法華経』の語るのはつまり、すべての人間は釈迦の子であるから、すべての人間は死んでからのちに釈迦のように涅槃《ねはん》に入って仏になることができる、ということである。

徳一がもっとも反対したのは、その点なのである。すべての人間が仏になれるはずはない。人間の中には、どうしても仏になれない人間がいる。善の心をまったくもたないような悪人がいる。そういう悪人が仏になるとはとても思えない。また、あくまで大乗の教えに反対した小乗仏教の徒も、とても仏になりえようとは思えない。徳一はそういう「断善《だんぜん》の闡提《せんだい》の仏子」、つまり善の心をまったくもたない悪人や、「趣寂《しゅじゃく》」、つまり街を離れてひとり寂しい山で独居し悟りを得て涅槃に入る、そういう二乗はとても大乗の救いに入れないと反論するのである。これには一つの理がある。なぜならば、深く人間の世界を見るとき、すべての人が仏性をもち、往生できるとはとても思われないからである。しかも、すべての人間に仏性ありとし、それらすべてが来世において仏になれると考えるのは、あまりに甘いオプティミズムではないか。すべての人が『法華経』の教えを聞いて成仏できるというならば、厳しい戒律《かいりつ》や、辛い修行や、深い学問が何になるのか。

徳一はおそらく、この一乗仏教の教えでは仏教の成立基盤そのものがおびやかされると考えたにちがいない。そして彼は、かたくなに闡提の無仏性を主張し、二乗の成仏が菩薩の成仏とちがっていることを主張した。たとえば『維摩経《ゆいまぎょう》』のような経典には小乗仏教の厳しい批判が述べられていて、舎利弗《しゃりほつ》などの小乗の徒は大乗の救いから排除されているのである。

『法華経』の立場は、いったん大乗の救いから排除された小乗の徒をもう一度、大乗の救いに救済する立場であるが、その経典を四十年間、いまだ語られなかった釈迦の教説と認めないとすれば、小乗の徒の成仏は大乗の徒の成仏とちがい、大乗の徒の成仏に包摂されないと考えるのは当然であろう。

徳一は、頑固にこの三乗の別に固執し、仏性をもたない人間の存在を強調する。しかし、この徳一の主張にたいして、最澄もそれ以上の頑固さでもって反論し、すべての人間に仏性があることを主張するのである。そしてこの、すべての人間に仏性を認め、すべての人間が成仏できるという考え方が釈迦の教説の根本であり、中国および日本のすべての仏教者が説いたところだと、彼は厳しく主張する。それはまさに人間平等の主張なのである。すべての人間に「真如の理性、同じく覚知の性」があり、それが平等にいきわたっているという説こそ、まさに仏教の正説だと彼はいう。

そして最澄はいう。『法華経』の説法に出会えば、すべての人間は一様に仏になれる。過去の世に『法華経』の説法に出会えば、この世で彼はすでに仏になるべき性をもつ者として生まれてくる。そしてこの世で『法華経』の教えを聞けば、次の世で彼は仏になるべき性質をもった人間として生まれてくる。不幸にして、この世で『法華経』の教えを聞かず、あるいは聞いても煩悩《ぼんのう》のためによくわからず、深い感化を受けなかった者も、あの世でまた『法華経』を聞いて仏になれる、というのである。彼はそのように、過去・現在・未来の「三世《さんぜ》の果」というものを主張し、その三世の果によってすべての人間は仏になれると主張するわけである。それゆえ頑固な小乗の徒も、あの世へいってまた『法華経』を聞いて、そして大乗の徒に転向するというのである。

このように、すべての衆生に仏性を認めるという考え方は、もとより最澄のいうがごとく『法華経』にあり、天台智顗《ちぎ》の強調するところであるが、最澄においてはとくに仏性論が表面に出て、そこに彼の主張の中心点が集約されているようにさえ思われる。これはもちろん最澄が聖徳太子の伝統のもとに立っているからであろうが、しかし、それはすでに日本にあった土着の思想ともよくマッチしていたからであろう。

この徳一と最澄の間の仏性論争において、どちらが勝ったともいえない。しかし、とにかく最澄は徳一の批判によって彼の理論を堅固にし、仏性論を中心とした日本天台の思想をつくりだした。

■空海の仏性論との比較

最澄と同時代者であり、ある意味で最澄のライバルであった空海もまた、その思想の中心に仏性論をおいていることは明らかである。空海もまた、すべての人間に仏性があることを主張する立場である。最澄の徳一との論争を見ると、ときどき真言の教えが散在している。彼は天台と真言を、ほぼ同じ一乗仏教とみていたようである。そしてその一乗仏教は、すべての人間が仏心をもち、成仏できると主張する。しかし、最澄の仏性論と空海の仏性論は少しちがうように思われる。

空海は即身成仏論《そくしんじょうぶつろん》をとる。つまり、彼は成仏を未来に期待しないのである。現在の肉体をもった人間がそのまま成仏できるという立場をとるのである。そして真言については、その中心仏はもはや釈迦ではない。『法華経』を説く釈迦は、けっして歴史的実在としての釈迦ではない。すでにいわゆる歴史的な釈迦が地上に出現する以前に、永劫《えいごう》の昔から霊鷲山《りょうじゅせん》において法を説いている釈迦である。そこにおいてすでに釈迦は、歴史的実在の釈迦を超越して、永劫に一乗の法を説く釈迦となったわけであるが、密教においてはかかる釈迦も超越して、おそらくは太陽をシンボルとしたにちがいない宇宙の根源的な神である大日如来《だいにちにょらい》が中心仏となるのである。そしてその教えも、著しく現実肯定、肉体肯定の色彩が強くなるのである。こういう思想のもとに立った空海は大胆に即身成仏を説く。

私は、空海の世界は呵々《かか》たる笑いの世界ではないかと思う。そこで現実がそのまま肯定され、肉体をもった人間がそのまま仏になる。空海の世界はそういう強い現実肯定、肉体肯定の世界である。最澄は、そこまではいかなかったと私は思う。空海のように即身成仏という考え方はない。彼はやはり、この世で仏になることはできないと考えたのではないか。自己反省の強い最澄には、自分がそのまま仏になるなどということは、あまりにも僭越《せんえつ》なことであると思われたにちがいない。それで、この世で善行を積めば必ずあの世で仏になれる、またあの世で仏になれなかったならば、あの世でまた善行を積み、そして次の世で仏になれる、そうした無限の生まれ変わりを通じて人間は必ず仏になれる、というのが最澄の信念であったように思われる。

仏性をすべての人間に見る点において、最澄と空海は同じ考え方であり、それは奈良仏教の法相の考え方に対立するが、しかし、現世においてそのまま仏になるという点で、最澄は空海と意見を異にしたにちがいない。空海には呵々たる笑いが似合うが、最澄には慈悲に満ちた瞑想の姿が似つかわしい。画像や彫像などに見る最澄像は、目をつむってじっと瞑想している、いかにもやさしげな最澄の姿である。それは慈悲の相である。最澄の文章には、どこか悲しみがある。そこが空海とちがうところであると私は思う。

■密教との一体化と天台本覚論

たしかに最澄と空海は仏性論には少しのちがいがあるが、しかし最澄と空海による平安仏教の創出によって、日本の仏教は大きく変わったのである。いってみれば、最澄と徳一との論争は象徴的な事件であった。以後、日本仏教は三乗ではなく一乗仏教に支配され、すべての人間に等しく仏性があるとする考え方が支配的になったのである。

叡山《えいざん》は最澄死後、密教が流行するが、その萌芽は、すでに最澄自身の説の中にあった。延暦《えんりやく》二十五（八〇六）年、天台法華宗の独立が認められ、二人の年分度者《ねんぶんど》が許されたとき、一人は止観業《しかんごう》、一人は遮那業《しやなごう》を学ぶことになっていたのである。止観業というのは天台止観の行であるが、遮那業というのは明らかに密教の行である。留学した最澄は中国から、天台の教えとともに密教も携えてきた。その密教は都で学んだ密教ではなく田舎で学んだ密教であったが、唐から帰った最澄に求められたのは天台の教義ではなく、むしろ密教の加持祈禱《かじきとう》であった。最澄を唐に送った桓武天皇は重い病気の床にあった。そのような桓武天皇にとっていちばんの願いは、最澄が唐からもってきた霊験あらたかな呪術《じゆじゆつ》的な効力をもつ密教によって病気を平癒させることであった。最澄は一所懸命、加持祈禱をしたが、桓武天皇は亡くなった。

最澄は、密教についてはいささか自信がなかったようである。最澄が空海に興味をもったのは、彼が十分に学ぶことのできなかった密教を空海は都で学び、その密教の経典と法具を多量に請来《しようらい》したという点であった。ここから最澄と空海の微妙な関係が生ずる。最澄にとって密教を十分に学んでこなかったことは大いに心残りであった。

その最澄の無念の心を受け継いで、弟子の円仁《えんにん》や円珍《えんちん》が唐に学んで密教を日本にもたらし、最澄の願いを叶え、やがて叡山は密教化した。そして天台の教えと密教の教えが渾然一体となり、そこに新たな思想が生まれた。私はその思想が天台本覚論《てんだいほんがくろん》だと思う。ここで仏性論は新たな展開を得たように思われる。

最澄のいう仏性が人間だけにとどまるのか、それとも人間を超えて動植物、さらに山川などの自然現象におよぶかどうかは問題である。徳一との論争の中で最澄は、それは人間を超えて動植物から山川にまでおよぶとはいっているが、しかし、やはり最澄が衆生《しゅじょう》というとき、おもに人間をさしていたと思われる。この衆生概念が人間を超えて広がり、ついに動植物まで、あるいは山川まで広がって、ついに「山川草木悉皆成仏《さんせんそうもくしっかいじょうぶつ》」あるいは「草木国土悉皆成仏」という言葉に象徴される思想が生まれたのは、その後の天台仏教の展開の過程においてであった。それが天台本覚論と称せられるものであろう。大まかにいえば、最澄によってすべての人間にまで広げられた仏性が、密教に影響されて、それ以後の天台教学の展開の中で、動植物から山や川にまで広げられたのであろう。

これは日本思想史のうえで、たいへん重要なことであったように思われる。ここで人間中心の仏教から自然中心の仏教へ、仏教の性格が大きく変わるのである。まさに最澄は日本仏教発展の出発点に立っていたのである。以後の日本の仏教、鎌倉仏教は、ほぼ明確にこの最澄の仏性論のうえに立っている。すなわち、すべての人間は仏性をもって必ず成仏できる、それがすべての鎌倉仏教の前提であった。そこには、ただ方法だけがちがう、あるいは念仏による、あるいは題目による、あるいは坐禅による成仏、その方法のちがいが、あの鎌倉仏教のイデオロギー的論争となるわけであるが、そのもとにある思想は同じであったと私は思う。そして、すべての人間ばかりか、山川草木すべての生きとし生けるものが成仏するという考え方も、多い少ないの差はあるが、やはり鎌倉仏教に受け継がれていくのである。とすれば、最澄の仏性論こそ日本仏教の基礎をつくったものといわねばならない。

戒律論

■日本独自の一向大乗戒壇

最澄の思想でもっとも重要なものは、仏性論《ぶっしょうろん》と並んで戒律論《かいりつろん》であったと私は思う。そして、ちょうど徳一《とくいつ》との論戦によって鋭利に理論化された仏性論が、その後の日本仏教の方向を決定したように、最澄の戒律論もまた、その後の日本の仏教に決定的な影響を与えたように思われる。しかも、最澄の戒律論は、ただ理論的主張にとどまらず、一向大乗戒壇《いっこうだいじょうかいだん》の設立という実践的課題をともなっていた。一向大乗戒壇の設立は晩年の最澄の悲願であったが、最澄が生きている間はこの要求は満たされず、弘仁十三（八二二）年、最澄の死後まもなく、その設立が認められたのである。

この一向大乗戒の戒壇なるものは、最澄はインドにも中国にも存在すると考えたが、実はインドにも中国にもなく、最澄の戒律にたいする独自の考えから出現したものであり、したがって、そのような一向大乗戒の戒壇なるものは、日本にしか存在しないものであった。まさにここにおいて仏教は、三国伝来ではない日本独自な戒壇を生み出したのである。これは三国伝来の仏教という日本天台宗《てんだいしゅう》の設立の理念とは、いささか食いちがうものであるが、私はそこに、仏教の日本化のもっともはっきりした例を見いだすのである。

■東大寺戒壇院と授戒儀式

仏教において釈迦以来、戒律ははなはだ重視されたのである。なぜならば、欲望を滅して悟りを得ることを目的とした釈迦仏教においては、さまざまな欲望の心を喚起するいっさいの行為を慎しまなければならなかったからである。それゆえに、欲望をまぬがれる方法として、戒が定《じょう》（瞑想）と慧《え》（智慧《ちえ》）とともに重視されたが、それは戒・定・慧というように、まず滅度《めつど》にいたる方法の第一番に位するものであった。釈迦教団において、このような戒はやがて体系化され、ついに僧が二百五十戒、尼が三百四十八戒というような膨大な戒の体系が出現したのである。

五五二年、欽明《きんめい》天皇十三年に、最初に百済《くだら》から輸入された日本の仏教は南朝系の大乗仏教であったと思われるが、それとともに仏教の戒も日本に輸入されたにちがいない。しかし、日本における戒の思想を考えるにあたって、もっとも重要な意味をもつのは、天平勝宝六（七五四）年の鑑真《がんじん》の渡来である。来日した鑑真はさっそく孝謙《こうけん》天皇、聖武《しょうむ》太上天皇、光明《こうみょう》皇太后をはじめとした貴族や僧侶たちに新しい戒を与えた、というのである。こうして東大寺に戒壇院が設けられたが、以後、戒律は東大寺と、その出張所としての下野《しもつけ》の薬師寺《やくしじ》および筑紫《つくし》の観世音寺《かんぜおんじ》においてのみ授けられることになる。

この鑑真による東大寺の戒壇院の設立には、いろいろ複雑な政治的理由があるように思われる。この戒壇院の設立ということが、従来の興福寺《こうふくじ》中心の日本仏教を東大寺中心にしたという点において、重要な政治的意味をもっていることはまちがいない。

なぜならば、寺に戒壇をおき、そこにおいてしか具足戒《ぐそくかい》、すなわち正式の僧となる戒を授けることを許さなかったとすれば、その戒壇のおかれた寺はおのずから日本仏教の中心地になり、日本仏教を支配する力をもつに相違ないからである。つまり、ある大学でしか博士号を与えられないとすれば、その大学は日本の中心の大学、日本全体を支配する大学になることは当然であるからである。

前に述べたように、十九歳の最澄は延暦《えんりやく》四（七八五）年に東大寺で具足戒を受けたのち、まもなく叡山《えいざん》に登った。それはふつうの人にはまったく理解できない行為であった。なぜならば、苦労して大学を卒業し、卒業免状をもらったのに、山に入って狐狸と一緒に住むのは、いかにも愚かなこと、狂ったことであったからである。どうして最澄がこのような愚かで狂った行為に出たかは明らかではないが、彼の著書において語られたいくつかの言葉から推測すると、やはり彼は、当時、東大寺で行われた授戒の偽善に耐えられなかったからではないかと思われる。

当時の戒は、菩薩《ぼさつ》戒を授ける三人の師とそれを証明する七人の証師のもとに授けられるものであった。つまり、当時の仏教界を代表する三人の高僧によって二百五十の戒が授けられ、また同じく当時の仏教界を代表する七人の高僧がその証人となるというかたちであった。青年最澄の心に何が起こったかはよくわからないが、その授戒の儀式の偽善的性格にたいして、青年最澄は強い嫌悪感をもったのではないかと思われる。

仏教伝来二百年後、大仏開眼《かいげん》の儀式を迎え、仏教はまさに全盛を誇っていた。そして僧たちは天皇や貴族たちと結びつき、栄耀栄華を誇っていたのである。とくに奈良時代は、女帝がもっとも高い権力をもっていた時代であった。それで、そのやんごとなき美しい女性と高僧の間には、さまざまな醜聞が流れたのである。はじめに玄昉《げんぼう》、そしてのちに道鏡《どうきょう》がもっともスキャンダラスな僧として有名であるが、当時の高僧たちは玄昉や道鏡と五十歩百歩であり、表面清僧を装いながら、内に権勢欲や愛欲を密かに満たしていたことは、最澄の著書にもしばしば述べられている。たとえば、最澄の撰述とされる『末法灯明記《まっぽうとうみょうき》』では「末法の世において清僧を探すのは虎を町で探すようなものである」といっているが、それが最澄の当時の仏教界にたいする偽らざる感想であったにちがいない。

最澄は、若いときから少しも戒を守らず、権勢欲と愛欲に明け暮れている高僧によって授けられ、そういう高僧を証人とするような戒がいったいどういう意味をもつか、深く疑問に思ったにちがいない。そして二百五十戒、三百四十八戒というような戒も、インドで生まれた釈迦教団において愛欲を否定して悟りを得るための生活に必要な規則であり、日本という土壌にまったく適合しない戒も多かったのである。戒はおそらく三国をへてまったく形式化されてしまった。そういう形式化されてしまった戒を、しかも戒を守っているとは思えない堕落した高僧たちから授けられる、そういう授戒の儀式がいったい何の意味をもつであろう。

■新戒壇設立への動機

おそらく青年最澄が山へ入ったのは、そういう南都仏教の授戒の儀式の偽善性に耐えがたかったためであろうが、晩年の最澄にとって、この戒律の問題がまたきわめて重大な実践的問題になるのである。というのは、延暦二十五（八〇六）年に最澄は、瀕死の床にある桓武《かんむ》天皇に上表し、年分度者《ねんぶんど》二人を授けられることを願い、許された。つまり、国家によって毎年二人の僧の費用が支給されるのである。それは正式に天台宗が南都六宗と並んで公認されたことを意味し、最澄にとってたいへん喜ばしいことであったが、天台宗が南都六宗から完全に独立した集団として発展するには、制度として重大な欠陥をもっていた。というのは、比叡山で朝廷から年分度を賜って勉強した学生たちは、定められた六年の勉強期間を終えると、正式の具足戒を受けて正式の僧とならねばならなかった。しかし正式の僧としての資格を得るためには、やはり東大寺か、その東大寺の管轄のもとにある下野の薬師寺か筑紫の観世音寺へ赴かねばならない。しかも、それぞれの寺は完全に南都六宗の勢力下にあるのである。

南都六宗の僧たちが最澄に好感をもっていたとは思われない。もともと桓武天皇が奈良から都を長岡京へ、次いで京都へ遷《うつ》そうとしたのは、仏教によって腐敗した奈良の都から逃れるためであるとさえいわれている。桓武天皇は淫靡《いんび》な匂いのする奈良の仏教が嫌いであり、その奈良の僧たちと正反対の印象を与える最澄を尊敬し、最澄を中国まで行かせて天台宗を学ばせ、ついに叡山の日本天台宗をして南都六宗に加えて一つの仏教宗派にならしめたわけである。桓武天皇の最澄起用の背後には、語られざる奈良仏教への批判がある。これを奈良仏教の徒たちは快く思わなかったのは当然である。彼らからみれば、最澄は天皇に近づき、天皇にゴマをすり、天皇の権力を使ってまちがった仏教宗派を都の近くで興した許しがたい異端の僧なのである。

それゆえ、戒壇院を支配している南都仏教の徒が、最澄の弟子たちに簡単に具足戒を授けたとは思われないのである。『天台法華宗学生名帳《てんだいほっけしゅうがくしょうみょうちょう》』によれば、大同二（八〇七）年から弘仁九（八一八）年までの年分度者二十四人のうち、比叡山にとどまっているのはわずかに十人であった。それもおそらく、まだ行《ぎょう》が成っていない弘仁八、九年の年分度者四人を除くと、光定《こうじょう》・徳善・徳円・円正・円仁《えんにん》・玄慧《げんね》のわずかに六人である。そのほか、法相宗《ほっそうしゅう》に走った者が四人。母を養うため山に住まない者二人。行方知れずになった者もあるらしい。これはおそらく一つには叡山の環境が厳しく、そこでの修行が耐えがたかったためでもあろうが、法相宗に走った者が多いのを見ると、やはり具足戒を受けるにあたって南都仏教の僧たちは、最澄の弟子たちに、しきりに南都仏教への改宗をすすめ、改宗をしなかったら具足戒を受けさせてやらないなどと意地悪したにちがいない。弟子たちの何人かが、こういう誘惑に負けて法相宗に改宗し、あるいはそれにも耐えがたかった者は法相宗にも改宗せず、あるいは山へも帰れず、母を養うなどという口実のもとにふるさとへ帰ったり、行方知れずになったりしたのであろう。おそらく、実に少数の志のかたい智慧の優れる者だけが、なんとか具足戒を受け、無事、最澄のもとに帰ったにちがいない。

こういう状態のもとでは、天台宗は完全に独立した宗派とはいえない。天台宗はたいへんな弱点を抱えている。それは、比叡山では具足戒が受けられない、つまり正式の僧となる免許が取れないのである。それを取るためには、たいへんな試練を受けなくてはならない。天台宗に悪意をもち、最澄に敵意をもつ南都六宗の人たちが支配している戒壇で具足戒を受けなくてはならない。おそらく南都六宗の僧たちは、戒壇を支配しているかぎり、都の近くに本拠地を構えている最澄がどのようにうまく貴族たちのご機嫌をとろうと、まだ自分らの権力は安泰だと考えていたにちがいない。

■『山家学生式』の提出

私は、このことが晩年の最澄のもっとも深い気がかりであったと思う。なんとか叡山を独立した宗派にしたいと念願したにちがいない。そして、おそらく長年の熟慮の末に、ついに彼ははなはだ大胆な行動に出たのである。つまり弘仁九年、彼はいままで東大寺で受けた具足戒を否定し、新しい戒壇を設立すべき願いを、『山家学生式《さんげがくしょうしき》』という文章に記して天皇に提出した。『山家学生式』というのは、それぞれ六条、八条、四条からなるので、「六条式」、「八条式」、「四条式」と呼ばれるが、主として新しい戒壇の成立にかかわるものは最後の「四条式」である。初めの「六条式」と次の「八条式」は、主として比叡山における学生の教育の規則である。最澄は「六条式」と「八条式」において教育の理念を述べ、最後に「四条式」において、その帰結としてもっとも革命的な主張である一向大乗戒壇の設立を要求した。当時の天皇、嵯峨《さが》天皇は、この『山家学生式』を見て、どうしてよいかわからず、南都六宗の僧からなる僧綱《そうごう》に見せたが、それを見た僧綱たちは驚いた。なぜなら、最澄は大胆にも法の改正を要求しているのである。それは、かつて誰もが行わなかった僭越《せんえつ》な行為である。彼は仏のつくった戒を改めようとしている。

南都の僧たちにとって、その理論はともかく、最澄が叡山に一向大乗戒の戒壇を建立することは、とても許すべきことではなかった。なぜならば、それによって彼らの権力が明らかに相対化するからである。そこで、彼らを代表して護命《ごみよう》は批判の文章をつくって天皇に提出したが、その批判にたいして最澄が再批判を試みたのが『顕戒《けんかい》論《ろん》』である。この『顕戒論』も、徳一との論争によって最澄の論争家としての才能を磨いたように、実にみごとな書物である。徳一の場合と同じように、すべての相手の論拠をあげ、それにたいして多くの経典を引いて一つ一つ論駁《ろんばく》するのである。多くの文献的証拠を根拠として、実に明晰な一貫した論旨を最澄は展開している。

たしかに一向大乗戒壇の設立は天台宗の存立の根底に関する重要な実践的課題から生まれたものであるが、しかし、その設立の理由は何か。最澄はけっして東大寺の戒壇と同じものを比叡山に設けようとしているのではない。むしろそれとまったく別のものを設けてほしいと要求しているのである。

■一向大乗戒の戒壇設立の理由

なぜ彼は、従来の戒壇ではなく、一向大乗戒の戒壇の設立を要求するのか。一向大乗戒というのはいったい何であろうか。この設立の理由が「四条式」には簡潔に述べられている。

凡そ仏寺に三あり。
一には一向大乗寺《いっこうだいじょうじ》　初修業の菩薩僧の住する所の寺
二には一向小乗寺　一向小乗の律師の住する所の寺
三には大小兼行寺《けんぎょうじ》　久修業の菩薩僧の住する所の寺
今、天台法華宗年分の学生、幷に回心向大《えしんこうだい》の初修業の者は、一十二年、深山の四種三昧院に住せしめ、得業以後、利他の故に、小律儀を仮受《けじゅ》せば、仮に兼行寺に住することを許す。
（『最澄』「日本思想大系」岩波書店）

最澄はまず、寺を三つに分けた。一向大乗寺と一向小乗寺と大小兼行寺の三つである。そして興味深いことには、一向大乗寺は修行しはじめの菩薩の住む寺であるが、その菩薩たちが久しく修行をへたのちに、「利他の故に」すなわち人間を救済するために、仮に小乗の儀式を受けて大小兼行寺に住んでもよいということになる。この点、および四種三昧院については、のちに触れたい。

凡そ仏寺の上座に大小の二座を置く。
一には一向大乗寺　文殊師利《もんじゅしり》菩薩を置きて、以て上座となす。
二には一向小乗寺　賓頭盧《びんずる》和尚を置きて、以て上座となす。
三には大小兼行寺　文殊と賓頭盧と両《ふたつ》の上座を置き、小乗の布薩《ふさつ》の日は、賓頭盧を上座となして、小乗の次第に坐し、大乗の布薩の日は、文殊を上座となして、大乗の次第に坐す。この次第の坐、この間に未だ行はれず。

第一条において、最澄は寺を一向大乗寺、一向小乗寺、大小兼行寺の三種に分かった。この三種の寺の区別はどこにあるか。最澄は、それは食堂《じきどう》にあると考える。一向大乗寺は文殊菩薩の像を上座に置いている。一向小乗寺は賓頭盧和尚の像を上座に置いている。大小兼行寺は文殊菩薩と賓頭盧和尚の二人の像を上座に置いて、小乗の懺《ざん》悔《げ》を行う日は賓頭盧和尚を上座に置き、大乗の懺悔を行うときは文殊菩薩の像を上座に置いているというのである。この第二条は、第一条を受け第三条につなぐのであるが、実はここに重大な指摘がある。

凡そ仏戒に二あり。
一には大乗の大僧戒　十重四十八軽戒《きょうかい》を制して、以て大僧戒となす。
二には小乗の大僧戒　二百五十等の戒を制して、以て大僧戒となす。

この第三条も、実にさりげない主張であるが、この第二条と第三条とをあわせて読むと、最澄は実に大胆きわまりないことを主張していることがわかる。というのは、従来の日本の寺には、その食堂の上座に文殊菩薩の像を置いた寺はない。また従来、奈良の東大寺や下野の薬師寺や筑紫の観世音寺で授けられた戒律は、二百五十等の戒であった。とすれば、どういうことになるか。それは日本においてはいまだ一向大乗寺が存在せず、日本において授けられた戒はすべて小乗の大僧戒であったということになるのである。

これはたいへんな主張である。日本に入ってきた仏教ははじめから大乗仏教であった。そして三論《さんろん》・法相《ほっそう》・成実《じょうじつ》・倶舎《くしゃ》・華厳《けごん》・律《りつ》の南都六宗のうち、小乗に属してほとんど日本では発展しなかった成実、倶舎を除けば、いずれも大乗の宗派であり、したがって彼らの寺は大乗の寺であると、かたく信じられたのである。しかし最澄は、その寺の食堂には文殊菩薩の像はなく、したがって、それは大乗の寺でもなく、またそこで授けられる戒律は二百五十等の戒で、小乗仏教の戒と変わらず、したがって、それは大乗仏教とはいいがたいという。

■仏を証師とする一向大乗戒

これは、あまりに激烈な主張であるように思われる。天台仏教、一乗仏教の立場に立って他の大乗仏教を批判した天台智顗《ちぎ》をはじめとする仏教者たちにも、他の大乗仏教を大乗仏教にあらずと批判し、その戒律を小乗仏教の戒で大乗仏教の戒ではないと批判した人はいない。これは、あまりに大胆すぎる主張ではないか。護命がこの『山家学生式』を批判している。この釈迦の定めた戒律に、いまだかつて異議を唱える人はいなかった。この戒律は、摩騰《まとう》や法蘭、羅什《らじゅう》、真諦、玄奘《げんじょう》、義浄《ぎじょう》らがインドや西域から伝えたものを、わが国でも欽明天皇以来、入唐《にっとう》の学生《がくしょう》、道照、道慈やインドの菩提《ぼだい》、唐の鑑真らが伝えたものであり、学問の深い徳の高い僧たちはすべてそれにたいして異議を唱えなかった。しかし、まだ唐の都を見たことがなく、中国の田舎にいて、すぐに帰ってきたばかりの最澄が、いま自分の意思で新たに戒律を制定するような式をつくって奉献するということは何事か、と護命がいうのももっともであるともいえる。いったい最澄は、どのような戒をつくろうとするのか。

凡そ仏の受戒に二あり。

一には大乗戒。

普賢経に依つて三師証《さんししよう》等を請ず。

釈迦牟尼仏を請じて、菩薩戒の和上《わじよう》となす。

文殊師利菩薩を請じて、菩薩戒の羯磨《かつま》阿闍梨となす。

弥勒《みろく》菩薩を請じて、菩薩戒の教授阿闍梨となす。

十方一切の諸仏を請じて、菩薩戒の証師となす。

十方一切の(諸)菩薩を請じて、同学等侶となす。

現前の一《ひとり》の伝戒の師を請じて、以て現前の師となす。もし伝戒の師なくんば、千里の内に請ず。もし千里の内に能く戒を授くる者なくんば、至心に懺悔して、必ず好相《こうそう》を得、仏像の前《みまえ》において、自誓受戒せよ。

今、天台の年分学生、幷に回心向大の初修業の者には、所説の大乗戒を授けて、まさに大僧となさん。

二には小乗戒。

小乗律に依つて、師に現前の十師を請じて、白四羯磨《びやくしかつま》す。清浄持律《しようじようじりつ》の大徳十人を請じて、三師七証となす。もし一人を闕《か》かば、戒を得《と》せず。今、天台の年分学生、幷に回心向大の初修業の者には、この戒を受くることを許さず。その久修業のものを除く。

ここで、一向大乗戒なる新しい戒律が従来の小乗戒とはっきり比較されているが、簡単にいうと、その一向大乗戒というものは、最澄が小乗戒として批判する従来の戒にたいして、二つの特徴をもつといえるであろう。それは戒を授ける儀式のちがいと同時に戒の内容のちがいであろう。

一向大乗戒の戒律は、結局、仏に誓う戒なのである。従来の小乗戒は、いま現に生きている十人の師に来てもらって、戒を授ける人間が戒の本を読むと、戒を受ける人間が三度「よく保つ」と答える儀式であるが、そこには身も心も清浄な、戒律をよく保っている徳の高い僧十人が必要なのである。この僧たちが三師七証となって、一人でも欠けたら戒を受けることはできないという。この小乗戒の規定を『末法灯明記』などに照らして読むと、もしも小乗戒が、このような清浄持律の大徳十人が一人でも欠けてはいけないというならば、そういう小乗戒は成り立たないことになる。なぜなら、そんな身も心も清浄の大徳などという人を十人も、いまの日本で探すのは町で虎を十匹探すようなものであるからである。だから小乗戒は成り立たない。小乗戒はたいへんな偽善のうえにしか成り立たないのであるという、厳しい批判がそこに含まれているのであろう。

そういう小乗戒に代わって彼が新しく主張しようとする一向大乗戒は、人間に代わって仏を証師とせよという。人間の伝戒師はわずか一人でよい。一人でも清浄な伝戒師を千里のうちに求めよという。千里のうちに求めることができなかったらば、仏の前に自ら誓って戒を受けろというのである。おそらく「現前の一の伝戒の師」というのは、最澄自身のことであろうが、戒師は最澄一人で、あとは仏を請じて三師七証として戒を受けろというわけである。釈迦が菩薩戒を授け、文殊が菩薩戒の文章を読み、弥勒が持戒の儀式を教える。十方一切の諸仏がやってきて菩薩戒の証明を行い、十方一切の諸菩薩がやってきて、同じ法の仲間になるというのである。人間に誓うのではなくて仏に誓う、それが一向大乗戒なのである。

■戒律にたいする根本的な変革

これが、小乗戒とちがった、最澄が新しく考案した一向大乗戒を授ける儀式であるが、もう一つ、従来の小乗戒と一向大乗戒のちがいは、その戒の内容にある。この十重四十八軽戒は『梵網経《ぼんもうきょう》』に説かれる戒律の考え方であるが、しかしその戒は、説としては存在したけれども、それが実行に移され、具足戒を授ける戒律の儀式として実行されたことは、インドにも中国にもなかった。最澄はその理論を日本で実行しようとしたわけであるが、そこで従来の戒律とちがうのは、はなはだしく戒律が軽減されたことである。十重四十八軽戒というけれど、それはほとんど十重戒にとどまっている。十重戒というのは、不殺生《ふせっしょう》戒（殺してはいけない）、不偸盗《ふちゅうとう》戒（盗んではいけない）、不淫《ふいん》戒（セックスをしてはいけない）、不妄語《ふもうご》戒（嘘をいってはいけない）、不酤《ふこ》酒《しゅ》戒（酒を売買してはいけない）、不説四衆過罪《ふせつししゅうかざい》戒（俗人たちの罪を吹聴してはいけない）、不自讃毀他《ふじさんきた》戒（自分の自慢をしたり、他人を誹《そし》ってはいけない）、不慳惜加毀《ふけんじゃくかき》戒（ケチケチして他人に危害を加えてはいけない）、瞋心不受悔《しんじんふじゅぶ》戒（人を怒り反省を忘れてはいけない）、不謗三宝《ふぼうさんぼう》戒（三宝すなわち仏、法、僧を誹ってはいけない）の十戒である。ここで二百五十の戒がわずか十戒となった。最初の五戒は仏教の共通の戒であるが、次の五戒がいささか特徴がある。それは、仏教でいう貪《とん》・瞋《じん》・痴《ち》（欲張り心・怒りの心・愚かな心）への戒といってよいであろう。この戒は著しく内面化されているのである。

　この授菩薩戒の儀式の次第を見ると、十方一切の仏を請じたのちにすべきことは、最初に戒を受ける者の懺悔なのである。この懺悔の文はまったく激しい文章であり、先にあげた最澄の『願文《がんもん》』の文章を思わせるとともに、『正像末浄土和讃《しょうぞうまつじょうどわさん》』などに見られる親鸞《しんらん》の懺悔の文章とも通ずるものがある。それは、血を吐く思いで自分の犯してきた罪を懺悔せよというのである。こうして懺悔によってはじめて心は清められ、そして仏に誓う戒が授けられる。

この激しい懺悔文を読むと、私はキリスト教のことを思い出す。懺悔というのはキリスト教の中心の思想であるといってよい。アウグスチヌスの懺悔は有名であるが、キリスト教においては懺悔によってはじめて人間は神の前に立ち、神によって救われるのである。ユダヤ教からキリスト教への展開、それは、私はやはり戒律の軽減化と内面化にあったと思う。『新約聖書』では、ユダヤ教の戒律を厳しく守る人たちは「パリサイの徒」と呼ばれ、それは偽善者として批判された。ここでも同じことがいえるように思われる。まさに南都仏教の大徳たちは、最澄によればパリサイの徒である。パリサイの徒は古い戒律にこだわって、それを守っているふりをしているが、心の中には汚ないものをたくさんもつ偽善者なのである。イエスもまた古い戒律を捨てて新しい戒律を求めた人であるが、最澄においても、それと相似たことがあるように思われる。彼は、ちょうどイエスがユダヤ教の戒律を軽減化し内面化したように、仏教の戒律を軽減化し内面化したのである。そしてそこでは、キリスト教と同じように、懺悔が重視される。仏の前に至心に懺悔し、清浄な心に変える。それが最澄にとって戒律の真の意味であった。

『顕戒論』における最澄の主張は論理一貫しているが、実は、事実認定にはいささか無理があったといわなくてはならない。護命たちがいうように、食堂に文殊の像を置く寺はインドにも中国にも存在しなかったのである。最澄はたしかにそれを見てきたというけれど、それは最澄の誤解である。一向大乗戒の戒壇なるものも、インドにおいても中国においても存在しなかった。のちに道元《どうげん》が宋に入って仏教を学んだときに、僧の資格として叡山で受けた一向大乗戒は認められず、南都東大寺で受けた具足戒のみが資格として認められたのは、やはり中国の仏教の伝統からみても、一向大乗戒なるものは仏教の戒律としてははなはだ異例なものであるという認識があったにちがいない。

この点、たしかに最澄の誤解であり、護命たち南都仏教の僧たちの主張のほうが正しかったわけである。事実、そうかもしれないが、私は論理として最澄の論理は十分成立すると思う。仏教には大乗と小乗がある、そのように一向大乗戒の戒律と小乗戒の戒律があるべきである。しかるに現在の大乗仏教と称するものは、小乗仏教の戒律をそのまま使っているではないか。それではほんとうの意味の大乗仏教とはいえない。

戒律の革命が必要である。それには戒律をもっと単純化し、内面化しなくてはならない。戒律をインドという風土の特殊事情からくる煩雑《はんざつ》さから解放し、普遍的な、誰にでもどこにでも通用する単純な内容にし、しかもそれを内面化しなくてはならない。仏教を内面化したのが大乗仏教であるとすれば、戒律を大乗仏教の精神にあわせてもっと内面化する必要があるのではないか。この最澄の主張は、もっともである。しかしそれは、ユダヤ教の戒律をイエス・キリストが改変したように、仏教の戒律の根本的変革であり、その意味で新しい仏教の成立であったと私は思う。

徳一と最澄との論争は仏教理論の根本に関する論争であり、最澄のような考え方が正しいとしても、徳一の考え方が必ずしもまちがっているとはいえない。しかしこの論争は、その後の日本仏教の方向を決定した。いままた戒律論においても、最澄と護命をはじめとする南都仏教の僧たちとの間の論争は、仏教の実践的あり方の根本問題に関する論争であり、護命たちの主張は必ずしもまちがっていないけれども、最澄の主張は、その後の日本仏教の方向を決定したのである。

この論争を通じて、日本の仏教における戒律は徹底的に軽減され、内面化された。上山春平《うえやましゅんぺい》氏は「日本に儒教や仏教や西洋哲学が入ってきたけれども、日本人に受け入れられないものがある。それは儒教においては礼であり、仏教においては戒であり、西洋哲学においては論理学である」と指摘したが、それは鋭い指摘である。のちに親鸞が出て、その戒律を思いきって否定した。それは最澄の制定した十重戒をも否定するものであった。肉食妻帯《にくじきさいたい》もかまわない、念仏の徒にはいっさいが許される、と親鸞は主張し、以後、この親鸞の主張は日本仏教の大勢を占め、いまや日本仏教には戒のない状況がある。その方向は親鸞によって決定されたといえるが、それはすでに最澄においてはっきりとられた方向であった。

しかし、戒を軽減すれば、いったい仏教はどうなるのか。仏教はその倫理的厳しさを失い、堕落の一途をたどるのではないか。そういう問いに答えるのが、彼の「教育論」である。次に、その教育の理念が示されている『山家学生式』の「八条式」、「六条式」を考察しよう。

教育論

■国宝たる人間の養成

最澄は、もちろん宗教家あるいは思想家として偉大であるが、それ以上に教育者として偉大であったと思う。比叡山延暦寺《ひえいざんえんりやくじ》は最澄の高い教育理念によってつくられたたいへん優れた宗教大学であり、その大学から日本の歴史に不朽の名をとどめる多くの英才が育った。

この教育者としての最澄を論ずるにも、やはり『山家学生式《さんげがくしょうしき》』に拠《よ》らなくてはならない。『山家学生式』の「六条式」と「八条式」には、最澄の教育理念があますところなく語られている。私はそれを、聖徳太子の『十七条憲法』に匹敵するものであると思う。『十七条憲法』は、聖徳太子が建設しようとした律令《りつりょう》国家日本の政治理念を述べたものであるが、それはただ、当時においてのみ通用する政治理念というようなものではなく、千古にわたって変わりない政治理念でもある。それゆえ、のちに政治の混乱が生じたとき、太子の『十七条憲法』が想起され、それにもとづいて新しい政治理念が形成されるのである。最澄の『山家学生式』も同じような意味をもっていると私は思う。それは最澄の立てた比叡山延暦寺の学生の従うべき教育規則であるが、同時にそれは、いかなる時代がきても、いかなる場所においても、教育というものが存在するかぎり、永遠に変わらない理念を示している。

国宝《こくほう》とは何物ぞ。宝とは道心なり。道心あるの人を名づけて国宝となす。故に古人言《いわ》く、「径寸十枚、これ国宝に非ず。照千・一隅、これ則ち国宝なり」と。古哲また云く、「能《よ》く言ひて行ふこと能《あた》はざるは国の師なり。能く行ひて言ふこと能はざるは国の用《ゆう》なり。能く行ひ能く言ふは国の宝なり。三品《さんぼん》の内、ただ言ふこと能はず行ふこと能はざるを国の賊《ぞく》となす」と。乃《すなわ》ち道心あるの仏子を、西には菩薩と称し、東には君子と号す。悪事を己《おの》れに向《むか》へ、好事を他に与へ、己れを忘れて他を利するは、慈悲の極《きわ》みなり。釈教の中、出家に二類あり。一には小乗の類、二には大乗の類なり。道心あるの仏子、即ちこれこの類なり。今、我が東州、ただ小像のみありて、未だ大類あらず。大道未だ弘まらず、大人《だいにん》興り難し。誠に願はくは、先帝の御願、天台の年分《ねんぶん》、永く大類となし、菩薩僧となさん。然るときは則ち、枳王《きおう》の夢猴《むこう》、九位、列《つらな》り落ち、覚母《かくも》の五駕《ごが》、後三、数を増さん。この心、この願、海を汲むことを忘れず、今を利し後を利して、劫《こう》を歴《ふ》れども窮《きわま》りなけん。

（「六条式」）

これが『山家学生式』の第一、「六条式」の序文であり、よく引用されている言葉である。「国宝とは何物ぞ……慈悲の極なり」が前半、「釈教の中……窮りなけん」が後半と、前後に分かれているが、前半で語られる最澄の高邁《こうまい》な教育理念が、後半の、当時の仏教界批判から生まれた先帝、桓武《かんむ》天皇にたいする最澄の実際的要求と密接に関係している。

　前項で述べたように、最澄はここで当時の仏教にたいするたいへん厳しい、かつ大胆な批評を述べているわけである。日本には小乗に属する僧のみあって大乗に属する僧はない。だから、ほんとうの大乗仏教は広まっていない。これはいささか激しすぎる言葉である。つまり、彼は当時の仏教を、もちろん大乗仏教と自ら称している当時の日本の仏教を、大乗ではなく小乗だという。それではいけない。日本をほんとうの大乗仏教の国としなければならない。そのためには真の大乗仏教の僧をつくらねばならないが、それには桓武天皇の御願によって立てられたわが天台法華宗《てんだいほっけしゅう》の僧を、そのような真の大乗仏教の僧にするのがよいというのである。

　ここでは、まだ一向大乗戒《いっこうだいじょうかい》の戒壇設立の要求は隠されたままである。それは「四条式」にいたってはじめて出現するものであるが、すでに最澄は、ここでそういう要求を隠しつつ仏教の改革を要求している。真の意味の大乗仏教のみが、世を救い人を利する菩薩を育てる。そして、その菩薩こそが国宝であるというわけである。このようなニュアンスで読むと、この序文も強い政治的狙いをもった文章ではあるが、しかし、その言葉は同時に永遠に通用する言葉でもある。それは現代の日本でもそのまま通用すると私は思う。国宝というと、いまの日本では、それは何らかの文化財である。飛鳥、奈良時代にできた古い寺院や仏像などが国宝であり、「人間国宝」という言葉が使われる場合も、それはやはりその言葉の延長上にある、すばらしい技術をもった人間である。もちろん最澄の当時においても、ふつう国宝というときには、やはりそういうものが考えられたのであろうが、最澄は、それは国宝ではないという。国宝というのは人間であるという。どういう人間か。それは、よくいいよく行うことのできる人間である。それは一方で高い理想と深い思想をもち、その理想や思想をはっきり口にすることができるとともに、同時に現実処理の能力をもち、行いの立派な人である。こういう人を仏教では菩薩《ぼさつ》といい、儒教では君子というが、それは悪いことを自己に向け、よいことを他人に与えて自己を忘れて、他人のためになることをする人であるという。

最澄の偉大なところは、そういう、よくいいよく行うことのできる人間を国宝として重んじながら、よくいうことはできてもよく行うことのできない人間、あるいはよく行うことができてもよくいうことのできない人間、いわば才能の偏っている人間も、それはそれで重要な任務を負っていると考えている点である。よくいってよく行うことのできないのは国の師である、と最澄はいう。つまり、そういう人は学者になればよい、と最澄はいうのである。最澄は、学者というものは必ずしも行動力は伴わなくても差し支えないと考えているのである。とすれば、研究室に閉じこもっている学者に強い行動力や円満な人格を期待するのは最初から無理なのである。逆に、よく行うことはできるがよくいうことのできない人は国の用になる、と最澄はいう。つまり国の実際人になるというのである。最澄は国の用、すなわち実際に国を支配する人間が高い理想や深い思想をもっているのは稀であるということをよく知っている。たとえ高い理想や深い思想をもたなくても、そういう実際人は、それはそれで国家にたいへん役にたつのである。このことは最澄の時代に限らず、現在まであまり変わりはない。国の用の人間、実際、日本の国を支配している政治家や実業家に高い理想や深い思想を望むのは最初から無理だ、というのである。それゆえ学者も実際人もそれはそれで、それぞれ国の役にたつけれど、しかし、それだけでは国宝とはいえない。国宝たる人間は、言と行とが一致しなければならない。高い理想、深い思想をもちつつ、同時に優れた人格をもち、強い行動力をもたねばならないと最澄はいう。

最澄は、一つの国はそういう国宝を何人かもつことによって値打ちが決まると考えているようである。私もそのとおりだと思う。そういう国宝をたくさん抱えれば、国家は安泰である。そういう国宝をいくら国が所有しているかによって国の値打ちが決まると私は思う。これは、ただ一つの国家だけの問題ではない。地球全体において、人類全体においてもそうである。そういう人類の宝を何人抱えているか、それによって人類そのものの価値が決まるのである。

いま、人類はさまざまな危機に臨んでいる。その危機を超えるにはどうしたらいいか、それには国宝が必要である。よくいいよく行うことのできない人ではだめである。また、よく行ってよくいうことのできない人でもだめである。よくいいよく行うことができ、自分の利益より他人の利益を優先させる人、自分のことより自分の国家のこと、自分の国家のことより人類全体のことを憂える人、そういう国宝によってはじめて人類は救われるのではないかと私は思う。

とすれば、最澄の「六条式」というよりは『山家学生式』の最初の言葉は千古に通じる真理といえよう。

凡《およ》そ法華宗天台の年分、弘仁九年より、永く後際《ご》を期して、以て大乗の類となす。その籍名《しゃくみょう》を除かず、仏子の号を賜加《しか》し、円の十善戒を授けて、菩薩の沙弥《しゃみ》となす。その度縁には官印を請《こ》はん。

凡そ大乗の類は、即ち得度の年、仏子戒を授けて、菩薩僧となし、その戒牒《かいちょう》には官印を請はん。大戒を受け已《おわ》らば、叡山に住せしめ、一十二年、山門を出でず、両業《りようごう》を修学せしめん。

凡そ止観業《しかんごう》の者は、年々毎日、法花・金光・仁王・守護の諸大乗等の護国の衆経を長転長講せしめん。

凡そ遮那業《しやなごう》の者は、歳歳毎日、遮那・孔雀・不空・仏頂の諸真言等の護国の真言を長念せしめん。

（同前）


これが「六条式」の初めの四条であるが、先に述べたように、この「六条式」には最後の「四条式」にはっきり書かれている一向大乗戒の戒壇設立の要求については、まだ隠されているのである。しかし、この第一条と第二条には、すでにその新しい戒らしきものが述べられている。つまり、天台法華宗に属する年分度者《ねんぶんど》には、最澄がこれを書いた年、弘仁九年以後は、大乗仏教の戒律《かいりつ》を受けさせてほしいという。それは暗に、いままでの南都で受けた戒律は小乗仏教の戒律であるということを主張しているのである。まず僧にならんとする人は、先に述べたように『梵網経《ぼんもうきよう》』に説いている十重戒、円教《えんきよう》の十善戒を授けて菩薩の沙弥とする。その沙弥になった証明書、従来のような小乗戒の沙弥の証明書ではなくて大乗戒の証明書を国家から与えてほしいという。それから次に、先の十重戒に加えて四十八軽戒《きょうかい》を加えた仏子戒《ぶっしかい》を授けて菩薩僧とせよという。これが従来の具足戒《ぐそくかい》にあたるものであろうが、そこではっきり最澄は、奈良仏教の戒とちがった大乗仏教の戒を授けて、その証明書を国家から出してほしいという。そして大乗仏教の戒を受けてのち、叡山に住まわして十二年、山を出ずに遮那業や止観業の修行をさせようというのである。つまり、十二年間の修行を終えて仏子戒を受けるのではなくて、仏子戒を受けたのちに十二年間、籠山《ろうざん》をさせて苦しい修行をさせよというわけである。

■遮那業と止観業

これはおそらく、戒を軽減化することによって僧の修行が衰え、僧が堕落するのではないかという心配にたいして、最澄が答えた明解な答えといわねばならない。仏子戒を受けて、それで修行が終わって世に出るわけではない。逆なのである。仏子戒を受けてから、辛い厳しい修行が始まる。十二年間、山を出ず、止観業および遮那業に勤める。それはなみなみの決意ではできない。いったん仏子戒を受けたからには、そういう苦しい修行に耐えねばならないというのであろう。

その十二年間の修行とは何か。それは、止観業を修める者は、『法華経《ほけきょう》』『金光明《こんこうみょう》経《きょう》』『仁王般若経《にんのうはんにゃきょう》』『守護国界主陀羅尼経《しゅごこっかいしゅだらにきょう》』などの経典、すなわち顕教《けんぎょう》系の経典をもっぱら修めよというのである。その顕教系の経典の中に、一般に密教の経典と考えられる国家鎮護の経典『金光明経』や『仁王般若経』『守護国界主陀羅尼経』が含まれていることは、最澄の仏教の性格を考えるうえで重要なことであろう。『法華経』もまた、そういう鎮護国家の思想からみられているのであろう。そして遮那業を修める者は、『大毘盧遮那経《だいびるしゃなきょう》』『孔雀明王経《くじゃくみょうおうきょう》』『不空羂索経《ふくうけんじゃくきょう》』『仏頂尊勝陀羅尼経《ぶっちょうそんしょうだらにきょう》』など、密教系の経典を修めよというわけである。すでに、延暦二十五（八〇六）年に天台法華宗の独立が認められ、年分度の学生が二人定められたとき、一人は止観業を、一人は遮那業を学ぶことが定められていた。最澄はそれに忠実に従って、一人は顕教、一人は密教を学び、それぞれそれに応ずる経典を読むことを命ずるのである。それゆえに、日本天台宗ははじめから密教と深い関係をもつことが定められていたわけである。いわゆる台密の方向は、すでにその出発点において存在していた。

凡そ両業の学生《がくしょう》、一十二年、所修所学、業に随ひて任用せん。能く行ひ能く言ふは、常に山中に住して衆の首となし、国の宝となす。能く言ひて行はざるは国の師となし、能く行ひて言はざるは国の用となす。

凡そ国師・国用、官符の旨に依つて、伝法及び国の講師《こうし》に差任《しやにん》せよ。その国の講師は、一任の内、毎年安居《あんご》の法服の施料は、即便《すなわ》ち当国の官舎に収納し、国司・郡司、相ひ対して検校《けんぎよう》し、まさに国裏の池を修し溝《みぞ》を修し、荒れたるを耕し崩れたるを埋め、橋を造り船を造り、樹を殖《う》ゑ苧《ちよ》を殖ゑ、麻を蒔《ま》き草を蒔き、井を穿《うが》ち水を引きて、国を利し人を利するに用ひんとす。経を講じ心《しん》を修めて、農商を用ひざれ。然るときは則ち、道心の人、天下に相続し、君子の道、永代に断えざらん。

右六条の式は、慈悲門に依つて有情《うじよう》を大に導く。仏法世に久しく、国家永く固くして、仏種断えざらん。慺慺《るる》の至りに任《た》へず、円宗の式を奉り、謹んで　天裁を請ふ。謹んで言《もう》す。

弘仁九年五月十三日

前《さき》の入唐求法《につとうぐほう》沙門最澄

（同前）

これが「六条式」の終わりの二条である。まさに、ここでいう「国の宝」というのは最澄その人を示しているようにさえ思える。彼は僧としての免状を取った学生に、十二年間、山を下りずに勉強しろという。おそらくそれは、彼自身の体験を物語っているのであろう。彼は十九歳のときに山に入って、『願文《がんもん》』を書いて、仏と等しい心になるまでは俗人と交わらないことを誓った。おそらく何年も彼は山を下りず、ひとり学び、ひとり道を修めたにちがいない。深い山の孤独のみが、学問と修行に適当な環境であるということを、彼は強く信じていたのである。だから、正式の僧の資格が取れた学生に、十二年間も山を下りずに学問と修行に熱中しろというのである。そしてよく行ってよくいうことのできる者は、ずっと山の中にいて、多くの僧の長として国の宝とする、という。それはいわば最澄の後継者なのである。叡山にはおそらく、そういう国の宝が何人か育ったのであろう。そして鎌倉期に、まちがいなく「国の宝」と思われるような多くの僧たちが、この山から出たのである。

ところが、すべての学生が国の宝となるわけにはいかない。国の宝となることのできない人は、どうするか。よくいってよく行うことのできない人間、よく行ってよくいうことのできない人間、そういう才能の偏っている人間はどうするか。前文において、そのような人間もまた役にたつと最澄はいっているが、そのような人間は多く地方に行くがよいという。いささかそれは地方を軽んじた発言ともとられるが、実際それは現実策として妥当な策であろう。日本の文化は都を中心に発達した。その都の文化を地方におよぼさねばならない。この都の近くで育った真の意味の大乗仏教の徒を地方に遣わして、その地方を教化しなくてはならない。彼は、真の国宝の名に値しなくても、山において十二年間の厳しい教育を受けた人間は、真の大乗仏教を日本全国に広げるのにはなはだ有益であると考えたのである。しかし、その地方へ講師として派遣された弟子たちにも、彼は厳しいことを命ずる。毎年、安居の用として支給される金をその国の官庁に納め、池や溝を修理したり、荒れた土地を耕したり、崩れた堤を直したり、橋を架けたり、船をつくったり、樹や紵《あさ》を植えたり、麻や草を蒔いたり、井戸を掘り、水を引いたりすることに使え、というのである。

おそらく山にいる最澄は質素な生活を送って、国家から支給された金を、そういう国家や人民の利益のために使ったにちがいない。それと同じことを、彼らは地方に講師として派遣された彼の弟子たちに命ずるのである。そして経を誦み、心を正しくして、もっぱら学問と修行に精進して、農業をしたり、商業をしたりする仕事には携わるなというのである。そういうことをする人は、おそらく大勢いる。しかし、高い理想と深い思想を保ち、人びとにほんとうの大乗仏教を教えることは、彼らしかできないのである。

私は、この「六条式」の第五条と第六条に、高い理想に燃える理想家、最澄とともに、現実について細かい気づかいを忘れない現実家、最澄を見るのである。

■人材養成のための規則

「六条式」に次いで「八条式」が出されたが、「八条式」は先の「六条式」の細則であるといってよい。そこで最澄は、こまごまと学生の規則を規定している。たとえていうと、第一条は卒業試験の規則、第二条は衣食の規則、第三条は退学の規則、第五条は所属の規則、第六条は他の宗派に属し叡山に学びたいと思う僧にたいする規則、第七条は卒業後の勉強の規則、第八条は俗人の叡山の別当《べっとう》の規則ということになっているが、私がもっとも興味深いと思うのは、その第四条である。

凡そこの宗、得業の者、得度の年、即ち大戒を受けしむ。大戒を受け竟《おわ》らば、一十二年、山門を出でず、勤めて修学せしめん。初めの六年は聞慧《もんえ》を正《しょう》となし、思修《ししゅ》を傍《ぼう》となす。一日の中、二分は内学、一分は外学《げがく》。長講を行《ぎょう》となし、法施を業となす。後の六年は思修を正となし、聞慧を傍となす。止観業には具《つぶさ》に四種三昧を修習せしめ、遮那業《しゃなごう》には具に三部の念誦を修習せしめん。

（「八条式」）

「六条式」を受けて比叡山に学ぶ学生の細則を規定した「八条式」はみごとにできていて、一つ一つ十分な意味をもっているが、わけてもこの第四条はみごとな規則であり、それは現代にも通用する永遠の教育理念であると思われる。大乗戒を受けることは、正式な僧になる免許を受けることである。免許を取るために多くの僧は修行する。免許を取ってしまえば、もう一人前の僧になったということで修行を怠る、それがふつうの人間の考えることである。しかし最澄の考え方は反対で、まず免許を与えることは、これから長い間の修行に耐えることのできる証拠だという。そして大乗戒を受け終えて正式の僧侶になった天台宗の学生たちは、十二年間、山を下りずに、学問と修行に専念しなければならない。これは、並たいていのことではない。よほど志が強くなくては、この十二年間の籠山の行には耐えられないだろうと私は思う。

この十二年間の教育の期間を最澄は二分する。はじめの六年間は「聞慧を正となし、思修を傍となす」という。つまり、初等・中等教育は先生の教えを聞いたり学んだりすることが主で、自分で考えることは従である、そして一日のうち三分の二は仏教の勉強をし、あとの三分の一は仏教以外の勉強をせよ、という。これも私はたいへん適切な教育規則のように思われる。やはり学問というものは、まず先人の教えを学ばねばならない。先人の教えをしっかり学ばずして、自分でものを考えることはできない。先人の教えを学ばないで自分でものを考えても、それはひとりよがりにならざるをえないのである。だから、まず初等・中等教育においては、しっかり先人の学問を学べというのである。しかも、それは仏教の学問だけではいけない。仏教の大学であるからには仏教の学問を中心としなければならないが、仏教だけやっていてもほんとうに学問はできず、ほんとうに役にたつ人間は育たない。それではおのずから視野が狭くなり、同時に実際的に役にたたない人間が育っていく。そこで最澄は、三分の二は仏教の学問をして、あとの三分の一は仏教以外の学問をするのに割けというのである。

これは、はなはだ適切な教育の方法であると思う。はじめの六年間を、もっぱら経典を講読し、そして人格を磨くのに使えというわけである。私はそこに、ほとんど初等・中等教育の理念が出ていると思う。それはいまの時代でも変わりはない。そこでやはり、できるだけ外界の雑音を聞かずに学問に集中させねばならない。そして聞慧、つまり学問を学ぶことが中心とされるけれど、しかし、どこかでやはり思修、すなわち自分で考えさせる習慣を養わねばならない。そこで、あとの六年は「思修を正となし、聞慧を傍となす」というのである。もう高等教育になったら、自分の頭で考えるのが主であり、できあがった学説を学ぶのは従なのである。学問は、しょせん自らの頭でするものである。ただ教えられたことを学ぶだけでは、真の学問ではない。最澄はおそらく、そのことを十二分に知っていたにちがいない。最澄は一面、たいへん謙虚な宗教家で、彼の説はもっぱら三国仏教の伝統のもとに立つと自ら称するが、しかし、実は彼は独創的な思想体系をもっていたと、先に私は語った。その最澄が、やはり学問は聞慧より思修が大事だという。初等・中等教育は聞慧を主として先人の教えをしっかり学びとることが重要である。しかし高等教育になったならば、学びとった先人の教えのうえに自由に自己の思惟を展開しなくてはならないと、最澄はいうのである。

私は、この言葉を読んだときにはじめて、なぜこの叡山という山からのちの優れた宗教者、円仁《えんにん》、あるいは円珍《えんちん》、あるいは源信《げんしん》、あるいは栄西《ようさい》や道元《どうげん》、さらに法然《ほうねん》や親《しん》鸞《らん》、一遍《いっぺん》、日蓮《にちれん》などが出たのかがよくわかった。彼らは、やはり『山家学生式』に忠実であったのである。彼らは、はじめの六年は聞慧を主とし、あとの六年は思修を主とし、そして思修した末に、あるいは師の教説とも多少ちがい、あるいは祖師、最澄ともちがうような仏教理解に達し、山を下り、新しい宗派をつくりだした。実は、すでにそういうなりゆきを、最澄はここで認めているように思われる。思修を正としたら、師とちがうような学問がそこで生まれることを、最澄はすでに予見していたにちがいない。

のちの六年は専門の学を修めなければならないという。それは止観業と遮那業であった。止観業では四種三昧《ししゅざんまい》を修習する。四種三昧というのは、常坐《じょうざ》三昧・常行《じょうぎょう》三昧・半行半坐三昧・非行非坐三昧の行であるという。この「三昧」というのは、夢中になるということである。つまり学問は熱中なのであり、初等・中等教育を行い終えた大学教育において、彼は熱中が何よりも大事だというのである。その熱中の方法が人に応じてちがうであろうが、最澄はその人に応じた修行法をすすめる。そしてその四行のうち自分にあった行によって熱中の境地にいたり、天台智顗《ちぎ》の始めた止観業を深く身につけろというのである。それにたいして遮那業は、真言《しんごん》の三部、仏部・蓮華部・金剛部の三つの真言の行を勤めることをいう。真言は、究極的には大日如来《だいにちにょらい》と一体になることであるが、その入り方にはいろいろある。やはりその人の器量に応じたいろいろな仏から、大日如来と一体になるという真言の行をして悟りを開けというのであろう。

この教育理念は、実にみごとであるといわねばならない。はじめの六年はいわば仏教の基礎学、そしてあとの六年は仏教の専門学――止観業か遮那業――に熱中する。このような伝統は、現代でも籠山行と回峰《かいほうぎょう》行というかたちで続いている。籠山行は止観業の延長上にあり、回峰行は遮那業の発展したものとも考えられる。

この「八条式」は、のちの革命的な要求である「四条式」に続き、それが大きな論議を起こし、最澄の主著というべき『顕戒論《けんかいろん》』の執筆にいたったことは、前に述べたとおりである。教育の問題は戒律の問題と不可分であるが、しかし、いまはいちおうそれを離して考えたのである。

■総合大学としての比叡山

私は、先に最澄の『山家学生式』を聖徳太子の『十七条憲法』に比した。『十七条憲法』は日本の律令制をつくるための、当時の政治的状況からつくられた憲法であるが、それは不滅の真理を含んでいる。それと同じように、『山家学生式』も当時の政治的状況を多分に反映し、それは新しい一向大乗戒の戒壇の要求のための前文のような役割をなしている。しかし、それは同時に永久の教育理念を述べているのである。ここでも示されているように、最澄は比叡山延暦寺をたんに天台の根拠地にしようとはしなかった。ここを四宗兼学《ししゅうけんがく》の場所、すなわち天台・密教・禅・律の四つの仏教を学ばせる場所にしようとした。たんなる天台仏教のみを学ばせる専門大学ではなくて、四宗兼学のユニバーシティーとすることによって、この叡山を多くの発展の可能性をもつ学問の根拠地としたのである。

先に述べたように、最澄の弟子たちは、天台については十分学んだが、真言密教については十分学んでこなかったという最澄の嘆きを自らの嘆きとして、中国に渡って密教を学んできた。そして円仁、円珍によってその願いは満たされ、天台は密教化した。まさにそれは台密として、東密すなわち空海によって始められた高野山《こうやさん》の密教と並んで、平安仏教の大勢を占めるのである。

また、源信によって比叡山、とくに横川《よかわ》は浄土教《じょうどきょう》のメッカとなり、ついに法然、親鸞のごとき浄土教の僧を生み出したのである。浄土教もまた、最澄自身の思想の体内から、最澄の教育理念に従って生まれてきたといってよいであろう。とくに親鸞において著しく先鋭化される戒律論もまた、その源は最澄の戒律論にあるといわねばならない。そして、禅もまた、天台で行われる止観業と深い関係をもっていることは、すでに天台智顗の止観業が中国禅と深い関係をもっていることによっても明らかであろう。日本仏教の伝統の中では、禅もまた、天台の止観業を発展させたものということができる。

しかし、このような、はなはだ自由すぎると思われる最澄の教育理念を最澄の立場を慮《おもんぱか》って嘆いた人がある。それは日蓮である。日蓮は、天台仏教の根拠地のはずの叡山が密教や浄土教や禅によって占領されてしまったのを嘆いて、「もう一度、天台にかえれ、『法華経』にかえれ」と叫んだ、復古の情熱に燃えた宗教家であった。日蓮は、おそらくは法然の口称念仏《くしようねんぶつ》から学んだと思われる口称題目という新しい法華仏教の信仰のあり方を発明したが、彼自らは、はっきり智顗と最澄の伝統の復古者であると考えていたのである。彼の仏教が、智顗あるいは最澄の説の延長上にあることは否定することができない。

■人間中心から自然中心の仏教へ

私はもう一つ、最澄を語る場合に忘れてはならないものがあると思う。それは神道との関係である。最澄の伝記を見ると、最澄は神を敬う心が篤《あつ》かったということが記されているが、おそらく最澄、空海の平安仏教を待ってはじめて日本の神と仏は共存関係が成り立ったと思われる。そこからまた修験道《しゆげんどう》が生まれ、本地垂迹説《ほんじすいじやくせつ》が生まれた。もちろん、そのような傾向はすでに奈良仏教にあったが、やはり古くから神が住んでいると考えられていた山に根拠地をおくことによって、仏教は神々と共存せざるをえなくなったのであろう。

平安仏教は、都市仏教であった奈良仏教にたいして山岳仏教として捉えられるが、山岳仏教であることは、意外に深い意味をもっているのではないかと私は思う。それは、山には神々が住んでいたので、それで山に根拠地をおいた平安仏教は神道と共存せざるをえなくなったというだけではない。それによって、自然を神とする思想が日本の仏教の中に入ってきたのである。最澄において、すでにその萌芽は見られるが、「山川草木悉皆成仏《さんせんそうもくしつかいじょうぶつ》」という思想は、やはり山の中でしか生まれない思想なのである。山の中に根拠地を定めることによって、日本の仏教は人間中心の仏教から自然中心の仏教に変わったように思われる。

山に根拠地をおくことによる影響は、それればかりではないかもしれない。昔から日本人にとって、山は死者の国であった。人間は死んで山へいき、それからしばらくして天にいくが、天にいった死霊もしばしば山に下りてくる。仏教が山を根拠地とすることによって、仏教は日本人が長い間、山に存在していると考えてきた死霊との関係をもたざるをえなくなってくる。そして死霊と関係をもつかぎり、あの世を深く考えざるをえない。仏教において、あの世についてもっとも深い思弁をしたのが浄土教であるとすれば、山に根拠地をおいた仏教は浄土教的にならざるをえなかったのではなかろうか。叡山の中でも、人の住まない深山の横川から浄土教の教えが発生したのも、また当然であり、平安時代の浄土教が熊野《くまの》詣《もうで》のように山の崇拝と結びついたのも、深い理由のあることではないかと思う。最澄が山を愛し、山を根拠地とした意味が、もう一度、考え直されなくてはならないように思われる。

以上において私は、最澄の思想を、理論的な「仏性論《ぶっしょうろん》」と、道徳的な「戒律論」と、そして『山家学生式』にもとづく「教育論」を中心として語った。しかしそれは、偉大な人間である最澄の思想の、ほんの一端かもしれない。われわれは、しばらく忘れられていた偉大な宗教家である最澄を、いま、あらためて深く想起しなくてはならない。それがまた、現代に生きるわれわれを導く大きな指針になるのではないかと私は思う。

二部

万能の天才、空海

空海の再発見——密教の幻惑

タナトスとエロス

■偉大なる天才・空海

これから五回にわたって空海のお話をいたします。一宗の開祖というのは、それぞれその宗派の人から厚い尊敬を受けているものですが、弘法大師空海《こうぼうだいしくうかい》は宗派を超えて、多くの人びとから厚い尊敬が寄せられてきたように思うのです。昔から「大師は弘法にとられ」といわれるように、大師という号は、伝教大師《でんぎょうだいし》、弘法大師をはじめいろいろな高僧に諡《おくりな》されているわけですが、しかし、そのあとの方々はあまり有名ではなくて、大師といえば弘法大師であるといわれるくらい、空海はあまねく日本人の尊敬を受けてきました。また空海は文をよくし、書をよくする万能の天才でした。それで空海は、人としてというより神仏として尊敬を受けてきたように思われます。「南無《なむ》遍照金剛《へんじょうこんごう》」の遍照金剛は空海が自らつけた密教の僧としての名前ですが、「南無阿弥陀仏」といわれるのと同じように、南無――心から帰依《きえ》し奉る、遍照金剛――あまねく照りわたるダイヤモンド、そういうふうに神仏としてずっと尊敬されてきました。少なくとも明治時代まで、空海は日本の朝野をあげて厚い尊敬を受けてきたように思うのです。ところが明治以来、日本人は科学的知性を身につけるようになり、この科学的知性からみれば、人間を神として尊敬するということはおかしいということになります。この科神として尊敬されてきた空海にも、科学的理性は疑いの目を向けることになりました。

空海が広めたのは真言《しんごん》密教という宗派です。この教説については、のちほど詳しくお話ししますが、密教は加持祈禱《かじきとう》を行います。加持祈禱というのは、近代的科学精神からみれば、どうもいかがわしい、神や仏に祈って病気を治すということは非科学的なことである、というふうに考えられるわけです。それゆえ、加持祈禱を行う密教を広めた空海も、いささかいかがわしい人物であるということになる。そしてまた、空海の仏教は国家仏教といわれ、国家、とくに朝廷との結びつきが強かったので、空海は、このいかがわしい加持祈禱の宗教でもって天皇をはじめ貴族に媚《こ》びた男、というふうに考えられてきました。空海は万能の人だったということも、かえっていささか怪しい人間だとみられた。そういう怪しげな人間ではなく一筋の信仰に生きた人間こそ、ほんとうに純粋な宗教家だということになり、親鸞《しんらん》とか道元《どうげん》、日蓮《にちれん》、そういう人が純粋な信仰者として崇《あが》められるようになります。それにたいして、どうも空海がかつてあまりの尊敬を受けたという反動もあってか、空海を優れた宗教家として捉える学者は少なかった。

それで高校の教科書などでも、最澄の開いた天台《てんだい》、空海の開いた真言は、結局、貴族仏教、祈禱仏教にすぎないと、簡単に片づけられてきたわけです。私は四十歳のころ、空海の著作を読み、空海はたいへんすばらしい宗教者だ、そして密教というものは、ただ加持祈禱の仏教ではなくて、その背後に壮大な宇宙哲学というものを秘めているものだ、というふうに思うようになりました。それから私は、情熱的に空海復興を唱えたわけです。密教というものはたんなる祈禱仏教、貴族仏教にすぎないものではけっしてなく、空海は偉大な宗教家だったということをあちこちに書きました。

これが空海復興のきっかけとなって、まもなく湯川秀樹先生が、空海という人を日本の天才の一人として高く評価された。湯川先生は窮屈な道徳はお嫌いな方ですが、空海こそ、すべてのものにとらわれない、実に大きな創造的な思想をもっていた日本の天才である、というふうに評価されたわけです。こうして空海ブームが広がっていきまして、やがて陳舜臣《ちんしゅんしん》さんとか司馬遼太郎《しばりょうたろう》さんが空海の小説を書き、ますます空海を現代の日本人に近づけました。このように、私は空海復興に一役買ったわけです。

その後、実はあまり空海について勉強をしていないのですが、これから五回にわたってお話をすすめるにあたり、あらためて勉強しながら、はじめの二回は空海の生涯について紹介し、あとの三回は空海の思想についてお話することにしたいと思います。

空海の生涯については、空海が亡くなってまもなく真済《しんぜい》という弟子が『空海僧都伝《くうかいそうずでん》』というものを書く、あるいは藤原良房《よしふさ》が『大僧都空海伝』を書くというように、昔から空海の伝記はあまたあります。とくに、空海の千百五十年御遠忌《ごおんき》の記念に刊行された守山聖真《もりやましょうしん》という人の『文化史上より見たる弘法大師伝』という伝記はたいへん優れた本です。この本にまさる空海伝は、これまで出ていないと私は思います。それから宮坂宥勝《みやさかゆうしょう》先生と渡辺照宏《わたなべしょうこう》先生が、『沙門《しゃもん》空海』という本を出しています。私も宮坂先生と一緒に空海の本を書いていますが、そういう本を参考にして空海の人生というものを考えてみたいと思います。

■永遠の真実を求めて

空海が生まれたのは宝亀《ほうき》五（七七四）年といわれます（一説に宝亀四年）。光仁《こうにん》天皇の御代で、例の道鏡《どうきょう》の少しあとの時代です。奈良時代から平安時代の初め、古い秩序は壊れて新しい秩序が生まれようとする、そういう時代に空海は活躍しました。空海が生まれたのは讃岐国多度郡屛風浦《さぬきのくにたどのこおりびょうぶがうら》、いまの香川県善通寺市であるといわれています。彼のお父さんは佐伯直田公《さえきのあたいたぎみ》といいますが、この佐伯氏というのは郡司クラスの家柄で、古くはヤマトタケルに従って東国を征伐し、その功により讃岐に土地を与

空海誕生の地と伝えられ「産湯の井」がある善通寺
（香川県善通寺市）

えられたというふうに伝えられています。いわば地方の素封家《そほうか》です。

　空海の母方の伯父に阿刀大足《あとのおおたり》という人がいるのですが、彼は都に出て学者になり、のちに桓武《かんむ》天皇の皇子の伊予《いよ》親王の先生になっていますから、学者として立身出世したといっていいと思います。当然、空海もそういうコースをたどると、周囲から期待されていました。彼は、「生れて聡明。よく人事を識《し》る。五、六歳の後、隣里の間、神童と号す」（『空海僧都伝』）といわれているように、田舎の名望家の家に生まれ、神童と呼ばれていました。身内に中央で活躍している学者がいるということで、当然、空海は立身出世のために都へ出て、儒学の勉強をすることになります。

　十五歳のときに上京した空海は、十八歳で大学に学んだ。当時の大学というのは官吏養成の機関です。中国の律令《りつりょう》制と日本の律令制には大きなちがいがあって、その一つに中国の律令制には科挙《かきょ》制度というものがあります。その科挙制度に合格すると、どんな身分の子弟でも中央で活躍ができる、末は知事とか大臣とか、そういう高い位に上がることができました。ところが、日本にはいちおう大学はありますが、大学を卒業しても低い身分の子弟の未来は知れたものです。一方、貴族の子弟は大学へ行かなくても役人になれたし、出世コースをたどることができたわけです。

ですから、空海は大学へ入って、いよいよこれから儒学を学ぼうとしていたのですが、その前途にたいして大いなる疑いをもたざるをえなかった。どうせ大学で一所懸命、儒教を学んでも、出世は知れている、と。そういう儒学よりは、むしろ自分の好きな学問、人間の真実を明らかにする学問をやったほうがよいと彼は考えたようです。『空海僧都伝』には、「我の習ふところは古人の糟粕《さうはく》なり。目前、尚《なほ》益なし。況《いは》んや身斃《たふ》るるの後をや。この陰《おん》、已《すで》に朽ちなん。真を仰がんには如《し》かず」と常にいっていたと記されています。この言葉は私にはたいへん興味深い。自分のいま習っているのは故人の、昔の人の酒かすを舐《な》めるような学問だ、目前の益はなし、つまりこれは学んでも出世はタカが知れている、まして死んだあとに、この体が朽ちてしまうと、もうその学問は何にもならない、というわけですね。そんな学問ではなくて、永遠の真実を明らかにする、そういう学問をしたいと空海は考えた。これは彼の一生を貫く願いだというふうに思われます。

そこで、空海は『三教指帰《さんごうしいき》』という三巻の本を書きます。それは二十四歳のときですが、その本の中で三教、すなわち儒教、道教、仏教の三つを比較している。まず巻上で亀毛《きもう》先生という儒教の先生が登場し、蛭牙公子《しつがこうじ》という兎角《とかく》公の甥《おい》の放蕩児《ほうとうじ》、酒にふけり、漁色にふける、そういう不良少年を改悛させます。そして巻中では、傍らで愚者をよそおっていた虚亡隠士《きよぼういんし》という道教の先生が儒教より道教が優れていることを説いて、兎角も蛭牙も亀毛先生もそれに従います。最後の巻下で仮名乞児《かめいこつじ》という汚い格好をしている仏教の先生が登場し、仏教の教義こそもっとも優れたものであると説く。兎角公と放蕩児はそれに感服し、そして亀毛先生や虚亡隠士もまた仏教に帰依するということになる。これはドラマのかたちで再現された三教の比較論です。これはまたあとでお話ししますが、そういう比較論は彼の得意とするところで、この三教の比較論を実に堂々たる四六駢儷体《しろくべんれいたい》という、当時の美文で綴ったわけです。『三教指帰』はいわば処女作ですが、この処女作には並々ならぬ彼の表現力および彼の思想がよくあらわれていると思います。

■『大日経』との出会い

こうして空海は儒教を捨てて仏教に入ったわけですが、『三教指帰』に登場する仮名乞児のごとく、汚い風体をして、自然の深い山の中に入っていろいろ修行をしたということです。これは、日本では役行者《えんのぎょうじゃ》や行基《ぎょうき》菩薩《ぼさつ》の跡を継ぐものであると思いますが、当時の主流である都会仏教に背を向けて、空海は修行者と一緒になって山で思索をし、修行をしたわけです。

『空海僧都伝』には、「阿波大滝の峯に上《のぼ》りて修念すれば、虚空蔵の大剣飛び来りて、菩薩の霊応《れいおう》を標《あらは》す。或いは土左の室土崎において、目を閉ぢて観ずれば、明星、口に入りて、仏力の奇異を現《げん》ず」といっていますが、これは空海の仏教を考えるときに、たいへん大事な点ではないかと思います。つまり密教というものは、自然の中に仏を見る、という思想です。ふつう釈迦仏教というものは、何らかの意味で人間を中心にする仏教であるのにたいして、密教というのは自然中心の仏教であり、それはもともと彼の性格に似合ったもの、日本の土着信仰の伝統とも、役行者や行基ともつながるものでした。だから、阿波の大滝に登って修念すると、虚空蔵《こくうぞう》菩薩の大剣が飛んできて菩薩の霊応を示す。また、土佐の室戸崎《むろとざき》で目を閉じて観ずると、明星が口に入って仏の力を示す。そういう自然が仏である、霊妙なものが自然の中に宿っているということを、彼は若き日の修行の中から会得したのです。

こうして空海は乞食僧《こつじきそう》に交わって修行をしたわけですが、この中から一つの疑問が起こります。仏教というものは、実はさまざまである。三乗、五乗というように、実に多くの仏教がある。しかし、その仏教の中心は何か。仏教の中心をなすものを知りたいという願いが起こってきたわけです。それを空海は必死で求めるのですが、たまたま夢の中にある人があらわれて、おまえの求めているものは、『大毘盧遮那経《だいびるしやなきよう》』であると告げます。『大毘盧遮那経』というのは『大日経』で、真言密教の中心経典です。空海は夢の中でこの教えの重要さを知らされたわけです。自然の中における空海の仏教修行は、当然、密教につながると思いますが、空海は夢の中で『大日経』というものを知ったということです。それで苦労して、その『大日経』を探しだして読んだところ、よくわからない。いろいろな学者たちに聞いても、正しく教えてくれる人はいない。そこで、これはとても日本にいてはだめだと思って入唐《につとう》する。つまり中国へ行って、優れた学者を求めて密教を学びたいと考えた。そういうふうに『空海僧都伝』に書かれています。

これは空海の心境として、きわめて自然であると思います。空海は自然の中に仏を見た。そして自然の中の仏を説く仏教は密教であり、密教の中心経典は『大日経』だというところにたどりつく。それで『大日経』を理解したいけれども、教えてもらう先生はいない。それで唐へ行きたいと思った。その空海の心理の過程は十分によく理解できると思うのです。そして、延暦《えんりやく》二十三（八〇四）年に遣唐使が派遣されることになりました。空海は幸いにして留学生《るがくしよう》として遣唐使に加わり、唐へ行けるようになるわけです。

空海の人生というものを考えてみるとき、彼は一面で孤独の人です。だからいつも自然に惹かれる、そして自ら出世コースから外れ、乞食僧の仲間に入って自然の中で修行をする、そういう一面をもっています。しかし、それだけではなく、彼は一面ひじょうに人事が上手な人でもあるのです。人間の中へ入って、その人間にうまく解け込んで、その場の人間をうまく支配することができる天成の能力をもっています。私は空海という人は、タナトスといいますか、死の衝動の面と、エロスといいますか、この生の衝動の両面をもっていたと思います。この矛盾がたいへん激しいのですが、この矛盾の中で彼はさまざまな仕事をした人ではないでしょうか。そういうふうに、はじめはどちらかというと、現世から離れた孤独な修行僧だった空海が、延暦二十三年に留学生に選ばれたとき、この現世にまた帰ってきた、そこで彼は驚くべき力を発揮していくわけです。

■入唐して灌頂を受ける

延暦二十三年の遣唐使と一緒に唐へ渡る留学生に、なぜ空海が選ばれたのか。これはいろいろな説がありますが、どうも彼の先生、勤操《ごんぞう》の援助によって留学生に選ばれることができたのではないかとか、あるいは、のちの彼のパトロンとなる和気氏ともすでに縁があって、その推薦ではないかとか、そういう説があります。私はおそらく、世間を嫌って山の中でひとり修行している、そのまじめさとその学業の深さが、誰か権力のある者の耳に入り、彼が選ばれたのではないかと思うのです。

実はこのとき、空海と一緒に唐へ留学したのが最澄です。最澄は空海より六歳年長ですが、そのとき、すでに有名な僧でした。彼もまた若き日に世を厭《いと》って叡山《えいざん》に入ったのですが、時の天皇、桓武天皇に認められて、桓武天皇の寵愛する僧として一世にその名をとどろかしたのです。

最澄は還学生《げんがくしよう》、つまり短期で帰国すべき学生として入唐するわけですが、どうも、この肩書きのない最澄を唐へ渡らせて天台宗を学ばせようという天皇の意思がどこかに働いているように思うのです。最澄が入唐を命じられたこの遣唐使に、空海は留学生、つまり二十年唐にとどまって仏教を学ぶ僧として参加することができたわけです。最澄は当時すでに有名な僧ですが、空海はまったくの無名の僧です。だから、最澄は通訳付きですが、空海にはもちろんそういう通訳の同行は認められない。ただ単身、留学の途につくことになったわけです。

当時の遣唐使というのはたいへんでした。九州を出発して西へ西へと行って、中国のどこかに着けばよいという、危ない旅でした。幸い空海は、藤原葛野麻呂《かどのまろ》という大使が乗る第一船に乗ったのですが、この船は福州に着いています。福建省ですから、ずいぶん南へ流されたと思います。最澄の乗っている第二船もまた、無事に着いています。

こうして空海の留学が始まるわけですが、実は二十年の留学を命ぜられたにもかかわらず、わずか二年で帰ってきてしまいます。これは罪に価する約束違反です。彼は唐へ行く前からすでに密教というものはすばらしい、そしてその密教を学んでこようと思っていました。密教は、当時、中国で全盛期でした。金剛智《こんごうち》、不空《ふくう》という偉大な密教の行者《ぎょうじゃ》が中国に来て、時の皇帝の厚い崇拝を受けていました。空海はこの密教はすばらしい教えであると思って、密教の師を探していたのですが、都合よく師が見つかりました。空海は中国に着いた翌年、延暦二十四年に、中国の僧とともに偶然、恵果阿闍梨《けいかあじゃり》を訪れたといっています。この恵果という人は不空の一番弟子で、不空の法は恵果に譲られたということになっています。この人と会ったわけですが、恵果は空海を見て、「汝《なんぢ》を待つこと已《すで》に久し。今、果して来れり。吾《わ》が道東せん」と、何かあたかも空海を待っていたかのように迎えて、密教の教えをすべて伝えたと『空海僧都伝』に記されています。

そして延暦二十四年六月に、空海は胎蔵曼荼羅《たいぞうまんだら》を授けられることになります。曼荼羅の上に花を投げて、自分の守り本尊を決めるのですが、空海が花を投げたところ、偶然、真ん中の大日如来《だいにちにょらい》のところに落ちた。そこで大日如来の戒を受けています。こうして空海は六月に胎蔵界を受け、そして七月に金剛界《こんごうかい》を受けました。これらは受明《じゅみょう》灌頂《かんじょう》といいますが、八月には先生の資格が与えられる伝法《でんぽう》灌頂を受けている。この話は何かうますぎる話だと思います。いかにも恵果が空海を待っていて、三ヵ月の間に恵果のもっている教えをすべて授けたということは、かなりできすぎた話のようです。

しかし私は、こういう出会いはおそらく事実であるような気がします。恵果は、師匠の不空から学んだ真言密教の教えを授ける人を待っていたにちがいない。中国の弟子たちにも数々の優れた人がいて、その教えを授けたかもしれない。しかし、いま突如として、東の日本から優れた学僧がやってきた。そのような若い空海にたいして、恵果は、自分のもっているすべてを伝えよう、そしてその教えが日本に伝わるようにしようと、そう思ったにちがいないと思います。これは私は、師と弟子の稀有《けう》の出会いだと思います。こうして空海に法を授けると、ちょうどそれを待っていたかのように、恵果はその年に亡くなってしまうわけです。そのとき門人たちは、その墓碑銘《ぼひめい》を空海に書かせた。あまたいる恵果の弟子の中から、とくに空海が選ばれてその碑銘を書いたというのは、たいへんな名誉ですが、私はやはり、仏教というものが外国に伝わることを願って、恵果の弟子たちは碑銘を書く名誉を空海に与えたのではないかと思うのです。

ところが、恵果が亡くなってしまうと、空海はもう学ぶべきものはすでに学んだ、日本に帰ったほうがよいと考えたのではないかと思いますが、それ以後、彼は一所懸命に密教を中心とする仏教の経典を集めはじめます。仏教の経典ばかりか、いろいろな図像や密教の法具などを必死に集める。そして、その年に唐の長安《ちょうあん》にやってきた遣唐判官《けんとうのじょう》の高階真人遠成《たかしなのまひととおなり》という人に、橘　逸勢《たちばなのはやなり》とともに日本に連れて帰ってくれ、と頼むわけです。それで、空海は高階遠成とともに越州に出て、そこでもたくさんの仏典を集めて日本へ帰ってきます。

これは約束違反にはちがいありませんが、しかしおそらく空海は、自分がこれ以上唐に滞在しても学ぶべきものはない、早く帰って、唐で自分が学んだものを生かすほうが日本のためでもあると考えたのではないでしょうか。それはまた、自分が活躍するためにもいいと判断したわけです。そこで延暦二十五年、大同元年の八月に唐を発って帰国し、十月二十二日に高階遠成の上京に託して、『請来目録《しょうらいもくろく》』というものを朝廷に献上します。そして、彼はしばらく九州の大宰府《だざいふ》にとどまっていました。

「止みね。止みね。人間の味を用ひざれ」

■空海のエロスとタナトス

私は先に、空海という人は大いなる矛盾の人である、といいました。空海は一面、人間嫌いであり、孤独を好み、自然が好きでした。自然の中に入って、ややもすれば死を思う一面をもっている。しかし、一方において、彼は人間の中に入ってたいへんうまくやっていく才能をもっています。多くの人に気に入られ、現実の事柄をうまく処理する、そういう意思と能力をもっていると思います。孤独な空海をタナトスと捉えると、社会的なもう一つの空海はエロスと捉えられる。人間にはこうした二面性が誰にもありますが、とくに空海は、その矛盾が激しいように思います。孤独な自然好きな人にはお坊さんとか隠遁者《いんとん》とかいますし、また世間的にうまくやっていく人には政治家や経済人とかいますが、空海はこの二つの面をもっていた。矛盾する二つの面をもっていたところに彼の巨大な自我が存在していたと思います。その格闘と調和の中に彼の人生があったし、その中から彼は大きな仕事をしたというふうに、私は思うのです。

青年時代の空海はどちらかというと、タナトスの衝動に魅せられた人だといってよいと思うのです。彼は若いときに自殺未遂をしたというような伝承も伝えられています。少年のときに都に行き、大学へ入って勉強をしていた。親族たちは立身出世を期待したと思うのですが、彼はせっかく入った大学を中退して、仏教がほんとうの真実の教えだと考えて、汚い姿をして自然の中に入り、修行をしたり、思索をしたりしたわけです。こういう孤独なる、あるいは憂鬱なる青年時代を空海は送っている。このことは、後年の空海を考えるにあたっても、忘れてはならないことだと私は思います。彼が、釈迦中心の仏教ではなく、大日如来《だいにちにょらい》の教えという——大日如来というのは自然の仏ですが——自然中心の仏教を選んだのも、彼の青年時代の孤独と関係があるように思うのです。けれども彼の人生は、三十一歳で留学生《るがくしょう》に選ばれたときから、大きく変わってきます。

留学以前に、すでに彼は僧侶ではあったのですが、はたして正式に得度している僧であったのか、あるいは私度僧《しどそう》という非公認の僧侶にすぎなかったのか、いろいろ議論がありますが、どうも彼は正式の僧侶ではなかったという説が有力です。おそらく、山に住んでいたこの僧の異常な修行ぶりと異常な学力を認める仏教界か政治界の有力者がいて、空海は遣唐僧に選ばれたのだと思います。遣唐僧になってから、急いで正式の僧の免状を与えられたというのが真実ではないかと思われます。

こうして留学生に選ばれた孤独な青年が翌々年の延暦《えんりゃく》二十五（八〇六）年、三十三歳のときに唐から帰るのは、一つの大きな決断があったと私は思います。なぜならば、空海には二十年の留学期間が命ぜられていたからです。それを十八年も短縮して、わずか二年で帰ってくるということは、これは法にもとることであり、天皇の命令に背くことでもあります。それでも空海は、同じように二十年間の留学を命ぜられている橘逸勢《たちばなのはやなり》とともに、あえて二年で帰るという大きな決断をする。ですから、空海が高階遠成《たかしなのとおなり》に託して天皇に献上した『請来目録《しょうらいもくろく》』というのは、実に彼の運命を左右するものであったわけです。この『請来目録』の中で、空海はいかにすばらしい仏教を伝え、その経典をもってきたかを強調しています。その目録によると、次のようなものが挙げられています。

新訳等の経　都《すべ》て一百四十二部二百四十七巻
梵字真言讃等　都《すべ》て四十二部四十四巻
論疏章等　都《すべ》て三十二部一百七十巻
已上《いじやう》三種惣《すべ》て二百一十六部四百六十一巻
仏・菩薩・金剛天等の像、法曼陀羅・三昧耶曼陀羅、幷びに伝法阿闍梨等の影共に一十鋪
道具九種
阿闍梨付嘱物一十三種

（「弘法大師空海全集」筑摩書房）

この「新訳等の経」の中に、『金剛頂経《こんごうちょうきょう》』など密教の経典が含まれていた。いまだ日本に伝来せざる密教経典がほとんどすべて、ここに伝来されたわけです。「梵字《ぼんじ》真言讃《しんごんさん》」というのはサンスクリットの真言ですが、こういうサンスクリットの経典もたくさん持ち帰りました。そればかりか、密教経典の注釈書も持ってきた。そして、仏や菩薩《ぼさつ》、金剛天《こんごうてん》などが描かれた密教の図、つまり密教の教えを図で説いた曼荼羅《まんだら》をたくさんもってきています。それには、みごとな文章がつけられているのですが、そ

の文章によれば、空海は延暦二十三年に留学して、二十四年の二月に西明寺というお寺に住み、そこで幸いなことに、青竜寺《せいりゆうじ》の恵果《けいか》という高僧に会ったと述べています。この高僧は、玄宗《げんそう》皇帝の護持僧《ごじそう》である不空《ふくう》三蔵の弟子であり、その恵果が自分に受明《じゆみよう》灌頂《かんじよう》を授けてくれ、最後に伝法阿闍梨《でんぽうあじやり》位を受けて帰ってきたということになっています。

■真の密教を伝える

密教というものは、それ以前、すでに奈良朝からいろいろ伝えられてきましたけれども、それは真の密教ではなかった。いま、金剛界《こんごうかい》、胎蔵《たいぞう》という両部曼荼羅にあらわされる真の密教が海外から日本に届いたのである、それは陛下の高い徳のおかげであるというふうに空海は論じて、「空海、闕期《けつご》の罪死して余ありといへども、窃《ひそか》に喜ぶ、難得の法生きて請来せることを。一懼《いつく》一喜の至りに任《た》へず」といっています。二十年の留学期間を二年で引きあげてきたということは、その罪は死に価する、けれども得がたい法を、仏法の中でもいちばん優れている密教を不空の一番弟子の恵果から直接学んできた、そういうすばらしい法を日本にもたらした、それはたいへん嬉しいことだというのです。その罪の恐ろしさと密教を到来させた喜びとの矛盾に、自分はひじように苦しんでいるということを述べているわけです。

そして恵果阿闍梨から空海が法を伝えられた経緯をつぶさに述べています。ひじょうに名文ですが、少しうますぎるという感じがします。恵果はまさに死なんとして、まだ誰か伝法の弟子を待っていた、そこへ空海がやってきて、その教えを授けられた、まもなく恵果は死んで、その碑文を空海が書いたということです。恵果は不空から法を伝えられて、何か空海に法を伝えることが人生の目的であったような、そんな印象をこの文章から受けるわけです。これは空海の一世一代の大きなバクチだったろうと思いますが、私は多少、オーバーだという感が否めません。

空海は『請来目録』を高階遠成に託して、九州で朝廷のご沙汰のあるのを待っていましたが、朝廷からは、大宰府《だざいふ》の観世音寺《かんぜおんじ》でしばらく待つようにという命が下されます。私は、この朝廷の反応は無理もないと思うのです。空海に命ぜられたのは二十年間の唐での留学です。それを二年で引きあげてきた。おそらくそういう例はあまりなかったと思いますが、それは空海のいったように、死に価する罪です。そしてこの僧はしきりに、「けれども、自分はすばらしい仏教をもってきた。密教という仏教の中でもいちばんすばらしい仏教を不空の一番弟子である恵果から親しく授かってきた」というわけです。その主張にはもっともな点がありますが、それをどう考えてよいか、朝廷は少し迷ったのではないかと思います。というのは、最澄がこの一年前の延暦二十四(八〇五)年に、天台の教えとともに密教の教えをもって帰ってきているからです。

最澄についてはすでに述べましたが、彼もまた孤独を愛する人で、若いときに正式の僧になるのを拒否して比叡山《ひえいざん》に籠ってしまいます。最澄は山中で真理を求めていたわけですが、延暦十三年、都が奈良から京都に遷《うつ》ってのち、桓武《かんむ》天皇は都近くにいる最澄の噂を聞き、やがて桓武天皇と最澄の交流が始まり、最澄は天皇の寵僧として世に出てくるわけです。実は延暦二十三年の遣唐使の派遣も、多分に最澄のためであったと私には思えるのです。最澄は田舎の僧で、都で学んでいないので肩書きがなかった。この肩書きのない僧を天皇が重んじられるということに批判があったのではないか。そこで天皇は、最澄を唐に行かせて、本家本元の天台宗《てんだいしゅう》を学ばせてやろうとお考えになった。そのご意思によって、この遣唐使は派遣されたような気がします。

こういうかたちで最澄は還学生《げんがくしょう》として入唐《にっとう》しますが、彼は長安へは行かず、直接天台山へ行って、そこで道邃《どうずい》とか行満《ぎょうまん》という天台宗の僧について天台を学んで帰ってきます。そのときに、同時に順暁《じゅんぎょう》という人から密教を学んでいます。というのは、最澄はどうも天台という教えだけでは国家仏教として不十分ではないかと考えていたらしい。朝廷や貴族たちが仏教に求めるのは高尚な理論ばかりではありません。やはり加持祈禱《かじきとう》によって国家が繁栄し、安泰になり、それによって人間の幸福が増進される、そういう現世利益《げんぜりやく》の教えを仏教に求めていました。それゆえに最澄は、天台という深遠な真理を含む教えだけでは十分ではない、やはり密教という直接、現世利益に結びつく教えが必要である、と考えていたようです。それで順暁から密教を学んで帰ってきます。ところが、帰ってくると、天皇はすでに重い病の床についていて、最澄からそういう深い哲理を学ぶより、むしろ病気を治してくれるようなものを求めるわけです。そこで最澄はさっそく、唐で学んできたばかりの密教の灌頂を高雄山寺《たかおさんじ》（神護寺《じんごじ》）で行って、いろいろなお坊さんに灌頂を授けました。

■嵯峨天皇との出会い

このように、密教というものは、空海が日本に帰る一年前に最澄によって日本に伝えられていたわけです。その密教をいまさら日本に請来したという空海を、どう扱ったらよいか朝廷は困って、しばらく空海を九州にとどめおいた。おそらく空海は、うずうずしていたにちがいありません。しかし、その空海の運命が嵯峨《さが》天皇の登場によって急に開いていく。大同という年が弘仁に変わり、嵯峨天皇の御代になったときに空海は世間に登場してくるわけです。

これは、一つには空海の密教というものが国家を安泰にする鎮護国家の仏教として大きな意味をもっていたからです。具体的にいうと、嵯峨天皇は平城《へいぜい》上皇との間にトラブルがあり、大同四（八一〇）年に起こった薬子《くすこ》の乱で平城上皇側が敗けて上皇は幽閉されることになります。この薬子の乱に空海は一役買って、嵯峨天皇側の護持僧として大きな貢献をしているのです。つまり、武力面では坂上田村麻呂《さかのうえのたむらまろ》が大きな貢献をしましたが、空海は加持祈禱の力で薬子の乱の平定に貢献したわけです。こうして空海は嵯峨天皇の宮廷に深く入っていくことになります。これは真言密教というものを考えるときに、どうしても忘れてはならない点ですが、やはり空海は鎮護国家の仏教として密教を利用し、権力者と結びつき、権力者の争いの一方に味方して祈禱をしたということです。

そしてまた、敗けたほうの怨霊《おんりょう》の鎮魂《ちんこん》もするわけです。敗けた側には怨みがあり、さまざまな祟《たた》りをなすので、真言僧はその怨霊どもを鎮めて国の安泰をはかるというかたちで権力者と結びつく。つまり、闘いのときに、闘いの一方の側に立って敵側を調伏《ちょうぶく》する祈禱をする、そして闘いが終われば、敗けたほうの怨霊の祟りを鎮める。このように、密教は二重に鎮護国家の宗教として有効になったのです。

こうして、薬子の乱の平定を契機に、空海は嵯峨天皇と強く結びつき、ちょうど最澄が桓武天皇の寵僧であったと同じように、嵯峨天皇の寵僧として活躍するわけです。これは、一つには嵯峨天皇と空海が趣味を同じくしたこともあると思います。嵯峨天皇は書道に堪能であり、漢詩も上手であったといわれます。その文学趣味と書道の才能において、まさに空海は天皇の文化的顧問としても最適任でした。今日、嵯峨天皇に贈られた空海の書簡が残されていますが、その手紙を見ると、実に付き合い方がうまいと感じます。あるときは狸の毛の筆を天皇に贈っています。空海は中国で筆をつくることを学んでいますが、その狸の毛で真書、行書、草書、写書の筆、それぞれちがった四本の筆をつくって、天皇に贈っている。これは書道の好きな嵯峨天皇にはいちばんよい贈り物で、しかも中国で筆の製法を学んできたとなれば、いよいよ喜ばれることになります。たった四本の狸の筆で空海は十分に嵯峨天皇の機嫌をとっている。また空海は西域から輸入されたみかんをつくっていたので、それを贈っています。天皇が西域の文化の香りを発散させているみかんをどういう気持で賞味されたか。空海というのは、やはり贈り物上手な人であったと思うのです。

こうして、またたくうちに空海は嵯峨天皇の寵僧としてたいへん活躍することになります。ところが、ここに一つの事件が起こる。それは最澄と空海の仲違いです。とかく両雄並び立たずといいますが、最澄と空海は当時の仏教者として傑出した人物であり、かつ、後世に大きな影響をおよぼした人です。二人とも天才であり、思想も深いし、世間との付き合い方もたいへんたくみです。この二人の僧が仲違いした。これはどういうことか。先にいいましたように、『請来目録』を空海は延暦二十五年、大同元年に朝廷へ提出しました。これを見て、最澄はびっくりしたと思うのです。なるほど、最澄は密教を学んできましたが、それは地方の、必ずしも密教の優れた先生とはいえない順暁から学んだものでした。ところがいま、空海は都で不空の一番弟子である恵果から密教を学んで帰ってきたという。その『請来目録』を見ると、最澄が見たいと思う本がいっぱいある。最澄が空海から本を借りたいと思うのは無理もありません。そこで最澄は空海に手紙を出して、本を貸してくれと頼むのです。本を借りることから空海と最澄の付き合いが始まり、ついに弘仁三（八一二）年に、空海は和気氏の私寺である高雄山寺——最澄が多くの僧に灌頂を施した高雄山寺で、最澄をはじめとする僧たちに灌頂を施すことになるわけです。

これはやはり最澄の密教を知りたいという強い気持によりますが、密教を知りたいという知識欲の前には、あえて自分の後輩である空海に頭を下げるというところに最澄の謙虚な気持があらわれている。それで最澄は弟子たちとともに金剛界および胎蔵界の灌頂を高雄山寺で受けるのです。かつて多くの僧に灌頂を授けた前帝の寵僧、最澄が、今度は一人の無名の僧に灌頂を授けられた。つまり、最澄は無名の空海の弟子になったわけですから、空海の名声を大きく高めたにちがいない。こうして、最澄は空海から本を借りて密教を勉強し、空海はその最澄によって有名になり世間に認められる、そういう相互関係に二人はあったわけですが、とうとう、その関係は破れることになります。

■空海の入滅

弘仁三年の十一月、最澄は『理趣釈経《りしゆしやくきよう》』の借用申し込みをしたところ、それにたいして空海は手厳しい断りの返事を出しました。『理趣経』というのは、真言密教ではたいへん大事な教えです。そこには、人間の感覚というものは美しく、愛欲すら本来清浄であるということが書かれているのですが、それにたいして空海は、「本ばかり読んでいてはだめだ。密教は修行である」ということをいって、「あなたが密教の道理を知ろうと思うなら、密教僧として行を修めなさい。そうすれば密教を教えましょう。しかし、本を借りようとしてもだめです」という返事を出したわけです。

また、最澄は泰範《たいはん》という愛弟子を密教を学ばせるために空海のもとに遣わしていましたが、この泰範がいっこうに最澄のもとに帰ってこない。それで最澄は綿々と心情を述べた手紙を泰範に書いているのです。「どうかこの年寄りを見捨てずに、私のもとへ帰ってきておくれ」とか、「真言も天台も同じ教えであるから、私のところへ帰ってほしい」という手紙を送るのですが、空海が泰範に代わって、最澄に返事を書いた。「あなたは真言と法華天台とは同じだというけれど、それはちがう。真言は自利《じり》の教えであり、天台は利他《りた》の教えである」と。おそらく最澄は泰範に早く帰ってほしいために天台も真言も同じだといったのでしょうが、空海はその言葉尻をとらえて、最澄にしっぺ返しをするわけです。

こういうことで、空海は最澄と別れるのですが、これをどう考えたらよいのでしょうか。私は空海びいきではありますが、この場合は多少、最澄に同情したくなります。空海の手紙はみごとな名文ですが、先輩にたいする思いやりの心を欠いているような気がします。空海はこのとき、もう最澄に利用価値はないと思ったにちがいありません。彼は嵯峨天皇の寵愛を十分に計算していたと思われます。そして、ついに弘仁七（八一六）年、空海は高野山《こうやさん》を賜るわけです。

晩年の空海は、いってみれば、嵯峨天皇の寵愛を受けて飛ぶ鳥を落とすような勢いだったように思われます。ところが、弘仁七年、空海は紀州の南山に自分の死に場所をつくりたいといって、高雄山を去り南山に入ってしまう。これが高野山ですが、この山はいまでもたいへんなところで、「その峯、絶遠にして遙かに人煙を隔《へだ》つ」と『空海僧都伝』にはあります。とても人間の住むようなところではありませんでした。そこに、空海は自分の死に場所を求めて、その地を与えられるように朝廷に願いました。こうして空海は、最澄の比叡山延暦寺にたいして、高野山に金剛峯寺《こんごうぶじ》をつくることになります。

私はここに、やはり空海のタナトスの衝動があると思うのです。宮廷で活躍すればするほど、彼は心の奥深くに、こういう世界から逃れて自然の中で密かに命を終えたいという気持がつのってきたにちがいないと思う。高野山は都からはるかに遠いのですが、ここに私は、空海のタナトスの心の深さを感じとれるように思います。空海はこうして高野山に一つの根拠地をつくるわけですが、一方、それとまったく反するかのように、弘仁十四（八二三）年、東寺《とうじ》という都に近いもう一つの根拠地を賜る。東寺は西寺《さいじ》と並んで都のもっとも重要な寺です。その東寺が与えられたということは、彼の仏教がしっかり都に根づいたということです。空海は高野山と東寺の間を往復して生活していたように思われます。ここに私は、やはり空海という人の本質を見るのです。彼は一面で世を厭《いと》う、これも彼の真実であり、その本拠地として高野山を考え

空海が入定した高野山の聖地、弘法大師廟

た。そして一面、世間的に活躍する、そういう場所として東寺を考えたのではないか。この東寺と高野山の距離と対立は、空海の二つの心の距離と対立の反映のように思うのです。

　このように、空海は一方で孤独を求めて山で修行しつつ、もう一方では世間につながり、自分が死んでも、真言宗が永遠に栄えるようにさまざまな手配をしています。そして天長九（八三二）年の十二月十二日より「深く世味を厭ひて、常に坐禅を務む」状態となり、死を予感します。命には限りがあって、しいてとどめることはできない、その時がきたら、山に入ろうという。そして、承和二（八三五）年の正月に「水《すい》漿《しやう》を却絶《きやくぜつ》す」、水、飲み物を断ちます。弟子たちが懇願するのですが、彼は「止《や》みね。止みね。人間の味を用ひざれ」と断って、水を断ち、いよいよ死につくわけです。そして三月二十一日、右脇を下にして空海は亡くなります。

この空海の死について、実は空海の死は死ではない、高野山で空海は永遠の定《じょう》に入って、高野山の奥の院でいまもなお生きているのだという説があります。また、空海はふつうの死に方をして、やはりここで死んだのだという意見もあります。宗門では前者の意見を長い間、信じてきましたが、後者のような意見が出はじめています。

私は、これはやはり空海らしい死だというふうに思います。彼は自然が好きで孤独を求めていたのだと思います。日本人は、死ぬと「お山へ帰る」という考え方をずっともってきたわけですが、空海も、いよいよ死の時がきたので生に執着せずにやはり山へ帰っていったと私は思うのです。それは実に空海にふさわしい死であり、いたずらに、空海がいまなお高野山で生きつづけているということは、かえって彼を損なうことになるのではないでしょうか。

顕教と密教

■密教は仏教の最終段階

さて空海の人生についてお話ししましたが、次に空海の教説についてお話ししましょう。教説といいましても、空海の仏教はやはり行《ぎょう》というものを重要視するわけですから、空海の教説を理解するには行をする必要があるのです。真言《しんごん》密教というものは、空海がいうように、行をしない人には理解できないものかもしれません。したがって、行をほとんどしたことのない私が空海の教説をよく理解することができるかどうか、はなはだおぼつかない。そこで、ここでは行はさておき、できるだけ空海の書いた本をとおして空海の思想に迫りたいと思います。

まず、はじめに『付法伝《ふほうでん》』を取りあげます。『付法伝』には二つありまして、『広付法伝』（『秘密曼荼羅教《ひみつまんだらきょう》付法伝』）という長い付法伝と、『略付法伝』（『真言付法伝』）という短い付法伝があります。それに『弁顕密二教論《べんけんみつにきょうろん》』という教相判釈《きょうそうはんじゃく》の本を取りあげますが、教相判釈というのは、あまたある仏教宗派の中において、それぞれの宗派がどういう位置を占めるのか、その宗派が優れているとしたなら、どういう点において優れているか、そして、それはどういう正統な由来をもっているか、ということを明らかにすることです。空海は、密教の教相判釈の本として『弁顕密二教論』というものを書いたわけです。密教は顕教《けんぎょう》に対立する仏教ですが、ここで空海は、密教とはどういう宗教で、顕教とはどうちがうか、どの点が優れているかということを明らかにしています。そして『付法伝』で、それがどのような正統な由来をもっているかということを明らかにしている。そこで、ここでは『弁顕密二教論』と『付法伝』を中心に密教の教義に触れてみたいと思います。

密教というのはいったいどういう仏教であるのかというのは誰もが問う問いです。これをどう考えたらよいのか、いろいろむずかしいのですが、ここではまず、密教が歴史的にみて、どういう仏教であるかということについてお話しして、それから空海の密教論について触れたいと思います。

まず、密教とは、仏教の最終段階に出てきた仏教の教派であるというふうに、私は考えます。仏教というのは、紀元前五世紀ごろにインドに出現した釈迦という歴史的人物の教説にもとづいた宗教ですが、それがインドという風土において、さまざまに変化していきます。そして紀元二世紀ごろに龍樹《りゅうじゅ》という人が出て、大乗仏教という新しい仏教を説きました。その大乗仏教がまたさまざまに変化して、最終段階に密教というものが出たと思うのです。ところが、この密教というものはインド土着のヒンズー教の影響をはなはだ強く受けていて、密教が隆盛を誇ったのちに、今度はすっかりこのヒンズー教に仏教が呑まれてしまうということになります。仏教は密教を最後の華麗な花として、ヒンズー教に呑み込まれ、現在、インドでは仏教は過去のものになってしまいました。

では、この密教というものは、釈迦仏教からどのように変わっていったのかということですが、これは長い間の歴史があって簡単に語ることはできません。しかし、簡略にいうと、こういうことになると思います。

紀元前五世紀に出現した釈迦は新しい教説を述べました。それは、この世の人生は苦しい、人生は苦であるということです。そして、苦というものがこの世の人生の本質であるばかりか、人間は生まれ変わり死に変わり、苦の世界を輪廻《りんね》するというふうに、彼は考えたのです。この世が苦であるばかりか、永遠に人間は苦を受けるのだという、たいへんペシミスティックな人生論ですが、その苦の原因を愛欲だと釈迦は考えた。人間はいろいろな愛欲が深い。女性に恋したり、金に執着したり、地位にとらわれたり、そういう欲望が苦を生んでいるというわけです。この欲望が原因になり、人間がいろいろなものに生まれ変わって永遠に苦を受けるというのです。だから欲望を滅ぼせば、この世の苦を脱するばかりか、生まれ変わる原因をなくすことができると説きました。欲望を滅ぼした状態を涅槃《ねはん》といいますから、生きているうちに涅槃に入るということです。この涅槃に入った人間のことを仏陀《ぶつだ》といったわけです。そういう宗教を釈迦はたいへん熱心に説き、釈迦の教団はこの釈迦の思想をもとにして戒律《かいりつ》を守り、瞑想をして、智慧《ちえ》を磨くという、修行者のグループをつくっていきました。

これが初期仏教教団です。

ところが、時代がたつにしたがって、仏教は変質していくことになります。これは、一つには釈迦という人が神格化されるからです。その過程で仏像ができたりする。そして釈迦そのものが崇拝の対象になる。釈迦のような偉い人は前世もまた仏であったにちがいないということから、釈迦の前世の仏というのが考えられるのです。そこから釈迦が前世からずっと仏であり、七回生まれ変わってこの世にあらわれるという説が出てきます。そしてまた、龍樹を中心として大乗仏教がつくられることになって仏教は大きく変質します。これまでの仏教は欲望を否定して悟りを開けと説いたわけですが、そういう否定も一つのこだわりであるという。だから肯定でも否定でもない「空《くう》」、有にも無にもとらわれない「空」が説かれ、空の仏教である大乗仏教が出てきたわけです。大乗仏教が出現すると、歴史的な釈迦仏教というものは否定されることになります。つまり、これまでの仏教は、仏が釈迦という生身の人間のかたちをとって教えを説いたものにすぎず、それは応化身《おうけしん》の仏教である、法身《ほっしん》すなわち真実の仏としての釈迦の説いた仏教はそれとちがうというのです。

『法華経《ほけきょう》』というのは、この永遠の仏としての釈迦の説いた教えということになっていますが、それを一歩すすめて『華厳経《けごんぎょう》』というのが出てきます。そこでは、もう釈迦ではない、毘盧遮那《びるしゃな》という超人間的な仏が宇宙の根底にいるのだと考えられる。こういう毘盧遮那の一つのあらわれとして釈迦がある。ここで仏教は完全に釈迦離れをする。歴史的釈迦↓法身の釈迦↓毘盧遮那への変化は歴史的必然の方向です。この毘盧遮那をもう一段自然の方向に超えたところに、摩訶《まか》毘盧遮那すなわち大日如来《だいにちにょらい》が生じたと思います。ここにくると、仏教は完全に釈迦を超えます。釈迦の仏教はひじょうに人間的な仏教ですが、摩訶毘盧遮那というと太陽崇拝になる。つまり仏教が、人間中心の教えからだんだんと自然中心の教えになってくるわけです。

密教はそういう仏教です。それが仏教といえるかどうか問題ですが、こういうような自然中心の仏教には、私は多分にインドの土着宗教であるヒンズー教の影響が強いと思うのです。仏教がヒンズー教の影響を受けて密教が出てきたということです。もう一歩すすむと、今度は仏教をヒンズー教が包み込んでしまってヒンズー教そのものになるという、そういう動きがインドの大きな思想的動きですが、その最後の段階の仏教として密教が出てきたわけです。

■密教の宗祖の系譜

これが歴史的な密教の由来ですが、空海はこうした歴史的な事実を知りません。また、こういう思弁を当時の仏教者はしなかったわけです。というのは、西域を通じて中国へ仏教が入ると、いろいろな仏教の経典がいっせいに訳されるようになりました。だから、仏教経典が実は釈迦の死後もつくられ、時代的に成立年代がちがうのですが、それは、経典をすべて釈迦の語った説と考える仏教の立場からはとても受け入れられない。ですから、その中でどれが正しいかという教相判釈が仏教学の中心になります。『弁顕密二教論』というのは、こういう教相判釈の書ですが、そこで空海は密教というものと顕教というものを対立させています。はっきりいえば、密教以外の仏教はぜんぶ顕教になる。大乗仏教も小乗仏教もすべて顕教の中に入ります。空海をしていわしめれば、実はいままで仏の真実の智慧というものはあらわれなかったのだというわけです。いままで顕教において説かれていたのはほんとうの仏の智慧ではない。仏の智慧は実はひじょうに深いもので、いままで秘密にされていたのだというのです。その深い仏教、真実の仏教が最近になってやっと明らかになった、それが密教だというふうに考えているのです。

先ほどの話ですが、法身すなわち真実の仏と応化身すなわち仏の仮にあらわれたもの、その対立が仏教では重要です。空海によれば、密教は法身の仏教であって、顕教は応化身の仏教であるというわけです。この応化身の仏教に、歴史的な釈迦の説いた小乗仏教も、あるいは永遠の仏としての釈迦の説いた『法華経』のようなものもぜんぶ含まれるのです。永遠の釈迦といっても、実は仏の応化身にすぎない、仏の法身は摩訶毘盧遮那だと空海はいうのです。だから、摩訶毘盧遮那すなわち大日如来の説いたもののみが法身の仏教だということです。そして、顕教というものは他受用身《たじゆようしん》の仏教、仏が他人のために方便《ほうべん》として説いたのだといい、密教こそは自受用身《じじゆようしん》の仏教、仏が自分のために自分で楽しんで説いた教えだ、というふうにいうのです。

そして、この密教の智慧は世界のもっとも深い智慧であると述べています。顕教のいちばん深い智慧というのは、結局、否定に終わっている。たとえば、それは有でもない無でもない。肯定でもない否定でもないといいながら、結局は否定に終わっている。否定に終わっているのは仏教の入門にすぎず、そこから深い智慧に入るというのです。それで、その深い智慧の門というのは秘密の門であり、それは仏の内証智《ないしょうち》だという。その秘密の門の内に、自ら内で証している仏の密かな深い智慧がある、その深い智慧の門に入れというわけです。これが空海の教相判釈の説です。

密教はこのようにすばらしい仏教かもしれませんが、それがどのようにして興り、どのように伝えられたかが問題です。これは空海が『付法伝』で論じたことですが、仏教は大日如来すなわち摩訶毘盧遮那から空海まで八人の祖によって伝えられたといわれている。それを真言八祖と宗派ではいっていいます。第一祖というのが摩訶毘盧遮那で、これは永遠の仏です。この永遠の仏は自分の仲間の仏に囲まれて、そこで自分で楽しんですばらしい法を説いている、そういう光り輝く仏です。第二祖が金剛薩埵《こんごうさった》という。金剛はダイヤモンドですね、薩埵というのは人ですから、ダイヤモンドの人という意味で、太陽のごとく光り輝く摩訶毘盧遮那からすばらしい教えを受けて、人間に伝える役目をもって生まれてきたわけです。そして、その信仰はダイヤモンドのように固く、摩訶毘盧遮那から密教の法を聞き、それを後世に伝える役目を担っているわけです。この第一祖と第二祖はまったく理論的な祖ですが、第三祖からは、やや歴史的な祖になります。

■宗祖の理論的存在と歴史的存在

第三祖は、先に述べた大乗仏教の開祖といわれる龍樹たちです。ふつう龍樹は般若《はんにゃ》系の仏教を説いたといわれますが、密教においては、龍樹は密教の経典を説いたと考えられていて、その名を龍猛《りゆうみよう》といいます。この名前もたいへん密教的です。「龍」というのは雨を降らす。密教のひじょうに大事な行である雨を降らす能力をもっていて、あまねくその雨で衆生《しゆじよう》に利益を与える。そして「猛」というのは勇猛な力をもっているということで、いかにも密教的に解釈された名前であると思います。

この龍猛は金剛薩埵から密教の伝授を受け、密教経典を著した人であるといわれます。『付法伝』の第三の問答の中にあるのですが、「大毘盧遮那の真言を持す」、つまり、大毘盧遮那の真言を持誦《じじゅ》していたところ、大毘盧遮那がその前にあらわれて、虚空の中において法門および文字章句を説いた。龍猛はこの摩訶毘盧遮那が虚空の中で説いた教えを写し終わって、『毘盧遮那念誦法要《びるしゃなねんじゅほうよう》』一巻を著したということです。歴史的には密教経典は龍樹の著ということにはなりませんが、密教では龍樹すなわち龍猛が密教経典を書いたということになっているわけです。『毘盧遮那念誦法要』には、次のように語られています。

　龍猛が南インドへ行き、真理の塔の前に立った。その塔にはいっぱい真理が詰まっている。その門を開こうと七日間念誦をした。そして白い芥子《けし》でその塔の門を叩いたところ、門は開かれたが、塔内の金剛神がいっせいに怒って入れなかった。この塔内を見ると、そこには香灯の光明が一丈二丈も輝きを放ち、美しい花や立派な宝箱が満ちていた。これは神秘的な観想の表現だと思いますが、そういう真理の塔の中を見て、一所懸命に懺悔《ざんげ》して大誓願を発《おこ》すわけです。そうすると金剛神が出てきて、「おまえは何のためにやってきたのか」と問うので、龍猛は「如来の滅後に、邪林繁く鬱《さかん》にして、大乗滅しなんと欲す。これこの塔の中に三世の如来の一切の法蔵ありと聞く。願はくは、受持して群生を利済せん」と答えました。つまり、釈迦の死後まちがった教えが繁盛して、大乗仏教が滅びようとしているが、この塔内に如来のすべてのすばらしい法が詰まっていると聞いたので、人間たちを救おうと思ってやってきました、と答えた。それを聞くと、塔を守っている金剛神たちは龍猛を中へ入れました。ここは、すなわち「法界宮殿毘盧遮那現証窣都波これなり」と龍猛はいう。それが毘盧遮那がいる塔だったというのです。その中に、三世《さんぜ》の諸仏や大菩薩《ぼさつ》の普賢《ふげん》も文殊《もんじゅ》も住んでいた。そしてそこで龍猛は金剛薩埵たちから灌頂《かんじょう》を受けて、秘密の法を伝授されたというわけです。龍猛はこういう仏の世界に入っていく。一度はそこから拒否されるのですが、あくまで法を求めて、とうとう、そこにほんとうの仏の世界が光り輝いているのを見たということなんです。

　これは象徴的に語られていますが、私はここでニーチェの『ツァラトゥストラ』を読む思いがしました。このように龍猛は、摩訶毘盧遮那の説いた超歴史的な教えを歴史的なものにした。そして密教の基礎をつくった人として評価されるのです。ところが今度は、この龍猛の感得した密教の教えを後世に伝える人が必要になってくるわけです。それが第四祖の龍智《りゅうち》という人です。彼は龍猛の弟子ですが、実に七百年も長生きをして、現にインドで法を説いている。そしてこの法を第五祖である金剛智《こんごうち》が受け継ぎ、第六祖である不空《ふくう》に伝えたということになります。ちょうど何百年も生きた第二祖、金剛薩埵が永遠の教えである第一祖の摩訶毘盧遮那の教えを後世に伝えるという役割をもっていたように、第三祖、龍猛は密教の教えを歴史の中に実現したわけです。それを後世に伝える役割として龍智という人が考えられるのです。そしてこの龍智から、はじめてほんとうに歴史的な人間である金剛智に密教の教説が伝わったということになります。

以上の真言四祖までは、どちらかというと理論上のものであり、歴史的な人物ではありません。龍樹はたしかに歴史的な人物ですが、それは密教からみた龍樹すなわち龍猛であり、多分にその話はつくられたものであるという色彩が強いのです。

ところが、第五祖の金剛智からは歴史的な人物になります。金剛智という人は、インドで八世紀の初めに活躍した人です。はじめはいろいろな仏教を研究したのですが、三十一歳のときに南インドにおいて、龍樹菩薩の弟子の龍智と名乗る七百歳の僧に会って密教を学んだという。そこで秘密仏教というものをはじめて習って、それを世に広めたというふうにいわれています。南インド一帯で日照りが長く続いたときに雨乞いのお祈りをしたりして、たいへん有名になったようです。晩年、中国へ行きます。

開元八（七二〇）年、わが国の養老四年、『日本書紀』がつくられた年ですが、そのときにたくさんのインドの経典をもって海路で中国、唐に着きます。唐では珍しいインド僧としてたいへん尊敬されて、唐にあること二十二年、『金剛頂瑜伽中略出念誦経《こんごうちょうゆがちゅうりゃくしゅつねんじゅきょう》』などの多くの密教経典を翻訳したといわれています。

密教というものは、教義ばかりではなく行の仏教であるといいましたが、この金剛智という人もさまざまな行の力をもっていました。玄宗《げんそう》皇帝の王女が死んだときに、王女の霊を呼び寄せて二日間永らえさせて、またあの世へ送ったというような話や、あるいは龍を呼んで雨を降らしたという、いろいろ神秘的な話が伝えられています。それと同時に、見落とせないのは、『付法伝』の金剛智の伝に、彼が「秘術に工《たくみ》なり、妙《たへ》に粉《ふん》絵《ゑ》に閑《なら》へり」とあることです。つまり秘術がたくみで、絵を描くことが上手であったというのですが、空海がこういうところに注目していることは無視できないように思います。空海はこういう先輩の才能を受け継いでいるわけです。

こうして金剛智は晩年、唐に行って布教して尊敬されていたのですが、何よりも注目したいことは、彼が不空というすばらしい弟子をもったことです。不空は年少にして金剛智とともに唐へやってきたわけですが、彼は師についていろいろ勉強をして、たいへん師に重んぜられ、密教の教説に広く通じたといわれます。師が亡くなったあとに、彼はふたたびインドへ帰り、南インドの龍智のところで勉強するわけです。龍智は七百年間生きていたということですから、このときも達者で、この不空に密教の教義を教え、たくさんの経典を彼に分かち与えたということです。そして彼は龍智からもらった経典を唐へもってゆき、それを翻訳しました。師匠の金剛智はどうも中国語が十分にできなかったようですが、不空は若いときに唐へ来たわけですから、インドの言葉も中国の言葉も堪能で、新しく持ってきた経典を訳して時の皇帝に大いに喜ばれたという。

そればかりでなく、彼もまた師の金剛智のごとく密教の行者であり、雨を降らせたり、風を治めたり、いろいろ不思議なことをするわけです。時に唐の中期にあたり、不安が世界に満ちていた、そのときに異国から来た大行者で大智者である不空は歴代の皇帝にたいへん尊敬されたわけです。玄宗、粛宗《しゅくそう》、代宗《だいそう》という三代の皇帝に仕え、代宗から特進試鴻臚卿《とくしんしこうろけい》という官位が与えられ、さらに大広智三蔵《だいこうちさんぞう》という法号が与えられました。おそらく、中国の長い歴史の中においてこれほど時の皇帝に崇拝され、高い位を与えられた僧はそう数多くはいない、そういう特別な寵遇を不空は得た。

この不空の弟子が恵果《けいか》です。私は『付法伝』を読んで、やはりこの恵果という人もひじょうに奇才のある人だということを感じました。不空の弟子はたいへん多かったのですが、不空が印可、すなわち法を得たという証明を与えた弟子は六人にすぎません。そして金剛界《こんごうかい》、胎蔵《たいぞう》の両部の師位が与えられたのは恵果ただ一人でした。恵果は不空の弟子としてよくその教えを広めて、時の人に尊敬されたということです。

　恵果に関して私が注目することは、その伝に「その護戒は鵝珠草繋《がしゅそうけい》なり。その安禅は鳥栖《す》み樹《き》生ふ」といっていることです。護戒は鵞鳥の珠や結んだ草のごとく、その安禅は鳥の巣のある木のごときであるといっているんです。つまり持戒堅固であるという比喩ですが、ひじょうに道教的です。自然というものを密教の行の中に取り入れている感じがします。恵果はまた、空海が授かった金剛界および胎蔵の曼荼羅《まんだら》というものを重視していて、いつも「金剛界大悲胎蔵両部の大教は諸仏の秘蔵、即身成仏の路なり。普《あまね》く願はくは法界に流伝して有情を度脱せんことを」というふうにいっていたという。彼の教えの中心は金剛界曼荼羅・胎蔵曼荼羅、あの空海の授かった法です。その両部曼荼羅によってすべての人間を救うということが、彼の実践活動であったように思うのです。

　恵果には弟子が六人おり、「訶陵の弁弘、新羅《しらぎ》の恵日には、並びに胎蔵の師位を授く」、とあります。弁弘と恵日には胎蔵の師位を授けた。「剣南の惟上《ゐしやう》、河北の義円には金剛界の大法を授く」、惟上と義円には金剛界の大法を授けた。そして、「義明《ぎみやう》供奉《ぐぶ》にはまた両部の阿闍梨の法を授く」」、義明には両部の大法を授けた。そして、「今、日本の沙門空海」に「両部の秘奥《ひあう》」を授けたとあります。金剛界と胎蔵の両部を授けたのは義明と空海だけですが、義明はどうも伝法の弟子がいなかったということですから、空海の系統のみに、この真言の正しい教えが伝わっているということです。

このように密教は、第五祖の金剛智、そして第六祖の不空、第七祖の恵果、第八祖の空海というように伝わった。前にいいましたように、密教というものは仏教の最終段階に出現した教説ですから、ほんとうはそんなに古い由来をたどることはできないのです。ほんとうは金剛智から始まるというふうにいってもよいと思いますが、やはり密教の由来を正統化するために、歴史的な人物である五祖以後の祖のうえに、理論的な密教の祖である摩訶毘盧遮那と金剛薩埵、それに、いちおう歴史的人物ではありますが、実は密教独特の解釈で密教の祖と考えられた龍猛、龍智という祖を加えて、真言八祖とするわけです。

ところで、これは付法の八祖ですが、真言宗では伝持の八祖というのがあります。これは、理論的にすぎる摩訶毘盧遮那と金剛薩埵を除いて、金剛智や不空と同時代の偉大な密教の僧である善無畏《ぜんむい》と一行《いちぎょう》を加えるのです。この善無畏も中インドの僧で、八十歳にして開元四（七一六）年に唐に来て、金剛智と並んで玄宗皇帝の深い尊敬を受けています。彼は『大日経』をはじめ幾多の経典を訳しています。真言密教の発展のうえで無視することはできない存在です。直接空海の付法の系統ではありませんが、伝持の祖として真言八祖の中に加えられています。それに一行、この人は中国人です。善無畏と金剛智の両方に師事して、『大日経』の疏《しょ》二十巻をつくっています。摩訶毘盧遮那と金剛薩埵の代わりに、この善無畏と一行を入れて伝持の八祖といいます。

このようにして密教は伝えられ、それを付法の八祖あるいは伝持の八祖と名づけているのです。先に申しましたように、真言密教は新しい仏教ですが、それを由来あらしめるために、理論的な四祖が伝えられたわけです。しかし、本来、密教というものは、南インドの真理の塔を訪ねた龍猛の話にあったように、神秘的体験によって了解されるべきものかもしれません。

その身そのまま仏になれる

■即身成仏の法

以上、『弁顕密二教論《べんけんみつにきょうろん》』と『付法伝《ふほうでん》』を中心に、真言《しんごん》密教というものが、他の仏教すなわち顕教《けんぎょう》とどのようにちがって、どのようにそれが伝えられたかというお話をしました。だいたいこれが密教の大要ですが、それでは、その深い奥義《おうぎ》というものはどういうものか、次に真言密教の教義について考えてみたいと思います。

　真言宗では、古来から『即身成仏義《そくしんじょうぶつぎ》』『声字実相義《しょうじじつそうぎ》』『吽字義《うんじぎ》』という三冊の本を真言密教の教義を語るものとして尊重してきました。そのうちまず、『即身成仏義』と『声字実相義』を取りあげ、次に『吽字義』の話をしたいと思います。前にも述べたように、真言密教の教義は行《ぎょう》をしないとわからないと空海自らがいっていますから、行をしない私には、やはり真言密教はわからないといわれてもしかたがありませんが、ここではもっぱら文献をとおして、あたうかぎり真言密教の奥義に迫りたいと思うのです。

　さて、『即身成仏義』と『声字実相義』ですが、ここで空海はたいへん特殊な語り方をしています。というのは、空海は頌《じゅ》（偈《げ》）というもの、つまり仏教をほめたたえて、その教義を説明する詩句を彼自らつくり、説明をするというかたちで教義の解説をしているわけです。ふつうは経典の文章、長行《ちょうぎょう》すなわち散文や韻文を引用して、その語句を説明するというかたちで教義の説明を行います。しかし、空海は自らつくった偈すなわち韻文で教えをほめたたえた文を示し、その語句を解釈して、その教義を語ろうとするわけです。私はこのへんに空海のたいへんな自信を感じますが、空海は、たとえばこの論文の中で、善無畏《ぜんむい》のつくった注釈というのは、まだ顕教的であるという批評を加えているのです。『請来目録《しょうらいもくろく》』の中には、彼の師匠、恵果《けいか》がやってきて、夢の中で空海に教義を聞いたという逸話も語られていますから、善無畏や恵果さえおよばないところに空海は達していたということになります。こうした空海の自信は驚くべきものです。

私は、これを読みますと、聖徳太子のつくった『三経義疏《さんぎょうぎしょ》』を思い出すのです。『三経義疏』は聖徳太子自ら書いたものと私は考えていますが、その本には太子の自信があふれていて、彼は「ふつうの解釈ではこうであろうが、私はこう思う」といって自分の説を述べています。だいたい日本の学者は、昔は中国やインドの学者の教説に弱かった。明治以後はヨーロッパの教説に弱く、こういう外国の人たちの教説を絶対の真理として、それにせいぜい注釈を加えることを何か学者のおもな仕事のように思ってきたのです。

しかし、空海はそういうふうに外国の経典を引用して、それを解釈することを潔《いさぎよ》しとせず、自らつくった頌の解釈を自ら行うというかたちで真言の教義を語っています。しかも、この偈はたいへんよくできている。こうしたことは空海の自信を示しているのですが、同時に密教というものの教義の性質と関係していると思うのです。密教の教義は、これから述べるように、大日如来《だいにちにょらい》、金剛薩埵《こんごうさった》と一体になるということです。つまり、人間は即身成仏することができる、その身そのままで大日如来や金剛薩埵と一体になれるという理論であり、その理論が空海の自信の支えになっているのだと思います。空海自らが大日如来や金剛薩埵と一体になって真言の最高の悟りを得たという自信が、こういう態度になってあらわれているというように私は思うのです。

■『即身成仏義』とその解釈

それでは『即身成仏義』の解釈に入りたいと思いますが、まず「即身成仏」ということをいうからには、やはり経典の根拠がなくてはいけない。ふつう、仏教では三劫《さんごう》成仏《じょうぶつ》ということがいわれます。三劫という限りない長い時間の末にやっと成仏するという考えです。生まれ変わり、死に変わりして、最後に仏になるというのがふつうの経典の説です。しかるに密教では、即身成仏、この身はそのままで仏になれるということを説くわけです。これはほかの仏教と大いにちがう点ですが、では、そういうことを書いてある経典があるのか。それにたいして空海は、それは密教の中心経典である『金剛頂経《こんごうちょうぎょう》』および『大日経』にはっきりと書かれている、というのです。『金剛頂経』に「この三昧を修する者は、現に仏菩提を証す」とある。大日如来と一体になるという境地で行を修する者は、現に、そのまま仏になることができるというわけです。また、『大日経』に「この身を捨てずして神境通《じんきやうつう》を逮得《たいとく》し、大空位《だいくうゐ》に遊歩《いうぶ》して、しかも身秘密《しんひみつ》を成ず」とあります。つまり、いまの身のままで何物にもとらわれない自由な境地を得て、大空位に遊ぶことができる。この遊ぶということは、仏教ではたいへん重要な言葉ですが、そういう自由な空《くう》の境地を楽しんでいる。そして「身秘密を成ず」、密教の最高の悟りである大日如来と一体になる。そういう他の仏教では容易に到達しがたい深い悟りに入ることができる。そのように『大日経』に語られているというのです。

もう一つ、龍樹《りゆうじゆ》の作とされる『菩提心論《ぼだいしんろん》』。これはどうも龍樹の作ではなくて、不《ふ》空《くう》の作ではないかといわれていますが、この『菩提心論』には、そのことがもっとはっきり書かれているのです。「真言法《しんごんほふ》の中にのみ即身成仏するが故に、これ三摩地の法を説く。諸教の中に於て闕《けつ》して書せず」といっています。真言の中にのみ、即身成仏の法が説かれている。絶対の自由を得る秘密の法が説かれていて、ほかの経典には書かれていない。また同じく『菩提心論』に、「もし人仏慧《ぶって》を求めて菩提心に通達すれば、父母《ぶも》所生《しよしやう》の身に、速《すみ》やかに大覚《だいかく》の位を証す」とあります。もしほんとうに人が仏の智慧《ちえ》を求めて仏になろうとしたならば、父母から生まれた、その身そのままただちに大日如来と同じような自由な境地にのぼることができるというわけです。

　このように、『金剛頂経』『大日経』『菩提心論』において、即身成仏の説がはっきり書かれていると空海はいう。それを説明するために、空海は偈をつくっているのです。即身と成仏を二つに分けて、即身の偈と成仏の偈の二つの偈をつくっている。その前半の即身の偈はこうなっています。

六大無碍《むげ》にして常に瑜伽《ゆが》なり 体
四種曼荼《ししゅまんだ》　各《おのおの》　離れず 相
三密加持《さんみつかぢ》すれば速疾《そくしつ》に顕《あらは》る 用
重々帝網《たいまう》なるを即身《そくしん》と名づく 無碍

　これはなかなか説明することがむずかしいのですが、たいへん優れた密教学者、栂《とが》尾祥雲《のおしょううん》さんの訳がありますので、それを紹介します。

六大をもってあらわす法界《あめつち》の体性《いのち》は

これをさまたげるものなく常に瑜伽《とけあ》っている。
四種の曼荼羅《さとりのよ》の真実の相は
かれこれたがいに関連して相離れない。
仏と凡夫《よのひと》との三つの神秘の作用《はたらき》が
たがいに加持《ちからぞえ》するがゆえに速《すみや》かに悉地《かないごと》をあらわす。
あらゆる一切《いっさい》の身が互《たが》いに重々に円融《とけあい》して
恰《あたか》も帝釈天《たいしゃくてん》の珠網の如《ごと》くなるを即身《そのみ》と名づく。
（『現代語の三部書と解説』高野山出版社、以下同）

こういうふうに訳していますが、ここで私は、空海の解釈に即して説明しましょう。空海の解釈は、「六大無碍にして常に瑜伽なり」ということと、「三密加持すれば速疾に顕る」の二句に中心点がおかれているように思うのです。

「六大無碍にして常に瑜伽なり」。この六大というのは、地・水・火・風・空に識、つまり心を加えたものです。五大はいわば物質的原理です。地・水・火・風・空の五つの物質的原理によって世界は成り立っていると考えるのですが、それに心という精神的原理を加えて六大と呼んでいるわけです。ふつう仏教では、物質的原理と精神的原理は別のものであると考えられます。しかし密教では、識すなわち精神的原理が五大すなわち物質的原理に含まれている。逆にいうと、識もまた五大をもっていると考える。だから五大もたいへん象徴的な意味をもっている。たとえていうと、最初の地というものはすべてのものの支えになっている。水というものはすべての言葉を潔めている。火というものはすべての欲望を焼き尽くす。風というものはすべての対立を吹き払う。そして空というものは果てしなく大きいものである。五大はすべてこういう象徴的意味を含んでいる。識の原理をそれ自身にもっているというふうに考えるわけです。ですから、あらゆる世界、仏も衆生《しゆじよう》もすべて六大が互いに混じり合って成り立っている、そういう考え方です。

これはたいへんおもしろい考え方でして、われわれ人間の体も、窒素とか酸素とか水素といった地球の成分と同じもので成り立っている。われわれは地球と同じ要素でできている。地球もまたわれわれと同じ要素でできている。こういう現代科学が発見した真理を、ここで密教は語っている。とすれば、すべてのものは六大からなっているのだから、すべて同じもの、すべては本来平等なものだ、仏も人間もその六大によってつくられているのだから、すべてそれは相通じ合っているということになる。瑜伽というのは、そういうふうに、すべてがすべての中に含まれ、すべてが融け合っているという意味です。

　次に「四種曼荼各離れず」。曼荼すなわち曼荼羅《まんだら》というのは、宇宙の真相をあらわす智慧ですが、その曼荼羅に四つあるという。つまり、仏菩薩《ぶつぼさつ》を形であらわしたものが大曼荼羅、それを梵字《ぼんじ》であらわしたものが法曼荼羅、そしてその仏菩薩の持ち物をあらわしたものが三昧耶《さんまや》曼荼羅、それに、その仏が活動するさまをあらわしたのが羯《かっ》摩《ま》曼荼羅、この四種があると考える。こういう曼荼羅の世界、仏の悟りをあらわした四つの世界がおのおの互いに混じり合っている。一つ一つが離れているのではなく互いに混じり合っているという意味です。

　次の「三密加持すれば速疾に顕る」。ここに、この偈の根本があるのです。身密・語密・意密つまり身体・言葉・心、これを三密といいますが、われわれは身体と言葉と心の三つをもっているが、それぞれ深い秘密が隠れているというんですね。しかし、われわれの三密と仏の三密とはもともと同じものですから、私どもの三密をとおして仏を呼び寄せることができるというふうに考えるわけです。加持の「加」というのは、仏の力が加わること。その力をじっともっているのが「持」です。加持というのは、ふつう加持祈禱《かじきとう》といって祈禱のことをいいますが、本来の意味は衆生に仏の力が加わってくる、そして衆生はそれをもちつづけているという意味です。そうすることによって、われわれは仏と同じようになり、仏と同じような力を発揮できる。これが密教の中心の思想で、それを教典では次のようにいっています。栂尾さんの訳を読みます。

すなわち、授戒の羯磨《コンマ》（作業）を具足しおわって、阿闍梨は普賢金剛薩埵の三摩《こゝろま》地《とめ》に入りて弟子を加持《ちからぞえ》し、その弟子の身中に金剛薩埵を引入して自ら金剛薩埵たらしめるのである。かくてこの加持の威徳力によるがゆえに、須臾《しばらく》のあいだにおいて、その弟子は無量の三昧耶《ちかい》、無量の陀羅尼法門を身につけることができるのである。また阿闍梨がこの弟子を加持する不思議の法力によるがゆえに、よく弟子の心の習気《うつりが》と倶に生ずる我執の種子を変易して菩提《さとり》の功徳たらしめ、その時に応じて、弟子の身中に、一大無数劫《かずかぎりなきとき》のあいだに積み重ねうべき無量の福徳と智慧とを集めることができ、そこで初めて、仏の家庭に更正することになるのである。

これが密教にいう即身成仏の真義だと空海はいう。本来、仏とわれわれとは同じものということですから、われわれの身の中に仏を引き入れることができるというわけです。師はその弟子に仏を引き入れさせる、そうすれば、その弟子たちは無限に自由になることができるというのです。空海はまた、このようにも説明しています。

加持というものは、「如来の大悲と衆生の信心とを表す。仏日の影、衆生の心水に現ずるを加と曰《い》ひ、行者の心水、能《よ》く仏日を感ずるを持と名づく」ものである。仏が太陽のように照っている、それが大日如来ですが、その光が衆生の心の水に映ってあらわれてくる。また、衆生の心の水がこの太陽の光を感じとることができる。この仏と衆生の相関関係を仏のほうから加といい、衆生のほうから持というわけです。そしてそれによって、その身そのまま仏になれるというのが、密教の教えの根源です。私は行をしませんけれども、少しはわかるような気がします。われわれの世界に宇宙がそのまま宿っているのです。だからわれわれは、小さい自分を離れて宇宙そのものになることによってほんとうの自由になり、驚くべき能力を発揮することができる、そのようなものが密教の智慧であると思います。

最後の「重々帝網なるを即身と名づく」。つまり重々に帝釈天の網のように、お互いが映し合っている。

かくの如き、これらの身が縦からも横からも重々に関連し渉入《ゆきき》していること、あたかも鏡と鏡のあいだにある映像、もしくは一室の中にある百千の燈光がたがいに交映し渉入するが如くである。かの身すなわちこれこの身、この身すなわちこれかの身であり、仏の身すなわちこれ衆生の身、衆生の身すなわちこれ仏の身である。
いずれも不同にして同であり、不異にして異である。

というふうに空海は説明しています。これは華厳《けごん》の思想で、小さい世界の中に無限の世界が映されているという考えです。密教は華厳の影響を受けています。
そして偈の後半の成仏の句はこうなっています。

法然に薩般若《さはんにゃ》を具足して
心数心王刹塵《しんじゅしんわうせつぢん》に過たり
各《おのおの》　五智無際智《ごちむさいち》を具す
円鏡力《ゑんきやうりき》の故に実覚智《じつかくち》なり　成仏

一切をつつみ一切をつらぬく本初の仏は
法爾自然《ほうにじねん》に薩般若《あらゆるちえ》を具《ぐ》して不足なし
その本初心の表現たる各〻の衆生《しゅじょう》は
各〻に心王心数ありて刹　塵《くにのこなのかず》に過ぎたり

その心識そのままが転じて智となるがゆえに
　各〻に五智と無際限の智とを具して欠くるなし
その智をもって一切を現じ一切を照すこと
　円鏡力の如くなるとき真実覚智の仏となる

前半で、人間はどうして仏になれるかということを語ったわけですが、今度はそれを仏のほうから見ている。われわれは法然、つまり自然に薩般若という妙智を具足している。われわれの心は本来の大日如来の心と同じであり、そういうほんとうの心が無限に変化し、あらわれている。その無限の心がそれぞれに五智無際智を備えているというのです。

この五智というのは、真言で五智如来というふうによくいうのですが、密教における智の重要性をあらわすものです。つまり大日如来を中心として東南西北の四つの如来に五つの智が配されているわけです。東のほうに大円鏡智、鏡のごとくすべてのものを明らかに映す智慧をもつ阿閦《あしゅく》如来がいます。南のほうには平等性智《びょうどうしょうち》、平等に世界を見る智慧をもつ宝生《ほうしょう》如来がいる。西のほうには妙観察智《みょうかんざっち》、よくものを観察する智慧をもつ無量寿《むりょうじゅ》如来がいる。北のほうには成所作智《じょうそさち》という実践的な智慧をもつ不《ふ》空成就《くうじょうじゅ》如来がいる。そしてその真ん中に法界体性智《ほっかいたいしょうち》という最高の智慧をもつ毘盧遮《びるしゃ》那《な》、大日如来がどっしり坐っている。鏡のような明らかな心で物事をよく観察し、しかも平等に世界を見て、それを実践する。そういう智慧が密教の行をすれば身に授かるというのです。大日如来と等しい位にいたれば、そういう五智をもつことができるという。

「円鏡力の故に実覚智なり」。すべてを鏡のように正確に公平に見る智慧が、同時に実践の智慧になる。これが密教の最高の境地だと私は思うのです。この大日如来と同じ境地に立ってすべてをしっかり見る。つまり鏡のような智慧をもち、それを他人の救済に実行していく、そういう智慧をもった仏そのものになれるというのが、『即身成仏義』の真義であると私は思います。

■『声字実相義』とその解釈

さて、『声字実相義』ですが、これもまた、空海はその大意を述べて、次にその経典を説明して、空海独特の解釈を行うというかたちをとっています。

声字実相というのは、言葉どおり「声」、それを表現する「字」、そしてその対象をあらわす「実相」という三つの言葉から成っています。空海によれば、すべてのものには響きがあり、響きは必ず字によってあらわされるというのです。この響きと字、それが「声字」です。そしてその字があらわされる対象というものがある。それが「実相」である。そういう声とか字というものと、その対象の関係を論じたものが『声字実相義』です。空海はここで、声字と実相との関係にいろんな考え方があるといっています。声字と実相ということがひじょうに密接な関係にあるというものから、声字と実相がまったく関係がないというものまでいろんな考え方を挙げて、前者の深い関係があるという考え方は深い解釈であり、後者のまったく関係のないという考え方は浅い解釈であるとしているわけです。

そして、この関係を説いた経典として、空海は『大日経』を挙げ、その偈を説明しているのです。原文と梅尾訳を挙げてみます。

等正覚《とうしやうがく》の真言の
言名《ごんみやう》成立《じやうりふ》の相は
因陀羅《いんだら》宗《しゆう》の如くにして
諸《もろもろ》の義利《ぎり》成就《じやうじ》せり

すべてを正しく覚れる仏の真言の
言（字）と名と成立（句）との相は
あたかも帝釈の声明論の宗《なかみ》の如くに
一つ一つにもろもろの義理を成就す。

この等正覚というのが「実相」であって、真言というのは「声」で、言名成立というのが「字」である。この偈は声字実相の義をあらわしたものだと空海はいいます。ちなみに、この真言から真言宗という宗名がつけられたわけです。

このように、この偈の中に声字実相の義がはっきり説かれているのですが、『大日経』全体としても、こういう声字実相義の説が詳しく述べられていると考えるわけです。ある部分は声について説いている。ある部分は字について説いている。ある部分は実相について説いている。全体として、『大日経』は声字実相の義を述べたものであると考えるのです。

また、『大日経』には、「阿」という一字の声字の中に実相が表現されているという阿字観《あじかん》が説かれている。そういうふうに、偈でも経全体でも一字でも、『大日経』は声字実相義を説いた経典である、というふうに空海は説明するわけです。そして例によって、空海自ら偈をつくり、真言密教の根本教説である声字実相の義を説明しようとしているのです。

五大にみな響《ひびき》あり
十界に言語を具す
六塵《ろくじん》ことごとく文字なり
法身《ほっしん》はこれ実相なり

こういう自らつくった偈によって、空海は密教の説を説明しようとする。五大というのは、先ほど挙げた地・水・火・風・空という物質的世界と考えられているものですが、空海はそういう物質的世界にも精神的要素が働いていると考えています。「五大にみな響あり」。水には水の響きがあり、地には地の響きがある、このように五大の世界は声響から成り立っているということです。

次に「十界に言語を具す」というのは、上のほうからいいますと、仏界・菩薩界・縁覚《えんがく》界・声聞《しょうもん》界・天界・人界・阿修羅《あしゅら》界・傍生《ぼうしょう》界（畜生界）・餓鬼《がき》界・捺落迦《ならくか》界（地獄界）の十界です。そういう十の世界があって、それぞれ言語があり、それぞれにふさわしい表現様式をもっているという。そのうち仏界の言語、それだけが真実であって、あとの九つの世界の言語は虚妄です。この仏の世界の言語を真語・実語・如語・不誑語《おうご》・不異語といいます。これがいわゆる真言です。この真言はよく諸法の実相を謬らず妄《いつわ》らずに示しているというわけです。

「六塵ことごとく文字なり」。六塵というのは、色塵《しきじん》・声塵《しょうじん》・香塵《こうじん》・味塵《みじん》・触塵《そくじん》・法塵《ほうじん》をいう。はじめの五塵はいわば感覚的世界です。法塵というのは物質的世界です。この内的世界も外的世界もすべて文字を備えているという。文字というのは、いわゆる具体的な文字というより文《あや》、さまざまな変化をもっているというわけです。

「法身はこれ実相なり」。そういう文字の世界、表現的世界がそのまま仏の世界であり、それがそのまま実相である、ほんとうの世界である。哲学的な言葉でいうと、この世界はすべて表現的世界であるというわけです。山も川も人間も動物もぜんぶ自分を表現しようとしている、それが声字である、そういう世界がこの世界である、それがそのまま仏の世界であり、それが真実の世界であるということです。

おもしろいのは、空海は自分がつくった偈を、さらに自分のつくった偈で説明しようとしている点です。この六塵というものを説明するために、また偈をつくっています。

顕形《けんぎやう》表《へう》等の色あり
内外《ないげ》の依正《えしやう》に具す
法然と随縁《ずいえん》とあり
よく迷ひまたよく悟る

「顕形表等の色あり」。つまり顕色《けんじき》・形色《ぎようしき》・表色《ひようしき》があって、顕色というのはわれわれが実際に見る色です。黄とか白とか赤とか黒とか青とか、すべての世界は顕色の世界です。密教では、その顕色にさまざまの象徴的意味を付しています。それに形色とは四角とか円とかものの形です。そして、その色と形がいろいろに動くこと、「取捨《しゆしや》屈申《くつしん》行《ぎやう》住《じゆう》坐《ざ》臥《ぐわ》」というような行動を起こすこと、それが表色です。そういう顕・形・表の色が「内外の依正に具す」、内の世界と外の世界に備わっている。われわれの内なる主観的世界も顕・形・表の三種の色によってできあがっている、また外なる客観的世界もそういう三種の色によってできあがっている。依正というのは、そういう内色と外色がそれぞれ主となったり、客となって、お互いに関係し合っているということです。

「法然と随縁とあり」。本来の世界がそのままあらわれている世界と、いろいろな状況に応じてあらわれる世界とがある。法身は本来の世界であると同時に、報身《ほうじん》や応化身《おうけしん》あるいは等流身《とうるしん》と、いろんな形で状況に応じてあらわれる。三種の色が、自分の内面にも自分の外面にも混じり合っていて、本来の形であらわれているものと、本来の形ではなくて、その状況に応じてあらわれたものとがある。これが世界の真相であるというのです。その色の世界に愚かな人は迷い、賢い人はそれを悟るという。つまり、この世界は色からできているのですが、愚かな人はその色にとらわれて迷い、いろいろな苦しみを得るが、智慧のある人は個々のとらわれから脱して色の世界を全体として眺め、そこから超越した自由な心でもって、その色の世界で遊ぶことができるという考えです。

空海のいいたいことは、以上のようなことだと思います。この世の中は感覚の世界である。それはきらびやかな色をもっている。その色の世界に溺れてしまう者、それは愚か者であり、溺れることによって、迷いや苦しみが出てくる。しかし、個々の色の世界のとらわれから自由になり、宇宙の本体である大日如来と一体になった人間にとっては、その色の世界がむしろ楽しいとみる。そして個々のとらわれから自由になって、自由な他人救済の行いに遊ぶことができる、という考え方であると私は思います。

吽の一字に世界が含まれる

■『吽字義』とその解釈

『即身成仏義《そくしんじょうぶつぎ》』『声字実相義《しょうじじつそうぎ》』という二冊の本の解釈をとおして、真言《しんごん》密教の奥義《おうぎ》をお話ししました。もう一つ、その奥義を語るものに『吽字義《うんじぎ》』という本があります。空海は、晩年に『般若心経秘鍵《はんにゃしんぎょうひけん》』という本を書いていますが、その中で、「真言は不思議なり　観誦《くわんじゆ》すれば無明《むみやう》を除く　一字に千理を含み　即身に法如を証す」といっています。しかし、いったい真言というのは何かということになると、やはりこの『吽字義』をひもとかねばならないと思うのです。

空海にとって、言葉はたいへん神秘的な働きをもっていますが、サンスクリットの「吽」(hūṃ) という一字によって、そういう神秘的世界を表現することが、この『吽字義』のテーマです。そのような言葉の表現は日常的言葉の表現とはちがいます。それがどうちがうかということについて、栂尾祥雲《とがのおしょううん》さんは、このようにいっています。

その真言陀羅尼と世間普通の言語文字との間に、いかなる差異が存在するのかというと、世間普通の言語文字が思想を知的に伝達する用具として、一相一義を基調とし、その限定せられたる一意義の言語文字を、量的に多く連結して、種々様々の方面から総合的に、その内容を了解せしめんとするに反し、真言陀羅尼は量的にその語の多きを要せず、むしろ質的に、その体験内容を如実に象徴しうる特殊の言語文字を択び、その特殊の言語文字における意義を門として、その義に徹するように、深く内容を掘り下げ、それによりて暗示せられる背景としての無限性を、全体に感味し体得し把握するところにあるのである。

たいへんいい説明です。ふつうの文字が一相一義を基調として、表現しようとする事実を部分的に示しているのにたいし、真言陀羅尼《しんごんだらに》は特殊な言葉で世界そのものを全体として象徴的に表現するというふうにいってよいかと思うのです。ここで空海は「吽」という一字をもって、この世界の全体としての真実を明らかにしようとする。この吽字というのは、阿字《あじ》がサンスクリットの最初の字であるのにたいし、終わりの字です。サンスクリットを参照してできた日本のアイウエオでもそうなっていますが、サンスクリットでもそうです。阿字でもって世界全体の真実を象徴的に説明する阿字観は真言密教では広く行われる観行《かんぎょう》です。ところが、空海は阿字ばかりでなく、吽字で世界全体を説明しようとするわけです。

「真言の法を誦持するとき、一つのはからいの心に住すると、そこに障りが便《たよ》りをえ、真言師の功徳を奪うことになる。そのとき愛染明王の根本一字心たる吽字を誦持せば、その障りたちまちに消滅するべし。すなわち、つねに自心において、一の吽字の声を観ぜよ、声は出入の命息にしたがって、身と心とを見ず、大虚空に等うして金剛堅固の身となる」と、『瑜祇経《ゆぎきょう》』に語られています。吽字を観ずると、結局、自分の個別的な身や心を離れて、大虚空に等しい金剛堅固の身となるという意味です。また不空《ふくう》の『般若理趣釈《はんにゃりしゅしゃく》』（『理趣釈経』）の中にも、この吽字義が説かれているのです。

　吽字とは因（Hetva）の義である。その因とは覚り（Bodhi）の心であり、一切如来の真実の妙体である。あらゆる功徳はみなこゝから生ずるので、この一字に四字の義がある。すなわち、それは訶（Ha）字をもって本体として居るが、その訶字は阿（A）字より生じたものである。阿字は一切法の本より不生なることを示すものなるがゆえに、訶字をもってする一切法の因は不可得である。その訶の下に汙《ウー》（ū）

点がある。汙点は一切法の損減（ūna）の不可得なることを示すのである。また訶字の上に円点がある。それは摩（Ma）字である。摩字は我（Ātma）の義であり、不可得の義である。

ここにすでに、吽字は訶《か》と阿と汙《う》と摩《ま》の四つの字からなっていて、訶字は因縁不可得《いんねんふかとく》、阿字は一切法の本より不生《ふしょう》、汙字は損減の不可得、摩字は我の不可得を示すということが語られています。空海は『瑜祇経』と『般若理趣釈』によって説かれた吽字義の説を発展させたといえます。実は、この『般若理趣釈』というのは、先に触れたように、最澄が貸してくれといったのを空海が断って、最澄と空海との間の決裂の原因になった本です。この『般若理趣釈』には、やはり真言密教の奥義が書いてあるのですが、その奥義はただ理論では説明できない、体験によらなくてはならない、と空海はいっている。

また空海が書いた『秘蔵記《ひぞうき》』の中には、恵果《けいか》の言葉として、「吽字は阿、訶、汙、摩の四字から成っている。阿字は字体なけれども、訶の音の中にありて、一切諸法本不生の義である。訶字は一切諸法が因縁により生ずる義であり、また浄菩提心のことである。汙字は空の義、また損減の義であり、摩字は有の義また増益の義である」とあり、吽字義の秘義を空海は恵果から学んできたことがうかがえます。おそらくそれは、空海が恵果から教わった両部曼荼羅《りょうぶまんだら》の秘義というものと関係しているのだろうと思われます。吽字観というものは、本来、修行によらなければよく理解されないと考えられるので、最澄にたいして空海が『般若理趣釈』の借用を断ったのは、そういう神秘的な智慧《ちえ》を、最澄のような合理的理性ではよく理解できないのではないかという厳しい批判が隠されていたように思うのです。

■阿字観と汙字観

このように、空海は吽字というものは、訶字と阿字と汙字と摩字の四字に分析できるとともに、四字が組み合わされたものだと考える。そして空海の解釈の中心は汙字と摩字の二つにおかれています。それが空海の『吽字義』の大きな特徴ではないかと思われます。

まず第一の訶字ですが、訶というものは因縁をあらわします。すべての存在は因縁によって生じる。その因縁から因縁へとさかのぼると、もうそれ以上さかのぼることができないところへ達します。それが因縁不可得ということです。因縁を観察すれば、必ず因縁を超えたものに到達するという。その因縁を超えたものを不生という、生じもせず滅しもしない永遠のものであるということになるわけです。だから訶字を観じていけば、そういう因縁を超えた永遠のものに達するということです。

次に阿字ですが、阿字観はもっともふつうの密教の観行とされます。阿字には三つの義がある。不生と有と空です。不生は生まれもせず滅びもしない。有というのはもっとも根本であって、無と対立する有ではなく、有無の対立を超えた絶対の有である。こういう絶対の有がまた空であるという。

あらゆる一切の語言を聞くとき、直ちにその中に阿（A）の声の存するを知る。その如くにあらゆる一切の法が因縁より生ずるを見るとき、その中に本初不生の際限としての実義の存するを見るのである。もしその本初の不生なる際限を見るに至れば、それは実の如くに自心を知ることになるのである。この実の如くに自心を知ることができれば、それがすなわち一切智々で、それを体現せるものが大日如来である。そこで、その深義を示さんがために、大日如来は阿（A）の一字をもって、自からの真言とせられているのである。

というふうに空海は語っていますが、このように、阿字というものはすべての字の母である、そして大日如来《だいにちにょらい》そのものである。阿字を観察すれば、そういうものの本源である大日如来の世界を観察し、大日如来と一体になるというわけです。こういう肯定的な阿字観をもって真言の深い悟りに入るのはふつうですが、空海はこうした肯定的な阿字観よりも、否定的な汙字観のほうを重視したのです。

この汙字観というのは損減といい、本来の悟りの世界が失われている、ただその失われた世界を観察することによって、その本然である世界に帰ることができる、というふうに考えたのです。この汙字観によって、空海は真言密教以外のあらゆる立場、世俗や外道《げどう》の立場やほかのいろんな仏教の立場の批判を行ったわけです。

空海は若いころ、『三教指帰《さんごうしいき》』を書き、儒教の立場、道教の立場、そして仏教の立場を比較して、仏教が優れたものであるということを明らかにしています。そしてまた、『秘蔵宝鑰《ひぞうほうやく》』『十住心論《じゆうじゆうしんろん》』によって、儒教、道教ばかりか、いろいろな仏教――声聞《しょうもん》・縁覚《えんがく》という小乗仏教とか、三論《さんろん》・法相《ほっそう》・天台《てんだい》・華厳《けごん》といった大乗仏教をも批判しました。そういう、低い段階の真理から高い段階の真理にいたる弁証法的思惟《べんしょうほうてきしい》は、空海にたいへん特徴的な思惟です。彼のもっとも長い論文である『十住心論』、それを短く要約した『秘蔵宝鑰』は、そういう思想の弁証法的発展というか、世俗の立場から始めて最後は真言密教にいたる教義それ自体の発展を述べたものです。

この『吽字義』においても、空海は彼の思想の弁証法的発展といったものをひじょうに簡潔に語っている。それが損減の義であると思うのです。低い段階の智慧は損減が大きい。大日如来の智慧を損減させようとしても、大日如来の智慧はびくともしない。それは厳然として存在している。そういうかたちで損減という概念を使って教義の発展史を叙述しているのです。これはたいへんおもしろいので、詳しくお話ししたいと思います。

■「凡夫外道に対する実義」

空海は、ここでも詩をつくって彼の教義を説明していますが、多少むずかしいので、やはり栂尾訳を読みたいと思います。

過去の業によりて三界《このよ》に報《むくい》をうけ、
地獄・餓鬼等の六道《むつのよ》に苦しみの身をえたるものが、
そこに生ずるかとすれば、すなわち滅して
念々の刹那ごとに移りゆきて住《とど》まらない。
亡びなき体《からだ》も変らぬ真実《まこと》もなくして

その常なきこと幻の如く影の如くである。」
分段生死《そあらの》と変易生死《こまかい》との
因縁によりて生じたる法《もの》は
一刹那に九百の生滅ありて
火焔や流水の相つぐが如くである。
第八の識海は湛然《しずか》にして常住なれども
七識の波が動きさわぐのである。」
分段と変易とのこれらの無常が
あらゆるものを能く毀《こわ》し能く損《そこな》うけれども
その本有《もとより》の真実相においては
損滅なきがゆえに何を労《くるし》み何を憂えんや
汙字のあらわす無損滅の実義は
まさにその如くなるを知るべきである。」

これはなかなかの名文です。ここに空海の無常観が説かれている。『三教指帰』や『秘蔵宝鑰』にも説かれているのですが、この世というものは無常な世界であり、刹《せっ》那《な》ごとに変わってくる。そして、それは苦に満ちている。われわれは生死《しょうじ》をいつも繰り返している。第八識という阿頼耶識《あらやしき》の世界は静かであるけれども、第七識以下の感覚的知識や心の世界はいつも動き騒いでいる。そういうふうに世界は無常であり苦であり、そこに凡夫《ぼんぷ》は溺れているが、この「本有の真実相」というものは何も損減しない。これは永遠に実在しているので、何を苦しみ、何を憂うることがあろうか、というわけです。これはいわば凡夫の世界です。凡夫の世界はそういう苦と無常の世界であるけれど、やはりそこに永遠な世界が実在しているから、何をわずらう必要があろうか、というのです。

かの輝ける日や月や星辰やは
本よりつねに虚空に住しているけれども
時とし雲や霧がこれを蔽《おう》いかくし
烟や塵がこれを映《か》くし覆うことがある。
愚なものはこの現状《ありさま》を見て
日月等がなくなつたとおもうている。」
本有《もとより》の法《のり》と　報《こたえあい》と　応《あらわれ》　との三身も

またまたその如くである。
始のない大昔のときよりこのかた
本有《もとより》の三身は心の虚空に住するけれども
それを覆うに妄想《いつわり》をもつてし
それを纏《まと》うに煩悩《わずらい》をもつてするがゆえに
智《さとり》の事《ことがら》があっても筐《はこ》の中の鏡にひとしく
涅槃《やすらい》の真理《まこと》があつても礦《あらいし》の中の珠の如くである。
愚な妄者《いつわりもの》はこれを視て
本よりの覚体などあることとなしとおもうている。」
おろかなるもの、この発無《しりぞけ》は
まつたくの損減にあらずして何ぞや
しかもその本有《もとより》の三身は
つねに損減なしえぬものである。
汙字のあらわす無損減の実義は
またまたその如くなるを知るべきである。」

これは外道の立場について語られていると思われます。インドでは釈迦の時代に六《ろく》師外道《しげどう》というものが出て、懐疑論《かいぎろん》、否定論、唯物論《ゆいぶつろん》を唱えました。それにたいして空海はいう。日や月や星には時として雲や霧がかかることがある。仏の身体にも、時として妄想や煩悩《ぼんのう》がかかることがある。愚かなものはそれを見て日や月や星がない、つまりそういう悟りの姿などないと考えるが、本来の悟りの姿は損益せずに永遠にそこに存在しているのだ、と。

■「二乗に対する実義」

決定して二乗の教と囚われるものは
妄りに絶滅の境地に憧れる想をなし
身も心智もことごとく焼きつくして
その湛寂《しずか》なること大虚《おおぞら》のそれに等しく
いたずらに三昧《やすらい》の酒に沈酔《えいし》れて
覚りも目醒めもしないのである。」
決定性と不決定性とによりて
その囚われに軽重の差があるけれども

いずれも無余《きわみ》の涅槃《やすらい》に空しく劫数《とき》を費やし
その損滅の大なることこれに過ぎたるはない。」
しかもかれらの具する本有の三身は
つねに厳然として動揺することはない。
そこで虚空に遍満せる秘密のもろもろの仏が
沈酔せるかれらを驚覚開示《よびさまし》するのである。
そのために、かれらは無余涅槃《きわみのやすらい》の化城《かりね》より起ち
秘密荘厳の宝所に廻り趣くことになる。」
かの草木すらやがては成仏するのである。
いかに況んや有情のかれらにおいてをや。
妄りに不了《かりそめ》の数に執《とら》わるれば
損をなすこと極めて多いのである。」
汙字のあらわす不損滅の実義は
まさにその如くなるを知るべきである。」

大乗仏教では、声聞・縁覚を二乗の仏教といいますが、それは釈迦の直接の弟子た

ちの教えです。この世は愛欲の世界である、その愛欲の根を断ち静かな悟りの境地にいたることにより、この六道輪廻《ろくどうりんね》の苦しみから逃れることができるのだ、という説です。この六道輪廻の因縁を断ち切った境地を無余涅槃というのですが、こういう涅槃は、空海の真言密教によれば、たいへん消極的な悟りであるというわけです。こういう悟りは大いなる損滅の教えであるが、声聞・縁覚が小さい否定的な涅槃の教えに安住したとしても、なお「虚空に遍満」する秘密の仏は厳然として存在し、そういう二乗の徒をやがて秘密荘厳《ひみつしようごん》の密教の教えに導くものである、という。ここで、「かの草木すらやがては成仏するのである。いかに況んや有情のかれらにおいておや。」という言葉は、密教あるいは日本仏教の思想を考えるうえで、たいへん重要な言葉です。「山川草木悉皆成仏《さんせんそうもくしつかいじようぶつ》」という言葉となって、のちに天台に取り入れられ、天台本覚論《てんだいほんがくろん》として展開されるのですが、その思想がすでにここに語られているわけです。

■「法相に対する実義」

限りなき時の万行の正因より生ぜる
報《むくい》の果《はて》の自受用《たのしみ》の色身《ほとけ》は
あらゆる真実《まこと》の功徳に荘厳され

大円・平等などの四智を円満しているのである。」
しかもそれは間断《たえま》なく法楽の相続するのみにして
それは生を超えての凝然《かわらぬ》自性《さが》の常住ではない。
すべて生じたるもの、必ず滅すべきことは
一向《ただち》に肯定さるべき記答《こたえ》なるがゆえである。」
しかも本有《もとより》の「なす」「かたる」「考える」の三密は
日の天にかゝりて麗しきが如くである。
いかに雲霧を払う猛風の因をもつてするも
誰れかよくこの天日を生《まこと》ずべきや。」
自性として常住なる如空の四智は
地に埋めたる黄金の朽ちざるが如くである。
いかに発掘の利钁《ときくわ》の縁《えにし》をもつてするも
誰れかよくこの黄金を造りうべきや。」
汙字のあらわす不損滅の実義は
まさにその如くなるを知るべきである。」

これは法相宗にたいする批判です。とくに空海の当時、法相宗は奈良の興福寺《こうふくじ》を中心として盛んな仏教でした。その法相宗にたいして、それはほんとうの悟りではないという。ひじょうに高い悟りの位のようにみえるが、実は、生を超えて変わらず常住する大日如来の境地ではない。この法相の立場は、無限の時間ないし万行をして、やっと四智を円満にした仏になるのだという立場であるが、それは消極的な悟りで、真の永遠の悟りに達しない。しかも、その法相によって消極的な絶対が求められるにせよ、大日如来はこうこうとして天日のように万物をうるおし、常住であり、地に埋めた黄金のように光り輝いているというのです。

■「三論に対する実義」

あらゆるもの丶所依たる真如《まこと》の法性《もの、さが》は
また心の体性《きぢ》にして実常《かわらぬもの》である。
すべて心を有するものにして
誰れかその体性たる真如の理《ことわり》なきものあらんや。」
この心の智《さとり》がそのまゝ真如の理であり
心の外に真如の理があるのではない。

心というも理というも本来これ一である。
何ぞ水の湿《うるおす》と鑑《うつす》とが別なるべきや。」
かく三輪にいわゆる法　性《かわらぬさが》は等しく心に遍ずれども
心　行《こゝろのおもい》狭劣にして遮詮《うちけし》の理の一面に囚われ
権《か》りに嬰児《ちのみご》を誘うための
方便《てだて》の教たることを迷者は知らない。」
いたずらに遮情《うちけし》の権《か》りの戟《ほこ》を揮うて
本有《もとより》の三密の真仏を破するがゆえに
これを損減と名づけるのである。」
しかもとこしえに周遍せる本有《もとより》の真仏は
これがために損《そこない》もせず虧《かけ》もしないのである。
汙字のあらわす不損減の実義は
まさにその如くなることを知るべきである。」

これは、日本にはじめて入ってきた仏教である三論宗にたいする批判です。三論宗というのは龍樹《りゅうじゅ》の教えをもとにしているのですが、「空《くう》」ということを究極の悟りとするので、心は本来、空であるというのが三論の立場です。空海は、その空なる心の外に真如などというものはないという。三論は遮情《しやじよう》すなわち否定にとらわれているという。それは結局、乳飲み子を仏教に誘うための方便《ほうべん》の教えにすぎない。その否定の仏教はほんとうの密教の真理をそこなう損減の教えでもあるが、ほんとうの仏は損もせず、欠もせず、あらゆるところに厳然として存在しているというのです。

■「一乗教に対する実義」

天台は空と仮と中との三諦が円融《とけあい》し渉入《ゆきき》すとい、
華厳は一念に十世を罩《こ》めて無碍であり
能化と所化と所住との三種の世間《よのなか》が
そのまゝ毘盧遮那《ひかりのほとけ》の心身であるという。
しかも真言をもつてこれを表現することを知らず
これに損減にあらずして何ぞや。」
大・三・法・羯の四種の曼荼羅《さとりのよ》こそ
それがそのまゝ真仏の相《すがた》である。
これをあらわす不損減の汙字の実義は

まさにその如くなるを知るべきである。」

空海は、声聞・縁覚の二乗の仏教をいちばん下において、その上に三論・法相をおいて、天台と華厳をいちばん重視するわけです。天台では、三諦円融《さんたいえんゆう》ということを説く。華厳では、能化《のうけ》（師）と所化《しょけ》（弟子）と所住（すみか）との三種の世間がそのまま毘盧遮那《びるしゃな》の心身であるというふうに説く。空海においては、華厳は天台より上ですが、その華厳においてすら、言葉の深い哲学を説かないのです。こうした吽字観、阿字観を華厳は説いていない。これも否定の段階に終始して、真の肯定に達していないというのです。

■「一多法界による実義」

いろいろな立場を批判し、最後に真の自由を得る教えを説きます。

法界《あめつち》はいずれも同一にして多なる如《もの》である。
多くの存在がそのまゝ、如々《かわらぬもの》の一なのである。
実在の理は理として無数であり

悟りの智は智として無辺である。
それが恒河《ガンジス》の砂の数も喩《たとえ》にあらず
国土を微塵《こな》にした数もなお少いのである。」
両の足は数えられぬほど多いけれども
その本質の上からはいずれも一つの水である。
百千の燈光は決して一つでないけれども
たがいに融けあって冥然《わかちなく》して同体である。」
色《もの》も心もともに無量なるがゆえに
その色心の実相もまた無辺である。
主としての心王も伴としての心数も
ともに数えつくせぬほど多いのである。
それらがたがいに無碍《とけあい》し渉入《ゆきき》すること
帝釈天の珠網と燈光とのその如くである。
これらが重々に不思議の関連のもとに
各々にたがいに五智を具している。」
かくの如くに多にして一に異ならず

一に異ならずして多である。
そこでこれを一如というのである。」
その一如の一とは単一にあらずして全一である。
無数の多をそのまゝ一とするのである。
また一如の如とは常途の如にあらずして
同々にして相似せるをいうのである。」
この多にして一なる深理を説かざるは
すなわちこの権教《かりのおしえ》により随転《よりそい》せるものである。
自からの内容に過ぎざる無尽の宝蔵も
こゝにおいて耗《へ》りつくし
その数・無尽の七宝の大車も
こゝにおいて消しつくすのである。
これをこゝに損減というのである。」
大地の墨をもつて点しつくせぬほどの四身と
須弥聚の毫《ふで》をもつても記しつくせぬほどの三密とは
本より自然に円かに満ちあふれ

凝然《とこしえ》にして変りはないのである。
汙字のあらわす不損減の実義は
けだしかくの如きものというべきである。」

この密教の考え方の中に華厳の考え方が十分に取り入れられています。この世は無限の世界であるけれど、その世界の一つ一つに他の世界が宿り、互いに映し合い、融け合っている。すべての世界は混じり合っている。だからいまここに、たとえば私の心の中に無限の世界が入り込んでいるのである。あなたの世界にもやはり無限の世界が入っている。私の世界もあなたの世界もすべてが映し合い、混じり合ってこの世界を形成しているのです。これは華厳の考え方ですが、密教ではこの世界がすべて大日如来のあらわれで、それはそれぞれに大日如来の智慧をもっているというのです。大日如来というのは摩訶すなわち大毘盧遮那といい、華厳でいう毘盧遮那をいっそう強調したものです。華厳との考え方のちがいは、密教はひじょうに自然教的な色彩が強いと同時に、肯定的な思想が強くなっていることです。その意味で空海は、華厳の立場もまだ遮情にとらわれているというわけです。三論や法相はもちろん、天台も華厳もまだ否定に偏している、否定に即するのは損減であるという。ほんとうの実在の充実というものを、こういう仏教は知らないということになります。

これが汙字観です。ここで空海は、汙字観によってみごとに世俗の教えや外道の教え、他の仏教の教えを批判している。損減という概念でもって批判しています。そういう仏教はまだ損減の立場であって、ほんとうに豊かな生命の智慧に満ちた密教の立場に到達していないという批判をしているわけです。

こういう視点から最後の摩字観を説くわけですが、摩字の摩というのは、「我」です。真言でいう我というのは、個々の自我というようなものではなく、もはや大日如来と一体となった自我です。その意味で摩は無我ですが、大日如来と一体となることによってほんとうの自由を得る、というのが密教の教えです。摩字は大日如来の種子であるというふうにいわれているわけです。

たゞ大日如来のみいまして、この計度《はからい》の小我を超えた無我の中において大我《まことのわれ》を証得《みにつけ》られている。この法界《あめつち》の心の王者たる大日如来が、すでにかくの如き大我の境地に到達せられているとせば、その大日心王の内容たる心数としての、国土の微塵《こな》にしたほどの実に思い及ばぬ多くの眷属の誰れもが、一つとしてこの大我の身を得ざるものあらんや。これがすなわち摩字における自証《さとり》の表徳《あらわれ》の実義である。

このように空海はいっていますが、摩字観における我というのは、人間の小さい我を離れて、大日如来と一体になった我です。大日如来は世界の本体であるが、世界にいたるところにある微塵《みじん》の世界も大日如来のあらわれならざるものはない。それゆえ、この微塵世界の住民であるわれらは、われらの中に大日如来を有し、大日如来と一体になることができる。大日如来と一体になることによって、世界がはっきり見えてくる。そしてはっきり世界が見えることによって、人間を救うために自由な行いを行うことができ、そこに菩薩《ぼさつ》行《ぎょう》の真髄があると考えられているわけです。

このように、空海の『吽字義』は阿字観と摩字観を中心にしたものだというふうに思いますが、空海はこういうふうに吽字を一つ一つに分けて、それを一つにして、また吽字観を説いているのです。

これが『吽字義』の大要ですが、私は今回、あらためて『吽字義』を読んでみて、行はしなくても、少しは真言密教がわかった気がしました。

人間弘法大師を説く十章

第一章　神か人間か

弘法大師空海《こうぼうだいしくうかい》の千百五十年御遠忌《ごおんき》を迎えた一九八四年は日本の思想界、マスコミ界では密教がたいへんなブームとなり、以来、今日まで仏教がふたたび人びとの大きな関心事になっている。

私はそれより二十余年前に、空海が偉大な思想家であり、密教が実に哲学的な宗教であることを主張したが、そのころは、密教は加持祈禱《かじきとう》という呪術《じゆじゆつ》的性格の強い仏教で、空海も、その加持祈禱で天皇や貴族に媚《こび》を売った宗教家にすぎないのではないかというのが日本の学界の認識で、密教や空海を思想的に問題にする人はほとんどいなかった。私の著作が多少の影響を与え、湯川秀樹先生や司馬遼太郎《しばりようたろう》氏、陳舜臣《ちんしゆんしん》氏ら一流の学者や作家によって空海が取りあげられ、いまや空海の偉大さはあまねく日本人の知るところとなった。今昔の感にたえない。もちろん、私の著作は一つのきっかけにすぎない。時代そのものが、密教の教義と空海の偉大さを理解できるようになったといえる。

簡単にいうと、空海は明治以前には、日本でたいへん崇拝され、大師号をつけられたのは空海一人ではないが、「大師は弘法に奪われ」といわれるように、大師といえばすぐ弘法大師が連想されたのである。そして大師信仰はただ真言宗《しんごんしゅう》の宗派に属する人たちのみではなく、日本人すべてにおよんだ。ほかの祖師で、そのように広く日本人一般から崇拝された例はない。空海はまた、遍照金剛《へんじようこんごう》と称せられる。あまねく光り輝く金剛のようなお方として、つまり、それはもはや人間ではなく、神であり仏であり、人間をさまざまな不幸やさまざまな病から癒す力をもつものとして崇《あが》められた。この崇拝のもっともはっきりしたあらわれが、かの四国八十八ヵ所霊場巡りであり、この八十八ヵ所に参らなければ、人間は死後極楽へいくことができないと信ぜられてきた。そして、このような遍照金剛である大師にさまざまな伝説が生まれた。

ところが明治以降、長い間、神格化された人間に懐疑《かいぎ》の目を向けて、その歴史的真実を明らかにするのが学界の風潮となり、したがって、空海のような超人格化された人間には人一倍の懐疑のまなざしが投げかけられた。こういう光り輝く神のような存在はかえっていかがわしいものと考えられ、それよりも多分に人間的な弱点ももちながら、何か一筋に道を求めるような宗教家が崇拝の対象になった。そういう点で明治以後、日本のインテリがもっとも崇拝した宗教家が親鸞《しんらん》と道元《どうげん》であったことは、たいへん象徴的なことといえる。

また空海と同時代に、最澄という優れた宗教家がいる。両者を比較する場合、最澄は純粋な人間だが、空海は豊かな世間知をもった複雑な人間として考えられてきた。その例が白樺《しらかば》派《は》の作家、長與《ながよ》善郎《よしろう》の戯曲「最澄と空海」である。ここで長與善郎は、空海と最澄の対立を最澄側に寄った立場からとらえている。最澄は純粋であるが、空海は多分に政治的な、その意味で必ずしも純粋な宗教家といえない人間として考えている。これは長與ばかりか、明治以後の日本のインテリの常識であったと思う。

ところがいま、歴史的状況の推移によって人間の理想像も変わってきたように思われる。純粋であるけれども活動力の乏しい人間よりも、世俗に交わり、交われば少しは汚れざるをえないが、汚れながらも何か大きな仕事をする人間が求められるようになってきた。そういうところから宗教家にたいする日本人の見方も変わらざるをえない。あまりにも多方面にわたる才ゆえに、明治以後の日本のインテリに敬遠されがちであった空海が、新しい時代の日本人の理想像として見直されようとしている。

私はここで、円的人間と楕円的人間という新しい人間類型論を提出したいと思う。円的人間とは、その人生に一つの中心をなす原則があり、その原則に従ってその人間の行為が一元的に説明できる人間である。こういう円的人間が、かつての日本人の理想像であったと思う。最澄という人間はまさに円的人間の代表で、彼の行為はすべては彼の中心原理、つまり純粋な求道心《ぐどう》ですっきり説明ができる。ところが、空海という人間はそう簡単には説明できない。どうも中心点が二つあるのではないかと思われる。一つは彼の世俗的意志である。彼はひじょうに豊かな才能をもっている。文章を書かせても唐人を驚嘆させ、書を書かせても日本三筆の一人として名高い。また彼は一つの教団を新しくつくるという教団経営の豊かな才能をもっている。そのためには天皇や貴族との付き合いもうまいし、土木事業さえ行った。そう考えると、空海は政治家になっても大成功したのではないかと思われる。しかしそれだけならば、空海は宗教者とはいえない。

空海の人格のもう一つの中心は、他の宗教者と同じように、あるいは他の宗教者以上に孤独を愛し、隠遁《いんとん》を欲する意志である。空海ほど自然を愛し、孤独を好み、世俗から遁《に》げ出して、ひとり静かに自然の中で生を終えようという意志をもっている宗教家も少ない。すばらしい世俗的成功を収めた空海とまったくちがった空海がここにいる。

つまり空海は、二つの中心点をもつ楕円的人格をもった宗教家だったと私は思うのである。円的人間のみが純粋だという立場に立てば、空海は不純な人間だということになるが、私は、ただの円的人間では巨大な事業をすることができないのではないか、この相矛盾する二つの焦点が互いに対立し、互いに引き合いながら、そこに円的人間では考えられないような巨大な行為の軌跡《きせき》を生む、そういう楕円的人格をもった人間によってはじめて巨大な事業が可能ではないかと思う。あるときには、現世《げんぜ》的意志が勝ち、あるときには遁世《とんぜ》的意志が勝ち、人格は大きく揺れながらそこにバランスを保つ。私は空海をそういう楕円的人格と考え、彼の人生を、そういう多少の揺れ動きをもつ楕円運動の軌跡としてとらえていきたいと思う。

第二章　不安な時代に生まれて

空海の一生を考えるには、彼の生まれた時代と身分を考えなくてはなるまい。誕生は、宝亀《ほうき》四（七七三）年あるいは五年と考えられるが、宝亀という年号は、ちょうどあの道鏡《どうきょう》の時代が終わって光仁《こうにん》天皇が即位した時代である。道鏡は、よく知られているように孝謙《こうけん》女帝の寵愛を得て巨大な権力をもつにいたった怪僧であった。したがって、孝謙天皇が亡くなると当然、道鏡は追放され、この日本の政治を、華麗でしかも淫蕩《いんとう》な仏教文化から浄化しようとする運動が起こる。光仁天皇はこういう政治的課題を背負って即位するが、彼はその課題を息子である桓武《かんむ》天皇に引き渡す。桓武天皇は、このような歴史的課題は遷都《せんと》なくして不可能であると考え、最初に長岡に、次に平安すなわちいまの京都の地に遷都を試みた。空海が誕生し、成長した時代は、こういうはなはだ不安定な時代であった。

　空海の生まれたのは讃岐国《さぬきのくに》多度郡《たどのこおり》屛風浦《びょうぶがうら》、いまの香川県善通寺市であり、父は佐《さえ》伯直《きのあたい》田公《たぎみ》という地方豪族である。佐伯氏というのは大伴氏の家来であるが、蝦夷征伐に功労があり、讃岐国に配せられたといわれる。しかし佐伯氏というのは、もともと山岳に関係のある土着の民、血縁的にも蝦夷と関係のある民であると思われる。空海の母方は阿刀《あと》氏であるが、阿刀氏も物部《もののべ》氏の枝族に連なる家柄で、必ずしも天皇家に直属する貴族ではない。したがって、空海のような地方豪族、とくに佐伯氏のような出身では、その出世もおのずから限度がある。

　しかし、おそらく年少にして優れた才能を示したであろう空海は、一門の期待を背負って、十五歳にして上京し、十八歳にして当時、日本に一つしかない国立の大学に入学した。地方出身の高校生が東京大学に入学したようなものだから、さぞ出世を期待されたと思われる。ところが空海はまもなくこの大学を中途退学してしまった。空海自ら語るところによると、彼は暗記力を養成するために、「虚空蔵求聞持法《こくうぞうぐもんじほう》」を山岳で修行した。虚空蔵求聞持法とは、密教の修行の一つであるが、心を空のように透明にすることによって記憶力を増進させようとする法である。ところが、高い山に登ってこの法を修行しているうちに、彼は突然、この世の無常を感じ、立身出世に虚しさを覚えて出家の志を抱いたというのである。こうして彼は出家するが、正式な僧の資格を得たわけではなく、ただ世の中がいやになり、大学を離れて、かってに寺で書物を読んだり、山で修行をしたりしたようである。

空海は二十四歳のときに『三教指帰《さんごうしいき》』という論文を書くが、これはたいへんドラマチックな構成をもった論文である。蛭牙公子《しつがこうじ》というどうにもしようがない、女たらしの不良青年に、儒教を代表する亀毛《きもう》先生、道教を代表する虚亡隠士《きょぼういんし》、仏教を代表する仮名乞児《かめいこつじ》がそれぞれ説教をするという設定である。結局、蛭牙公子ばかりか亀毛先生も虚亡隠士も、この仮名乞児に説得されてしまい、儒教や道教より仏教がはるかに優れた教えであることに同意するのである。このボロボロの着物を着た仮名乞児こそ、当時の空海自身の姿であったと考えられる。

この論文は、空海が立身出世の意志を棄てて仏門に入った決意を示すとともに、空海に期待をかける大勢の親族にたいして出家を納得させるためのものであったのであろう。

ところが、この『三教指帰』を書いた二十四歳のときから入唐《にっとう》する三十一歳のときまでの七年間、空海が何をしていたのかはまったくわからない。先述の楕円的人間の比喩でいえば、空海が俗世的な意志から、もう一つの焦点である遁世《とんぜ》的な意志へと自己の人生の中心を変えた時期であるといえよう。

第三章　入唐求法の旅

空海が留学生《るがくしょう》として唐に渡ったのは延暦《えんりゃく》二十三（八〇四）年、三十一歳のときである。遣唐使に随行して二年間唐に滞在したのち、大同元（八〇六）年に帰ってきた。そこでなぜ空海が留学生として入唐《にっとう》し、なぜわずか二年で帰ってきたかが問題である。実はこのとき、最澄も一緒に入唐しているのだが、彼はすでに僧として一家をなし、桓武《かんむ》天皇の信任を得ていた。最澄は還学生《げんがくしょう》として一時の海外視察を命ぜられたのにたいし、空海は留学生として二十年の在唐を義務づけられたのである。いわば最澄は教授クラスであったが、空海は学生扱いなのである。この二十年の留学期間をわずか二年に短縮したのは、まったく空海の私的な意志である。本来ならば重罪に処せられるべきことである。したがって空海の一生を考えるにあたって、入唐とともに帰国のことは重要な問題なのである。

おそらく七年にわたる放浪修行の生活の中で、空海の才能は多くの人の注目するところとなったにちがいない。また佐伯直《さえきのあたい》の親族一門もいったんは官僚としての立身出世をあきらめたのちも、僧としての彼の活躍に期待を寄せていたにちがいない。空海自身も、仏教の中でもとりわけ密教に興味をもち、唐に留学してこの密教の真髄を学びたいという強い意志をもっていたのであろう。後年、俗世においてもすばらしい才能を発揮した彼のことだから、入唐留学生に選ばれることなど、それほどむずかしいことではなかったと思われる。その留学を前にしてはじめて彼は正式に僧としての資格を得たのである。

こうして彼は入唐し、都の長安において仏教を学び、玄宗《げんそう》の護持僧《ごじそう》として令名の高かった不空《ふくう》の弟子の恵果《けいか》について、密教の秘法を授けられた。

唐における空海のことは、空海自らが書いた『請来目録《しょうらいもくろく》』などによって知るしかない。長安で空海が恵果に会ったのは延暦二十四年五月のことであるが、あたかも恵果は空海の来訪を待ちかねていたかのように、わずか三ヵ月で師、不空から伝えられ、ほかには誰も伝え手のない密教の秘法をことごとく空海に授け、そのことを一生の任務としていたかのように、その年の十二月に亡くなった。この話は、あまりに劇的で、あまりに空海に都合がよすぎるので、疑いをはさむ余地なしとはいえないが、空海が『請来目録』にはっきりそう書いている以上、それを信じないわけにはいくまい。

ただ二十年の滞在義務期間を縮めて二年で唐から帰ってくるについては、よほどの決断がいったことはまちがいない。おそらく敏感な彼は、すでに唐の文化の衰退の兆候を見て、それ以上唐にいても大して学ぶべきものがないと感じとったのであろう。また二十年も唐にいれば、空海自らも老いて、日本における活躍の機会も乏しくなることを恐れる心が多分にあったかもしれない。仏教のうちでもとりわけ尊い真言《しんごん》密教の秘教を授けられたからには、一日も早く、それを日本に伝えて布教したいと『請来目録』で語っている空海の気持に真実がないわけではない。

第四章　密教とは、曼荼羅とは

いったい空海の学んだ密教というものは、どういうものであろうか。もちろん密教もまた仏教であり、それは釈迦の教えの流れをくむものである。

釈迦は紀元前五世紀にインドで活躍した実在の人物である。彼は人間の世界を苦の世界として捉え、その苦の原因を愛欲においた。愛欲があるから苦がある、それゆえ愛欲の火を消せば苦悩はおさまり、人間は静かな悟りを得ることができるであろう。釈迦はそのような教えを説いた。そして、釈迦の弟子たちはこういう教えを守って、好んで町から離れ、山林でたいへんつつましい清潔な生活を送ったが、紀元一世紀ごろ、このような伝統的な仏教にたいする大きな批判が起こる。

このような静かな悟りの仏教で人間が救えるか、欲望を殺してしまっては人間の活動力は失われる、もっと人間は自由になる必要がある、それには愛欲のとらわれからも自由になり、禁欲のとらわれからも自由にならなければならない。こういう愛欲の肯定にも否定にもとらわれない「空《くう》」の思想を説いたのが龍樹《りゅうじゅ》だった。この龍樹の弟子たちは自分の立場を大きな乗り物、つまり大乗とし、伝統的な仏教の立場を小さな乗り物、つまり小乗とし、自分の立場の優越を主張した。

大乗仏教は、このように伝統的な釈迦仏教とちがって、どちらかといえば愛欲にたいして肯定的な立場をとる。たとえば、有名な『法華経《ほけきょう》』『金剛般若経《こんごうはんにゃきょう》』『維摩経《ゆいまぎょう》』などの大乗経典の翻訳者である鳩摩羅什《くまらじゅう》は、若いとき快楽におぼれた。インドのカシミールで修行を終え、帰郷する道すがら一人の羅漢《らかん》に出会い、「名僧の相だが、破戒をなせば、ただの学者に終わるだろう」といわれた。その予言どおり、羅什は三十五歳のとき、女犯《にょぼん》をなす。そして中国に招かれたあとも、昼は精力的に経典の翻訳をしたが、夜は多くの女性とたわむれたという。しかし、破戒を犯しつつ彼は人生の無常を知って仏教者としての道を求めたのだといわれている。

この話は大乗仏教の一面を語っているが、すでにその発生において愛欲の肯定という傾向をもっていた仏教は、密教にいたってまったく大胆な愛欲肯定の教えを説いた。密教の中心経典であり、いまでも真言僧《しんごん》がもっとも日常的に唱える『理趣経《りしゅきょう》』は、そういう愛欲肯定の教えを実に大胆に説いている。僧はサンスクリットで唱えるのでわれわれはそれをありがたいと思うが、もし日本語で唱えたらありがたいという気持を起こすにはたいへんな抵抗があるにちがいない。たとえば、男女がお互いに相手の肉体に触れ合うのは清浄であるというようなことが説かれているのである。

こういう教えは、バラモン教に存在する考え方であるが、仏教は、最後の発展段階である密教においてバラモン教への先祖帰りを、多分に官能を肯定したかたちで行ったのである。

宇宙の中心には大日如来《だいにちにょらい》という永遠不滅な仏がいる。そしてすべてのものは、この永遠不滅な大日如来のあらわれにすぎない。この大日如来の永遠の生命を「密」という。密というものは二つの意味がある。一つは秘密の密であり、それは隠れているもの、あらわれていないものである。密は万物の奥に隠れているのである。密のもう一つの意味は、いっぱいものが詰まっているという意味であろう。つまり存在するもののエキスがいっぱい詰まっていて、すべてのものの存在の根源をなすものをいう。

その密が万物を生ぜしめるものであるが、われわれ人間の中にもその密は宿っている。われわれの中に宿っている密は三種類あって、それは身密・語密・意密である。われわれの身体も大日如来の身体と同じであり、われわれの言葉もまた大日如来、すなわち宇宙そのものが語る言葉であり、われわれの心も大日如来の心と同じなのである。このわれわれの中の三つの密を大日如来と一体とさせることによって、われわれは大日如来そのものになることができると密教は説く。

ここで密教が他の仏教と大きくちがうのは、身体を全面的に肯定していることである。この身体の肯定は、感覚の肯定と同時に欲望の肯定を意味する。この教えこそ、即身成仏《そくしんじょうぶつ》という言葉で説かれる教えなのである。仏教ではふつう、仏になるのは死後とされるが、現世《げんぜ》において仏になれるばかりか、この肉体をもったまま仏になれるというわけである。

仏教もここまでくると、もはや釈迦を教祖とするわけにはいかなくなる。そこで密教は、大日如来の教えが龍樹に伝わり、それが龍智《りゅうち》、金剛智《こんごうち》、善無畏《ぜんむい》、一行《いちぎょう》、不空《ふくう》、恵果《けいか》と伝わる系譜をつくる。密教では他の仏教と区別して、龍樹を龍猛《りゅうみょう》というが、それは、密教の教義が他の仏教とちがって優れた教えであることを強調するためであろう。

密教では曼荼羅《まんだら》を崇拝する。曼荼羅とは何か。それは世界の秩序を図式的に表現したものであるといってよい。曼荼羅には金剛界《こんごうかい》曼荼羅と胎蔵《たいぞう》曼荼羅がある。実際はいろいろな曼荼羅があり、それが二つの曼荼羅に集約されたといってよかろう。ところが、二つの曼荼羅が統一されると、そこにいろいろな解釈が生まれる。金剛界曼荼羅が陽の原理、男性的原理を示すのにたいし、胎蔵曼荼羅は陰の原理、女性的原理を示すという解釈もあるが、金剛界が空間的世界の発展の所相を示すのにたいし、胎蔵界は時間的世界の秩序を示すといってよいであろう。つまり宇宙は空間と時間の二つの相をもっている。その相を二つの曼荼羅であらわしたといえよう。

曼荼羅は日本の寺院では壁にかけられて崇拝の対象とされるが、曼荼羅という言葉には壇あるいは道場の意味がある。空海が長安《ちょうあん》で恵果から密教を学んだとき、敷きつめられた胎蔵曼荼羅に花を投げたところ、中央の大日如来の身の上に落ちたので、大日如来の修行法を恵果から教わったという。つまり密教の修行とは、世界の中心である大日如来と一体化しようとすることなのだが、この道に入るにはいろいろな入り方がある。敷曼荼羅に花を投げ、その花の落ちた場所の仏を通じて、おのおのそれに応じた修行をするのがよいということである。

この曼荼羅世界は四種の存在によって構成されると考えられる。第一は如来すなわち仏である。悟りを開いた者である。その中心には大日如来がおり、それをとり囲んでさまざまな如来がいる。ここでは釈迦も阿弥陀《あみだ》も、大日如来をとり囲む如来にすぎない。この如来の次に菩薩《ぼさつ》がいる。菩薩はいわば、まだ如来、仏になっていない如来の候補者なのである。観音《かんのん》とか文殊《もんじゅ》などが菩薩の代表である。

ところが密教では、この如来や菩薩をとりまき、それを護衛する明王《みようおう》というものを重んじる。これは現世的欲望を肯定し、力を重視する密教としては必然的なことであるが、とくに明王のうちでも日本においてもっとも崇拝されたのが不動明王である。不動明王の光背は火炎であるので、日本古来から崇拝されていた火の神とつながって不動明王が考えられたのであろうか。密教では、この大日如来と不動明王をまったく一体のものと考えている。明王の次に天部の仏たちがあり、その中に毘沙門天《びしやもんてん》や弁財天《べんざい》や大黒天《だいこくてん》などが含まれている。この天部の仏たちはヒンズー教の神が変形したものである。密教はこういうヒンズー系の神を大胆に取り入れ、そのヒンズーの神々はまた、どこかで日本の土着的な神々と結びつき、日本人にあまねく崇拝された。

　このように、密教は世界の秩序をさまざまな像の姿であらわすものであり、それゆえにそれは、はなはだ芸術的仏教なのである。密教は多くの仏についての無限の空想を許すものであり、したがって、実に大胆で、実に自由なさまざまな彫刻や絵画が密教の名のもとに次々とつくられていった。これは多分に芸術家的な素質をもつ空海にとって、たいへん性にあった仏教であったといえる。

第五章　弁明の書『請来目録』

　先に述べたように、空海が二十年の義務づけられた留学期間を十分の一に短縮して、二年で帰国したことはたいへんな決断だった。これは、いってみれば国家の命令に反することで、闕期《けつご》の罪はひじょうに重く、へたをすれば帰国して獄につながれ、あるいは死罪・流罪となる可能性があった。空海はもちろんそれを知っていて、その危険を犯して帰ってきた。これは空海の一生の中で一世一代の賭《かけ》だったと思う。

　この賭に勝たねばならない。闕期の罪をまぬがれなくてはならない。何としても弁明が必要だった。空海の『請来目録《しようらいもくろく》』とされるものは、文章も書体も実にみごとなものだが、これは『ソクラテスの弁明』に比すべき空海のアポロギア、弁明の書であったと思う。『請来目録』には、空海が唐から請来した書物および仏具が羅列されているのだが、その種類は量および質においてすばらしい。これを集めるには多大の金額が必要だったにちがいない。おそらく彼の二十年の滞在費用をすべてそれにあててもまだ足らなかったと思われる。陳舜臣《ちんしゆんしん》氏は、中国にも空海のパトロンがいたのではないかと考えているが、あるいはそうかもしれない。その経典類には、いままでまだ誰も知らなかった密教の重要な経典がたくさん含まれている。

奈良末期から密教は日本でも知られていて、日本の仏教界には密教の奥義《おうぎ》を知りたいという願望が強かった。政治的闘争が続き、その敗者が失脚して、さまざまな怨霊《おんりよう》となって勝者に祟《たた》りをなすと恐れられたこの時代の貴族たちは祈禱によって闘争の勝利を勝ちとり、闘争に負けた怨霊どもの魂鎮《たましず》めを行って、自己の権力を安泰にする、そういう秘法を切に求めていた。そのための秘法として密教がたいへん有効であるという考え方がすでに奈良末期から強くあったように思う。そういう風潮の中で、空海がその密教の奥義を密教経典や法具とともに唐から請来したというニュースは、日本の政治家にとっても日本の宗教者にとっても、聞き捨てならない知らせであったにちがいない。

空海のつくった『請来目録』は、実に整然としていた。この、空海が闕期の罪を犯してまで持ち帰った量質ともに驚くべき経典や法具が、空海の無罪の主張の根拠になったことはもちろんだが、それだけでは十分ではない。そこで空海がつけ加えたのが『請来目録』の前文である。それはまさしく空海の運命をかけた名文であった。そこで空海は、密教というものが大日如来《だいにちにょらい》から龍猛《りゅうみょう》、龍智《りゅうち》、金剛智《こんごうち》、善無畏《ぜんむい》、一行《いちぎょう》へと伝えられたもっとも高く、もっとも深い仏教の教えであり、その教えが不空《ふくう》から恵果《けいか》へ、そして私、空海にしか伝わらなかったということを主張する必要があった。そういうすばらしい仏教を伝えられた以上、一日も早く、それを日本の地に伝えるのが大日如来の意志でもあり、また国家社会のためにもなることをはっきり印象づける必要があった。一生の運命をかけたこのアポロギアの文中に、多少真実とはちがうオーバーな表現があったとしても、私は空海を責める気にはなれない。またこのとき、二十年の滞在義務期間を短縮して日本に帰った空海の決断を正しいとも思う。もしも空海が二十年も唐にいたならば、はたして無事に帰国できたかどうかもわからないし、もし帰ってきても彼はもう歳をとっていて、あのような活動は不可能だったのではないかと思う。

しかし、この闕期の罪はそんなに簡単に許されるものではなかった。空海が帰国したのは大同元（八〇六）年であったが、彼は大同四年まで三年間、大宰府《だざいふ》にとどめおかれたのである。このときの空海は、まさに明石における光源氏のごとく未決の状態であったと考えられる。朝廷は、闕期の罪を犯しながら驚くほど多くの経典と法具を持ち帰り、しかも堂々たるアポロギアの文章を提出したこの青年僧をどう扱ってよいか迷ったにちがいない。このとき、空海の弁護の役を引き受けたのが最澄ではなかったか。最澄は『請来目録』を見て、自分が長い間、見たいと思っていた経典が多数含まれていることに驚嘆し、このような経典を持ち帰った空海をただならぬ僧であると思ったにちがいない。

空海が都に呼び返されたのは、大同という年号が弘仁に変わったときだった。そこで、一つの政変が起こったのである。というのは、桓武《かんむ》天皇の長男であった平城《へいぜい》天皇は健康がすぐれず、その病を癒すために皇位をその弟の嵯峨《さが》天皇に譲ったが、譲位後、平城上皇と嵯峨天皇の間にトラブルが起こり、ついに弘仁元（八一〇）年、薬子《くすこ》の乱が起こった。そして薬子とその兄、藤原仲成《なかなり》ら上皇一味は殺され、平城上皇も幽閉される事件があったのである。

空海が政治社会の表面に躍り出るのはこの乱のあとである。彼はさっそく国家鎮護の秘法を高雄山寺《たかおさんじ》で行った。これは明らかに平城上皇一味の人々の鎮魂《ちんこん》を行い、国家の安全を祈るためである。もちろん嵯峨天皇の意に添ったものであるが、空海はこのような鎮魂と国家安泰の仏教として密教がもっとも有効であることを、ここで示したのである。

さらに、空海が最澄と並ぶ、あるいは最澄以上の不思議な力をもった僧であることを示したのが、翌々年、弘仁三年の高雄山寺における灌頂《かんじよう》であった。空海が唐から学んできたという密教の灌頂の秘法がそこで行われ、最澄も参加して灌頂を授けられたのである。これは法のためには後輩からも学ぼうとする最澄のはなはだ純粋な求道《ぐどう》心が原因であろうが、このことが空海の名声を著しく高めるのに役立ったことはまちがいない。青年時代からずっと非俗の世界を生きつづけた空海が、ここにいたってその俗世的才能を爆発させたといってよかろう。

第六章　最澄との出会いと断絶

先に円的人間と楕円的人間の二つの人間のタイプをあげて、円的人間というのは一つの中心点をもつ人間だといった。宗教家なら宗教家として、政治家なら政治家として純粋であるという人間はわかりやすい。それにたいして楕円的人間というのは中心が二つあり、あるときには一方に、あるときにはもう一方に偏して、動揺を続ける人間である。それゆえ、円的人間と比べて行動にわかりにくい点があるが、行動範囲が大きくて、円的な人間にはとうてい不可能な巨大な事業をなすことができる。まさに最澄は前者の、空海は後者の典型であると思う。

ところで最澄という名は誰がつけたのだろう。日蓮《にちれん》は、日蓮すなわち太陽の如き蓮という名前を自分でつけたが、最澄というのも、あるいは自分でつけた名かもしれない。ともあれ「最も澄んでいる」人間であるというこの名は、最澄には実にふさわしい。

最澄の前には奈良仏教の堕落という事実があった。それを救うために最澄は、天台《てんだい》大師智顗《だいしちぎ》という六世紀の偉大な中国の僧が天台山に根拠をおいた故事にならって、叡《えい》山《ざん》を本拠として仏教改革を志した。これは延暦《えんりやく》四（七八五）年、平安遷都《せんと》より九年前のことで、最澄は遷都後に一躍スターになったが、もともと最澄には、都の近くに自分の本拠地をかまえようとする意図はなかったのである。腐敗した都会仏教に批判的であった桓武《かんむ》天皇は、ひとり山中で清潔な生活を送る僧、最澄を見いだして、彼をたいへん重んじた。それで最澄は還学生《げんがくしょう》に選ばれたのだが、彼は叡山を日本仏教の根拠地にするために厳しい修行の規則をつくり、僧にその厳しい倫理の遵守を命じた。ところが天台仏教も国家仏教というかたちをとる以上、やはり国家に仇をなす怨霊《おんりょう》どもを鎮《しず》め、国家安泰を祈願する必要がある。最澄の伝える天台の教えは厳しい修行と哲学的思弁において卓越した仏教であるが、こういう鎮護国家の仏教として必要な祈禱の面では不完全だということを、最澄は痛感していた。それには密教を取り入れねばならない。最澄は空海の持ち帰ってきた経典に強い関心をもち、虚心に空海から灌頂《かんじょう》を受けて密教を学んだ。

それが最澄と空海の出会いであるが、この二人は仏教にたいする考え方がかなりちがっていたといわざるをえない。なぜなら最澄は、あくまで天台教学をその宗派の根本とし、密教を、その教派の実践面、とくに祈禱面を補うためのものとしか考えていない。しかし空海は、密教を仏教の最高の教えと考えている。

密教というものは、仏教史的にみれば華厳《けごん》仏教のより発展したものである。つまり、華厳仏教では、世界の中心にいるのは毘盧遮那仏《びるしやなぶつ》であるとし、その毘盧遮那仏を崇拝する。華厳仏教が奈良時代に日本に輸入されて、あの東大寺の巨大な寺院と大仏を建造させることにもなったのだが、こうした毘盧遮那仏は、世界の中心にいる仏であると同時に天皇の権威の表現でもあった。密教はこの華厳の教えのうえに立って、さらに大胆な愛欲肯定の教えをつけ加えたものである。それで密教の本尊である大日如来《だいにちにょらい》の名はマハーヴァイローチャナという。これは摩訶《まか》（大）毘盧遮那の意である。大日如来は毘盧遮那仏のもっと本体的な仏だということになるわけである。

こうした密教の立場に立てば、最高の教えが密教であり、次に華厳仏教があるということになる。とすれば、最澄のように、華厳仏教を中心とする奈良仏教の腐敗からまぬがれるために六世紀の天台仏教を復興しようというのはアナクロニズムであり、同時に仏教教義のうえからいっても、奈良仏教よりさらに低い段階の仏教に退行したことになる。こういう仏教を空海が気に入るはずはない。ゆえに彼は最澄とちがって、奈良仏教にたいして親愛感をもち、また奈良仏教の人たちも最澄より空海に親近感をもっていた。空海の師が大安寺の勤操《ごんぞう》であると伝えられるのも、けっして怪しむべきことではない。

こういう状況の中で、たとえ空海が最澄によって一躍仏教界のスターの座についたとはいえ、衝突はしょせん避けられなかった。最澄は空海の持ち帰った経典を次々に借り出す。が、ついに弘仁四（八一三）年、最澄の『理趣釈経《りしゅしゃくきょう》』の借用の申し込みを空海は断った。密教は字面にあるのではない、修行をしなければわかるものではない、といって、彼はこの先輩に反駁《はんばく》を加えたのである。

最澄と空海の断絶はそれのみではない。最澄のかわいがっていた弟子に泰範《たいはん》という僧がいた。この泰範という僧のことはよくわからないが、最澄はたいへん彼を愛し、病に臥したときには泰範を自分の後継者にするようにと定めていたという。ところが、泰範は空海の弟子となり、最澄の、自分のところに帰ってくれという再三の依頼にもかかわらず、帰ろうとしなかった。泰範は最澄を離れて、完全に空海の魅力の虜《とりこ》となったと思われる。最澄は、この泰範に実に悲しい手紙を残している。にもかかわらず、それにたいして泰範は返事を書かず、代わって空海が返事を書いた。「あなたは泰範に、天台の教えも密教の教えも同じものだから別に空海のもとで勉強する必要はない、早く帰れというけれど、天台の教えと密教の教えはまったくちがっている。天台の教えは利他《りた》にとらわれて、ほんとうの喜びを得られないが、密教の教えは自利《じり》の教えであり、もっと高い喜びの思想である。泰範は低い仏教から高い仏教へ移ったにすぎない」と。

空海は泰範事件を契機にして、自らの名声に多分の恩恵を与えたはずの先輩に、あるいは忘恩とも思われる訣別の辞を与えるのである。この一連の経過を思うと、空海びいきの私も最澄に同情を感じざるをえない。しかしそれは円的純粋さをもつ人間と、楕円的な大きな行動力をもつ人間のちがいともいえる。

空海という名前も自らつけたのではないかと思われるが、それも「空であり海」である。空や海のごとく巨大な人格を示すものであろう。空や海は少しくらい汚れたものが入るからといって、けっして汚れず、果てしない広大な空や海は、その汚れの跡をとどめないのである。空海という人は、そういう空のごとき海のごとき人であったのであろう。

第七章　二つの道場——高野山と東寺

私は先に空海を楕円的な人格の人間として捉えた。それは、一方では強い現世《げんぜ》的意志をもつとともに、一方では現世に背き山中に隠遁《いんとん》しようとする強い遁世《とんぜ》の意志の二つの意志をもつ人間であるという意味である。

年号が大同から弘仁へと変わると、空海は一躍、時の人として仏教界の第一線に躍り出し、嵯峨《さが》天皇の厚い尊崇を受ける。空海の華々しい活動は、この嵯峨天皇との間の親愛なる人間関係に支えられていたのである。嵯峨天皇は后妃も多く、愛欲生活も人並み以上のものと思われるが、一方において彼はたいへんな文化人であり、中国の文化を慕い、日本を中国風の文化国家にしようとする情熱をもっていた。こういう嵯峨天皇にとって、空海という驚くべき文化的教養をもった僧の出現はまことに喜ばしいことであった。

　嵯峨天皇は空海と並んで三筆の一人とされているが、弘仁四年に空海は、唐で学んだ製法によって自らつくった狸の筆を贈って嵯峨天皇を喜ばせている。空海と嵯峨天皇とはそういう趣味を同じくする友であるばかりか、空海は平城《へいぜい》上皇一派の人たちの嵯峨天皇を呪咀《じゅそ》する怨霊《おんりょう》どもの鎮魂《ちんこん》をその秘法によってみごとに行い、嵯峨政権を安泰にし、国家の秩序を守ったのである。

　こういう空海を嵯峨天皇が敬愛しないはずはない。空海は嵯峨政権の護持僧《ごじそう》として強い権力をもつわけであるが、彼はこういう栄達の中にあって、孤独に帰ろうとする意志を捨ててはいなかった。

　弘仁七（八一六）年、彼は紀州の高野山《こうやさん》を密教修行の道場として賜りたい旨の上奏文を朝廷に提出した。その上奏文によれば、空海は少年の日に好んで山水を渉覧したところ、「吉野《よしの》より南に行くこと一日にして、更《さら》に西に向つて去ること両日程《りやうじつほど》」の地に平原の幽地があって、それを名づけて高野というが、「四面高嶺にして人蹤《じんしよう》蹊《みち》絶《た》え

人里離れた幽地、高野山に密教の本拠をおいた。（奥の院御廟への参道）

たり」、この地を賜り、ここをわが密教の根拠地にしたいというのである。

　空海はこの栄達の極致において、まだあの孤独な青年時代が忘れられず、山岳に入って修行をしたい、そういう願いを強くもったのである。もちろんそれは、最澄の比叡山《ひえいざん》にたいして自らの仏教の根拠地をもとうとする空海の意志をあらわすものであろうが、なにぶん遠すぎる。いまでさえ高野山に行くのにはかなりの時間を要するが、当時、京都から歩いていくのはたいへんなことだったにちがいない。どうしてこのような地に彼の根拠地を求めようとするのか。

　それはやはり楕円的人格をもっている彼の人生の必然の欲求であったように思う。楕円の一方の焦点である俗世的意志を活動させ、それによってめざましい成果をあげればあげるほど、彼はもう一つの焦点を求めようとする。青年の孤独に帰らねばならない。都から遠く離れた人気のない山中で静かな瞑想の生活を送り、そこで死のうと空海は心から思ったにちがいない。

山岳は、古来から日本人にとって死霊の場所であった。人間は死んで天にいくが、すぐに天にいくわけにはいかない。しばらく山にとどまって、そこで清められて天に昇る。また天にいる霊はまず山に降りて、そこから人間の世界にときどきあらわれる。山はそういう死霊の場所であり、天にある霊と人間とが交わる場所である。まさに高野山はそういう場所であったにちがいない。空海が高野山を真言《しんごん》密教の根拠地として選んだ理由は、最澄が叡山《えいざん》を選んだ理由と多少ちがうように思われる。

このように、彼は自己の仏教の根拠地として高野山を選び、そこに伽藍《がらん》の建設を始めた。高野山の伽藍配置は、東西に胎蔵曼荼羅《たいぞうまんだら》・金剛界曼荼羅《こんごうかいまんだら》を象徴する、南面する二基の仏塔を中心とするものであるが、その建造は容易ではなく、塔の建設すらも空海の在世中に完成しなかった。

もちろん空海は高野山に行ったきりではなかった。こののちも彼は満濃池《まんのういけ》をつくったり、あるいは綜芸種智院《しゆげいしゆちいん》という大学を建てたりして、大いに社会的活動をするのである。満濃池は、香川県の仲多度《なかたど》郡満濃町にある日本一の溜池であるが、空海は弘仁十二（八二一）年に、この満濃池修築の別当《べつとう》となった。空海は土木工事にも通じてい

都における密教の根本道場となった東寺

たのである。また綜芸種智院というのは、文字どおりあらゆる学問を総合的に学ぶところ、まあ私立の総合大学といってよい。空海はそういう私立大学の創設者でもあった。

　こういう彼の活躍が認められて弘仁十四（八二三）年、嵯峨天皇は京都の東寺《とうじ》（教王護国寺《きょうおうごこくじ》）を空海に授与された。もともと東寺は、皇城鎮護のために羅城門《らじょうもん》をはさんで東西に西寺とともに配列されていたわけであるが、この寺の工事がなかなか完成しない。そこで、空海に依頼したところ、それを完成したので、その功によって東寺が空海に授与されたということである。東寺は南大門・金堂・講堂・食堂《じきどう》を一直線に配置するという奈良時代の寺院様式を踏襲していたが、講堂には五仏五菩薩《ぼさつ》五大明王《だいみょうおう》六天王の二十一尊の密教仏像を安置した。これは、密教による鎮護国家の思想を示しているのである。

この講堂の二十一尊は、ほぼそのまま現存している。

　こうして東寺が都における空海の活動の根拠地となり、以後空海は、東寺と高野山との間を往復して、その多面的活動を行ったのである。そしてその間、彼は『般若心経《はんにゃしんぎょう》秘鍵《ひけん》』『弁顕密二教論《べんけんみつにきょうろん》』『即身成仏義《そくしんじょうぶつぎ》』『吽字義《うんじぎ》』『声字実相義《しょうじじつそうぎ》』など多くの著書を書いた。しかし、何といっても空海の主著は『秘密曼荼羅十住心論《ひみつまんだらじゅうじゅうしんろん》』と『秘蔵宝鑰《ひぞうほうやく》』であろう。

　『十住心論』と『秘蔵宝鑰』は、空海の最晩年の著書であり、内容もよく似ている。先に『十住心論』を書き、のちに『秘蔵宝鑰』を書いたとみられる。『十住心論』のほうが論は詳しいが、『秘蔵宝鑰』のほうがコンパクトでよくまとまっているといえる。内容を簡単にいうと、ちょうど『三教指帰《さんごうしいき》』において空海が俗の立場と儒教・道教・仏教の立場を比較し、仏教の立場がいちばん高位の立場であることを明らかにしたように、『十住心論』や『秘蔵宝鑰』では十の心、つまり欲望にとらわれている俗の立場から儒教と道教の立場へ移り、第四から小乗仏教、第六から大乗の仏教へと移り、最終的に密教の悟りの境地である秘密荘厳心《ひみつしょうごんしん》にいたるという悟りへの過程を示したものといえよう。

　ここにはヘーゲルの哲学のような一つの弁証法《べんしょうほう》的な意識の発展という考え方があ

り、低次元の心がそれ自身の内的法則によってだんだん高次の心になり、ついには第十住心、すなわち秘密荘厳心の立場に立たざるをえない過程が示されている。ところが興味深いことには、『十住心論』においても『秘蔵宝鑰』においても、第十住心の秘密荘厳心のところにはあまり詳しい説明はない。それは説明しても説明しきれないものであり、結局、修行によってしか悟れないものであるということなのである。これは方法においてヘーゲル的だが、その説いている教えの内容はニーチェの思想に近いともいえる。空海がいうように、密教は大日如来《だいにちにょらい》の教えであり、龍猛《りゆうみよう》、龍智《りゆうち》から不空《ふくう》、恵果《けいか》をへて空海に伝わるものかもしれないが、密教思想をこのように精密にし、しかもはなはだ哲学的な教義体系に仕上げた人はいない。まさに空海は聖徳太子を除けば、日本仏教の歴史においてはじめてあらわれた独創的な思弁をもつ体系的思想家であったといえるのである。

第八章　仏が神と出会うとき

先に述べたように、空海が高野山《こうやさん》を根拠地としたのは、最澄が天台智顗《てんだいちぎ》の教学の根拠地として比叡山《ひえいざん》を選んだことと、必ずしも動機を同じくするわけではない。彼は山に人一倍の愛情を感じていた。彼が立身出世の道を捨てて出家を志したのも、山において「虚空蔵求聞持法《こくうぞうぐもんじほう》」を修行している間の出来事であった。山は彼の人格の一つの焦点である遁世《とんぜ》的な意志のふるさとであったといえる。

このような山に根拠地を求めたことによって、彼の仏教は変化を被らざるをえなかった。山は古来から日本人にとって死霊のふるさとであり、そして、そのような霊を日本人は昔から神として尊崇した。したがって、山岳に自己の仏教の根拠地を求めたことにより、仏は神と出会わざるをえなかったのである。

伝承によれば、空海がその根拠地を求めて山を放浪していたときに、高野山を支配する狩場明神《かりばみようじん》は犬とともにあらわれて空海を高野の地に導いたという。狩場明神はもちろん猟の神である。高野山はまさに狩場であったわけである。この狩場明神とともに真言《しんごん》密教で祀《まつ》られるのは丹生明神《にうみようじん》である。丹生明神は水銀の神らしいが、女神の姿となってやはり弘法大師《こうぼうだいし》を守ったという。

六世紀の半ばに仏教が日本に入ったとき、当然、それ以前の神々と新しく渡来した仏という外来神の間には厳しい争いが起こった。そして、その古い土着神と新しい外来神との争いは、それを支持する物部《もののべ》氏と蘇我《そが》氏との戦いとなった。そして蘇我氏の勝利によって仏教は日本の国教となったが、かといって土着の神は、けっしてその力を全面的に失ったわけではない。土着の神々は依然として強い影響力をもっていたのである。当然、政治権力者たちは、一方において仏教を国教化すると同時に、一方において神道といわれる古来の神々の崇拝をも続けなくてはならないことになる。古い神々と新しい仏たちをどう調和させるか、それは権力者たちの重要な政治的、宗教的な課題であった。

奈良時代の仏教はおもに都会仏教であったが、この都会を根拠とする律令《りつりよう》的な仏教の興隆時代に役小角《えんのおづぬ》（役行者《えんのぎようじや》）なるものがあらわれて、葛城山《かつらぎさん》を根拠として仏教とも神道ともつかぬ不思議な教えを説き、その秘法によって世の人を迷わした。役小角は伊豆に流されるが、彼こそは、土着の神道と渡来の仏教とを結合させた新しい教義と修行の体系をこしらえた先駆的思想家であるといえる。

少年時代の空海が山岳で修行したころ、彼はこういう役小角の流れをくむ修験《しゆげん》の行者《ぎようじや》と交わったにちがいない。彼の仏教は、その教義からみても、歴史からみても、役小角の始めた修験道に結びつく可能性をもっているのである。

やはり弘法大師の魂の奥深いところに、土着の日本人の魂が存在しているように思われる。彼はもちろん、はなはだインターナショナルな教養をもった仏教者であるが、彼のどこかに縄文時代から続く土着人の魂が隠れていたように思われるのである。彼が、数多くの仏教の教義の中でもっとも自然の生命力を崇拝する密教に惹かれるのもそのためであり、また大日如来《だいにちにょらい》の霊がさまざまなかたちをとってあらわれるという思想もまた、土着の日本人の思想に通じるものがある。

多くの密教の仏の中でも、とりわけ日本で人気があったのは不動《ふどう》と観音《かんのん》である。インドや中国では、とりわけ不動明王が崇拝された形跡はないのに、日本では不動明王が明王の中の人気を独占してしまった感がある。密教芸術の中でも、とくに不動明王像に優れたものが多い。私はこの理由がよくわからなかったが、古い日本の宗教が残っていると思われるアイヌの宗教の研究をしているうちに、その理由が少しわかりかけてきた。

アイヌの宗教では、多くの神々のうちでとりわけ火の神が重視され、火の神はすべての神々と人間とを結ぶ仲介者の役割を果たす。たとえば人間は、まず火の神に相談すれば、その火の神がすべての神に頼みにいくというようなかたちで、マネージャーとしての火の神がたいへん崇拝される。アイヌの宗教とほぼ同じ考え方が日本の原始神道にもあったと思われる。

不動明王が日本の明王の中でとりわけ崇拝されたのは、そういう火の神の崇拝があったからであろう。不動明王は仏教のかたちをとった火の神といえようが、また同じくアイヌの宗教では、神がさまざまなかたちに変化することが語られる。熊も、実は熊という仮装をつけた神なのである。熊は本来神でありながら、人間に自己の身を提供せんがために熊という仮装をつけて、この世にあらわれたのである。このようにさまざまな仮装をしながら人間世界にあらわれて人間に恩恵を与える神が、もともと日本人が崇拝する神だった。

観音もまた、こういう神の姿を多分にもっているように思われる。なぜなら観音の三十三身といって、観音は人間を救済するために、いろいろなかたちに身を変えるからである。この観音崇拝が日本に古くからある仮装する神という考えと結びついたのではなかったか。インドや中国でそれほど崇拝されなかった不動や観音が日本にきてもっとも愛され、もっとも崇拝されたのは、そういう理由であろう。密教は、日本の土にはっきり根を下ろした最初の仏教であったといえる。われわれが渡来のものと思っているこうした仏像の中に、何千年何万年の歴史をもつ古い神々の面影が宿っているのかもしれない。

第九章　多才な文化人として

私は、すでに空海の世俗的な才能について語った。空海の弟子、真済《しんぜい》の語るところによれば、空海は実に多面的な才能をもっていたという。この世俗的才能は、けっして彼の思想と無関係ではあるまい。空海はこの世以外に別の世界があると考える人ではなかった。この世界そのものが大日如来《だいにちにょらい》の密のあらわれであり、それゆえに、この世界において力を発揮することなくして宗教もありえないのである。なかんずく彼の才能がもっとも多く発揮されたのは文章においてである。

『性霊集《しょうりょうしゅう》』なる詩文集は、真済の集めたものであるが、その詩を一つずつ読むと、空海の詩文の才が並大抵のものではないことがよくわかる。また彼の文章の才は中国人も認めるところであり、彼の乗っていた遣唐船が風のためにはるか南の福州についたときも、それを怪しむ唐の官吏を文章によって感心せしめたという。彼は長安においても、当時の詩人たちと詩のやりとりをしたらしく、その詩が残っている。『性霊集』を見ると、彼は貴族たちに頼まれてさまざまな文章を代作したらしいが、空海はそういう場合に、もっともふさわしい立派な文章をつくっているのである。

しかしこの点が、現在のわれわれからみると、彼の詩に多少物足りない気を起こさせることになる。現代の文学者たちは、政治権力者に代わって文章をつくることはまずない。また、どこからも批難のこないような公的文書をつくったことのある文学者は少ないであろう。自己の心情を赤裸々に告白する、そういう文章をわれわれは名文と考える。こういう文章観に慣れているわれわれからみれば、空海の文章というものが何か不純なもののように思われ、またその真意がいずれにあるか、捕捉《ほそく》しがたい感に襲われるのである。空海の文章を理解するには、その文章のつくられた状況をよく理解する必要があろう。ただ文字を読むだけで空海のいいたいことが理解できるはずはない。

私は、空海の伝記の研究は、まだこれからだと思っているが、それは、空海の詩文とともに彼の仏教理論書がどのような政治的状況の中で、どのような意図によってできあがったかの研究が十分にすすんでいないからである。

空海にはさまざまな詩文ばかりか、文章論というべき『文鏡秘府論《ぶんきようひふろん》』という書物がある。これは、空海が中国で学んださまざまな文学理論を彼の立場から総合したものであるが、その中には中国において失われた書物が含まれており、当時の中国の文学論を知るにもたいへん貴重な文献である。この『文鏡秘府論』も実に難解な書物で、よほどの学識なしにはその意味を十分知ることができない。空海を理解するには空海の書いた経典を熟読するとともに、彼の行った密教の修行を多少でも行ってみる必要があるが、もう一方において空海の詩を深く理解すると同時に、彼の文学理論を読みこなさねばならない。これは少なくとも空海の何分の一かの総合的な才能を必要とするが、そういう才能すら常人にはもちえないように思われる。

空海の書もたいへん有名であるが、この書体も「五筆和尚《ごひつわじょう》」という名のごとく、その文章と同じように多種多様である。空海はいろいろな書体を自由に使い分けたと思われる。いずれも激しい生命力に満ちたみごとな技巧をもっているが、では空海の書の特徴はどこにあるのかというと、容易につかみがたい。最澄の書はそんなに上手な書といえないが、右上がりの実に生真面目な書で、彼のまじめで一本気な性格を物語っているように思う。それを見ると、純粋な最澄の悲しみにある同感を感じざるをえないが、空海の書にはそういう感じは乏しい。その奔放な才能に驚嘆せざるをえないが、本音がどこにあるのかわかりがたいという思いを禁じることができないのである。

もう一つ彼の作品として絵画や彫刻が伝えられる。しかし空海自らが筆をとったと確認されるものはほとんどない。ただ芸術的な才能をもつ彼は、多くの芸術家にいろいろな仏像を描かせたり、彫刻をつくらせたりしたことはあったと思われる。とくに彼の密教思想の表現である曼荼羅《まんだら》を、彼は多くの画家たちにつくらせたようだ。もちろん曼荼羅には一定の約束があるが、しかし自らの仏教解釈によってさまざまな曼荼羅が描かれる。彼の理論が記号化され、記号化された世界の秩序が巨大な画面に表現される。彼の命令によって、そういう多くの曼荼羅がつくられたにちがいない。東寺《とうじ》講堂の、大日如来を中心に立体的に構成された二十一尊の曼荼羅も彼の制作ともいえる。彼はアートディレクターの才能ももっていたといえよう。

また彼は満濃池《まんのういけ》の築造のような仕事をしていて、宗教家とはまったく関係がないと思われるような方面でも人一倍の才能を発揮することができた。空海にいわせれば、小我にこだわらず、空々漠々たる大日如来の心をおのれの心とすれば、何事もなしえないことはないということになるが、私は人間というものは、ある根本原理さえ把握すれば、ふつうの人が思いもかけないような多方面でその能力を発揮することができるのではないかと思う。

密教は、そういう小我にとらわれず、自分を大日如来と一体化し、そして小我にとらわれた人間にはとても思いもつかない大きな能力を自己の中から発揮させる教えであると思うが、まさに空海は、その教えのように生き、すばらしい能力を発揮させた一生を送った大天才であったといわねばならない。この大天才は、大天才にふさわしく、のちに伝説化され、ますます超人化されていったのである。密教寺院の多くには現在も空海作といわれる仏像などが多くあり、日本全国には、東北や九州の果てにまで弘法大師《こうぼうだいし》の開基という寺がある。もちろんその多くは伝説にすぎないが、彼はその伝説によっていよいよ巨大化され、ついに仏となり神となったのである。彼はなるべくして神になり仏となった人間であったといえる。

空海は、そのように後世において神格化されるが、空海のつくった曼荼羅なるものも、長い間、日本人にはよくその意味が理解されなかった。それはいってみれば記号的思考法といえるだろうが、世界をいくつかの記号によって表現し、その記号で事物の関係を明らかにする。それは、まさに世界理解のための重要な、人類の思考法の一つであろうと思える。

空海という思想家と密教という思想は、まだ発見されたばかりである。これからの時代の進展に応じて、彼の存在と彼の思想もますます強い意味をもって見いだされてくるにちがいない。

第十章　空海は生きている

こうして、彼自身の存在の象徴のような、都の中の東寺《とうじ》と都から遠く離れた高野山《こうやさん》との二つを中心として、縦横無尽《じゅうおうむじん》に活躍した空海は、彼の意志どおり高野山で死んだのである。この二つの中心地は、俗と聖の中心地であると同時に、生と死の中心地であるように思われる。

人間の心の中にエロス＝生と、タナトス＝死があり、その生と死の衝動の格闘の中に人間の営みがあるというのはフロイトの考え方であるが、まさに空海は自己の中に巨大なエロスと、それに矛盾し同時にそれに対抗する巨大なタナトスをもった人であった。空海は二度も自殺をはかったという伝説があるが、彼の中にあるタナトスの衝動はまことに巨大だった。タナトスの衝動に憑《つ》かれて彼は立身出世の道を捨てて出家し、山岳を放浪したわけであるが、彼が唐から真言《しんごん》密教を持ち帰り、その名声が天下に響くようになっても、彼はおのれの心の中に深く根ざしているタナトス＝死への衝動を否定することはできなかった。しかし興味深いことに、このような強烈なタナトスをもつことによって、彼のエロスはいっそう、そのすさまじい力を発揮したのである。

彼がタナトスの衝動にもっとも忠実であったと思われる青年時代、伝記的には不明とされる青年時代の七年間に、ほぼ彼の思想の基礎ができ、彼の活躍の基盤がつくられたと思う。そして延暦《えんりやく》二十三（八〇四）年に入唐《につとう》して以来のまことにすさまじいエロスのエネルギーが、この時代に蓄えられたと私は思うのである。そして、このエロスの衝動に彼が忠実に従っているさなかにおいて、彼はまた自分の出発点でもあるタナトスの世界に強い郷愁を覚えたのであろう。まさに空海こそは、このような矛盾する衝動を自己の中にもつ巨大な人格の人であった。この矛盾する衝動の中で彼は、常人では考えられない実に巨大なことをなしたといえるのである。

私は、空海をかつて生の人と捉え、密教を生の哲学と考えたが、空海という人間を考える場合、彼は必ずしも、もっぱら生の光明を見つめた人とはいえないのである。むしろ彼は一生、自分の中にある死を見つめ、強い死への願望をもった人ではなかったかと思われる。

しかし、彼の仏教は大日如来《だいにちにょらい》の教えなのである。大日如来は永遠の仏であり、釈迦のように歴史的な仏ではない。狭いインドという地球上の一定の地にあらわれて、わずか八十年という短い人生を生きたような人間ではない。すでに最澄の信じる『法華《ほけ》経《きょう》』でもこういう歴史的な釈迦に満足できず、歴史的な釈迦がインドにあらわれる以前に、釈迦と同じ法を永遠の昔から説いていた超歴史的な釈迦、つまり法身《ほっしん》としての釈迦を信仰の中心におくが、そのようなものにも密教は満足しない。宇宙の始めから終わりまで宇宙の中心に存在し、あらゆるものの中にあらわれている、そういう巨大な生命がまさに大日如来なのである。それは文字どおり太陽なのであろうが、必ずしも太陽系の中心である太陽だけでなく、宇宙のもとにある光そのものを示すものであろう。密教の宇宙論は、どこか現代科学が明らかにした宇宙像に近いものをもっている。

もしも龍猛《りゅうみょう》がこのような大日如来の思想を大日如来自身から教わり、その教えを龍智《りゅうち》に伝え、それがさらに不空《ふくう》、恵果《けいか》をへて空海に伝わるものであるとしたら、空海もまた、このような大日如来そのもののあらわれといわねばならない。したがって密教思想からいえば、空海の死ということは教義に背くことになる。それゆえに真言《しんごん》密教では、空海は今日もまた生きて、なお大日如来のごとく高野奥院にいて瞑想にふけっているとされているのである。そのため、毎年衣替えも必要になる。このように密教の思想それ自体の中に、空海の死を否定し、空海を大日如来のごとく超人的な仏として崇拝する傾向が含まれているのである。まして空海が、前述のごとくさまざまな多方面の才能をもっていたとすれば、いっそう彼の神格化は強まるであろう。

長い日本の歴史において、生前に実に多方面の才能を発揮し、死後も神あるいは仏として敬まわれた個人が少なくとも二人は存在している。もちろん、その一人は聖徳太子であり、もう一人は空海、弘法大師《こうぼうだいし》であろう。聖徳太子も私の長い間の研究によれば、『日本書紀』その他で語られている事蹟はほぼ事実であり、彼は偉大な政治家であるとともに、また優れた文化人であり学者であった。『三経義疏《さんぎょうぎしょ》』というわが国で最初の優れた経典の注釈書を書き、『古事記』『日本書紀』の先駆をなした「天皇記」「国記」の製作も行った。また彼は偉大な宗教家でもあった。

弘法大師の場合は、その立場は聖徳太子と多少ちがう。彼はまず偉大な宗教家であった。そのうえ彼は優れた文化人であり学者であった。彼は密教思想をもとにして優れた著書を書いたばかりでなく、実践的にも一つの宗派をたてて、真言密教の宗祖となった。そして、文章や書道においても一級の天才であった。つまり二人の人格の中心点はちがっている。聖徳太子は政治のほうに、弘法大師は宗教のほうに人格の中心があるが、しかし、二人とも日本人としては類稀《たぐいまれ》な大きなスケールをもった天才であったことはまちがいない。だが、この二人の天才を日本人はそれぞれ別のイメージで見てきたように思える。聖徳太子にはその死の二十一年後に起こった一家絶滅の悲劇が暗い影を投げ、その話には暗い印象がまとわりついている。それにたいして弘法大師には暗い話はほとんどなく、まさに遍照金剛《へんじょうこんごう》、つまり光り輝く永遠の仏として日本人に崇拝されつづけてきたわけである。この光と影、二人の巨人を抜きにしては、日本の政治も文化も宗教も語ることはできないのである。

解説

宮坂宥勝

顧みれば、私が著者の辱交を得たのは半世紀も以前のことである。

著者は、その後、哲学者として壮大な梅原日本学を構築した。それは日本文化の密なるものの発見にある。しかも発端は空海密教の再評価にある。その密教に対する思い入れが尋常ならざるものであったのは、あるとき、高野山で護摩修行までしたことによっても窺われよう。

かつて、私は梅原猛を宮沢賢治と対比して、「忘却の彼方にあった仏教を発掘し、あるいは密教を知って新しい世界に向かって立つ予言者、赤い目をしたさぎ（鷺）である」（第一期梅原猛著作集『仏教の思想I』解説）と評したことがある。

本書は、平安仏教の両雄にとどまらず、その後の日本仏教の基礎をしかと据えた最澄、空海の存在について最も明快に直観的な所見を披瀝している。それはまさに予言者的である、とすらいってよいであろう。

平安京を都に定めた桓武帝が求めた新時代の国家再建の宗教的イデオロギーは、総合性をもった天台宗であった。最澄の天台宗は円（＝法華）・密・禅・戒の四宗兼学である。が、天台法華一乗の呼称のとおり、『法華経』を中心とする円頓一乗《えんとんいちじょう》すなわち一大乗である。

著者は、思想的には平安末期までに「天台本覚」思想が生まれたことを重視する。それは生きとし生けるものに仏性を認めるのだが、「山川草木悉皆成仏」または「草木国土悉皆成仏」というとおりに山岳林野で生まれた思想だという。そして、鎌倉仏教成立の基礎には「天台本覚論」がはたらいている、と。

最も澄める人——最澄。空と海のような人——空海。著者のこの一言に両者のすべては尽きる。また最澄は円型人間、空海は楕円型人間だともいう。

二人の天才的宗教家の生涯と思想を総括的に極めてわかりやすく表現したものである。円型人間は中心が一つである。楕円型人間は中心が二つある。単一的と複合的といったらよいだろうか。ひたむきな最澄は悲哀をたたえている。自由闊達な空海には大笑がある。

最澄は、戒律論で南都仏教と真っ正面から衝突した。その矢面に立ったのが法相宗の護命《ごみよう》である。わが国には珍しく観念論的な激しい理論闘争を繰り広げたといってよいだろう。

最澄は、南都の小乗戒（四分律）に対して大乗戒（大乗円頓戒、大乗菩薩戒）を主張した。それは革命的な宣言であった。

最澄の戒律観に対して空海は全く異なった立場をとった。顕教の戒律すなわち顕戒を全面的に容認し、なおかつ、より内面化した密教の三昧耶戒《さんまやかい》や四重禁戒《しじゆうきんかい》を説いた。つまり密戒は顕戒を包含する。これでは南都の小乗戒とは矛盾のしようはずもなかろう。

ともあれ、平安仏教界の雄である最澄は、ほとんど無名に近い新帰朝の青年僧空海に弟子の礼をとって、高雄山寺で二度にわたって結縁灌頂《けちえんかんじよう》を受けた。ところが、その後、最澄が『理趣釈経《りしゆしやくきよう》』の借用を申し込んだとき、空海は秋霜烈日の拒絶状を送った。また、最澄が溺愛するほどの弟子泰範《たいはん》に密教を学ばせるために彼を空海のもとに派遣した。しかし、遂に比叡山に帰らなかった泰範事件がある。弘仁七（八一六）年五月、空海が泰範の代筆を最澄に送ったのが最後である。越えて七月に高野山開創の勅許を得た空海は、まもなく実地踏査のため、実慧《じちえ》、泰範を高野山に差し向けた。

両雄の訣れには歴史の運命の皮肉としかいいようのないものがある。ところで、二人の訣れを根本的に決定づけたのは、やはり両者の仏教観の較差にあった。最澄は天台法華一乗を唱え、比叡山上に大乗円頓戒壇を建立することを目ざした。そして、聖徳太子以来の『法華経』と密教の『大日経』とは、同等の価値体系をもつと確認してやまなかった。ともかく、彼は密教をわが国に最初に請来した功労者であり、桓武帝の病気祈願に至るまで世に密教家として認められていた。その一方で、平安京建設の新しい国家イデオロギーとして法華円教を掲げた以上、当然のことながら円（＝法華）密同等の立場を取らざるを得ない。

然るに空海は、『秘密曼荼羅十住心論《ひみつまんだらじゅうじゅうしんろん》』では密教の世界に『法華経』を包摂しながら、『秘蔵宝鑰《ひぞうほうやく》』では両経には顕密という次元的な隔たりがあると説いた。

まさに両雄並び立たずである。

著者のいう円型人間と楕円型人間との違いが示唆するところは深刻だといわなければならない。いずれにせよ、最澄の天台法華一乗、四宗兼学は、鎌倉仏教を生んだ。まさに比叡山は日本仏教の母胎となったのである。他方、空海密教は体系としてそれじたい完結し、鎌倉時代に宗派的な発展はなかった。

鎌倉新仏教の祖師、法然・親鸞・栄西・道元・日蓮たちは、いずれも比叡山で修学した。だから最澄の流れを掬んだ仏者たちである。他方、高野山では新仏教は生まれなかった。その点、若干私見を加えて述べてみたい。

空海密教は即身成仏の実現という実践体系の旗色を鮮明ならしめた。即身成仏は三密成仏と言い換えることができる。

三密は身体の秘密のはたらきである身密、言葉の秘密のはたらきである口密《くみつ》、意《こころ》の秘密のはたらきである意密の総称である。

三密は身体・言葉・意のはたらきの理想型だから、まず如来の三密が説かれる。次に衆生すなわち生きとし生けるものの身体・言葉・意のはたらきは三業であるが、それも衆生は三密として自ら秘している。そして、如来と衆生との三密は相応して本来、同等のはたらきをもつ。だからこそ、絶対者と自己との神秘的合一（unio mystica）を意味する「我即大日」の命題がある。

したがって、このような密教的視点からみると、栄西の公案の臨済禅と道元の只管《しかん》打坐《たざ》の曹洞禅は身密の一密、法然の専修念仏と日蓮の唱題成仏は口密（語密）の一密、親鸞の信心為本は意密の一密として密教で説く三密の分化的展開であることが看取されよう。

最澄の四宗兼学という綜合仏教は、鎌倉新仏教として多くの宗派に分かれて発展した。しかし、それは天台の教学が本来、選択《せんちゃく》の可能性を内包する開かれた全一の体系をもっていたからである。これに対して空海密教はそれじたい完結したものであった。いわば閉された体系である。

著者が最澄を円型人間、空海を楕円型人間というのは、教学的には同心円的な拡散の発展と二定点のある楕円体的な収斂の発展とみることができよう。たとえば、空海の即身成仏における加持門の自他力不二はまさに楕円の焦点である二定点に比せられよう。したがって、こうした視点から最澄、空海の平安仏教の発展形態としての鎌倉新仏教は、分化（聖道門と浄土門）と内在化（自力門と他力門）という二面性をもつことが理解できるのではないかと思われる。

紙幅の関係で詳細な解説はできないが、著者のいう「山川草木悉皆成仏」の本覚論は、もちろん、最澄、空海の共通項である「草木成仏」として具現化されている。その点からしても、今日の日本仏教の骨格は鎌倉時代にほぼ出来上がったといってよい。

さらに、天台の本覚思想、真言の即身成仏、親鸞の浄土信仰のいずれも縄文期以来の日本人の思想、すなわちあの世とこの世の区別、精霊の永続性などが基底をなすと、著者はみる。仏教の教学を上部構造とすれば、下部構造には「山川草木悉皆成仏」あるいは神仏の垂迹《すいじゃく》的な同体化が認められる。

従来の仏教学は乾涸びた教学研究や無味な思想史的展開を主題とするものであった。一方また、民俗学プロパーは仏教民俗、民間信仰としての仏教研究に限られていた。著者はこれらのジャンルを接合し、さらに史学、国文学などの成果も総合的に仏教に集約している。

本書に限ったことではないが、総合的研究にもとづく鋭い直観力や散りばめられた創見は、他の研究者にはほとんどみられない。われわれが梅原日本学と呼ぶゆえんである。それは屹立した一大巨峰のように限りなく広い裾野をもつ。しかし、そのような独創的な研究も前述のように、実は日本仏教とくに密教研究が出発点になっていることを付言して擱筆《かくひつ》する。


（真言宗智山派管長、総本山智積院化主、名古屋大学名誉教授）

本書のプロフィール

本書は、「梅原猛著作集」第九巻『三人の祖師』（二〇〇二年六月小社刊）の「第二部　最澄」「第三部　空海」に加筆・修正して、文庫化したものである。

小学館文庫

最澄《さいちょう》と空海《くうかい》

――日本人《にほんじん》の心《こころ》のふるさと――

著者　梅原《うめはら》猛《たけし》

二〇〇五年六月一日　初版第一刷発行
二〇二二年十月三十日　第十刷発行

発行人　石川和男
発行所　株式会社　小学館
〒一〇一-八〇〇一
東京都千代田区一ツ橋二-三-一
電話　編集〇三-三二三〇-五八一〇
販売〇三-五二八一-三五五五
印刷所――図書印刷株式会社

ISBN4-09-405623-8